HANDBUCH DES DISZIPLINARRECHTS

für Beamte und Richter in Bund und Ländern

ERGÄNZUNGSBAND

Von

DR. ERICH LINDGEN

Abteilungspräsident

BERLIN 1969

WALTER DE GRUYTER & CO.

vormals G. J. Göschen'sche Verlagshandlung — J. Guttentag, Verlagsbuchhandlung — Georg Reimer — Karl J. Trübner — Veit & Comp.

Archiv-Nr. 22 50 691
Satz und Druck: Walter de Gruyter & Co., Berlin 30.

Vorwort

Ursprünglich beabsichtigte ich nur für den Band 1 einen Nachtrag herauszugeben, weil das Gesetz zur Neuordnung des Bundesdisziplinarrechts vom 20. 7. 1967 nicht nur die Paragraphenfolge der Bundesdisziplinarordnung geändert, sondern auch wesentliche Neuerungen zum Disziplinarmaßnahmekatalog und zum sonstigen materiellen Disziplinarrecht gebracht hat. Weil die §§ 17 und 18 der Bundesdisziplinarordnung durch Art. 8 des Einführungsgesetzes zum Gesetz über Ordnungswidrigkeiten vom 24. 5. 1968 geändert, mehrere Durchführungsbestimmungen zur Bundesdisziplinarordnung erlassen und gerade in Band 7 der Entscheidungen des Bundesdisziplinarhofs sehr wichtige Entscheidungen veröffentlicht worden sind, die das formelle Disziplinarrecht betreffen, habe ich mich entschlossen, beide Bände des Handbuchs zu ergänzen und zu berichtigen, wobei ich auch weitgehend auf Anregungen eingegangen bin, die an mich durch Zuschriften herangetragen worden sind. So habe ich beide Bände auf den Stand der Gesetzgebung und Rechtsprechung vom 1. 9. 1968 gebracht. Die Ausführungen über die Verhängung von Disziplinarmaßnahmen neben Kriminalstrafen und Ordnungsmaßnahmen im Rahmen des § 14 BDO habe ich neu eingefügt und mit Rücksicht auf die Wichtigkeit gerade dieser Bestimmung die bisher hierzu erschienene Rechtsprechung des Bundesverwaltungsgerichts eingehend und kritisch gewertet. Die Abschnitte über die Verfolgungsverjährung, die Tilgung von Disziplinarmaßnahmen und den Einfluß des Straf- und Bußgeldverfahrens auf das Disziplinarverfahren habe ich völlig neugefaßt.

Die Berichtigungen und Ergänzungen zu den Bänden 1 und 2 habe ich durchnumeriert. Es empfiehlt sich, auf der angeführten Seite und Zeile die jeweilige Ziffer anzubringen, um so erkenntlich zu machen, ob und wo ein Nachschlagen im Nachtragsband notwendig ist.

Für die Leser, die das Handbuch als Kommentar verwenden wollen, habe ich am Schluß des Nachtrages ein Gesetzesverzeichnis beigefügt, das das Finden der jeweiligen Bestimmungen in der BDO, dem GVG und der StPO erleichtern soll.

Bonn, im Januar 1969 Erich Lindgen

Inhaltsverzeichnis

Berichtigungen und Ergänzungen zum Ersten Band

BDO i. d. F. des Ges. v. 20. 7. 1967 in alter Paragraphenfolge	BDO in neuer Paragraphenfolge (Art. IV Ges. v. 20. 7. 1967)	BDO i. d. F. des Ges. v. 20. 7. 1967 in alter Paragraphenfolge	BDO in neuer Paragraphenfolge (Art. IV Ges. v. 20. 7. 1967)
1	1	36	49
2	2	37	50
3	3	37a	51
3a	4	38	52
4	5	39	53
5	6	40	54
6	7	41	55
6a	8	44	56
7	9	45	57
7	9	46	58
7c	10	47	59
8	11	48	60
9	12	49	61
10	13	50	62
10a	14	51	63
11	15	52	64
12	16	52a	65
13	17	52b	66
14	18	53	67
15	19	53a	68
16	20	54	69
17	21	57	70
18	22	58	71
19	23	59	72
19a	24	60	73
20	25	61	74
21	26	62	75
22	27	63	76
23	28	64	77
24	29	65	78
25	30	66	79
26	31	67	80
27	32	68	81
28	33	69	82
29	34	70	83
28a	35	71	84
30	36	73	85
30a	37	74	86
30b	38	75	87
30d	39	75a	88
30e	40	76	89
31	41	77	90
32	42	78	91
33	43	79	92
34	44	80	93
35	45	80a	94
35a	46	81	95
35b	47	82	96
35c	48	83	97

Nr. 1 **S. 1—818**

BDO i. d. F. des Ges. v. 20. 7. 1967 in alter Paragraphenfolge	BDO in neuer Paragraphenfolge (Art. IV Ges. v. 20. 7. 1967)	BDO i. d. F. des Ges. v. 20. 7. 1967 in alter Paragraphenfolge	BDO in neuer Paragraphenfolge (Art. IV Ges. v. 20. 7. 1967)
84	98	100	115
85	99	101	116
86	100	102	117
87	101	103	118
88	102	103a	119
89	103	104	120
90	104	105	121
91	105	105a	122
92	106	105b	123
93	107	105c	124
94	108	106	125
95	109	107	126
96	110	111	127
97	112	111a	128
97a	112	112	129
98	113	119	130
99	114	120	131

Nr. 2 **Seite 1—818**

Die Bezeichnung „**Disziplinarstrafe**" **durch** die Bezeichnung „**Disziplinarmaßnahme**" **ersetzen** (vgl. Art. I Nr. 1 Buchst. d) des Gesetzes vom 20. 7. 1967).

Nr. 3 **S. 1—818**

Die Bezeichnung „**Beschuldigter**" **durch** die Bezeichnung „**Beamter**" **ersetzen** (vgl. Art. I Nr. 1 Buchst. e) des Gesetzes vom 20. 7. 1967).

Nr. 4 **S. X**

Bei § 25 IX hinter Buchst. B folgende Zeilen einfügen:

Nr. 5 **S. X**

D. Bei § 25 IX den bisherigen Buchstaben „C" durch Buchstaben „D" ersetzen.

Nr. 6 **S. XI**

Bei § 28 Abschnitt III streichen und dafür folgendes einfügen:

Nr. 7 **S. XI**

Nach Zeile 37 folgendes einfügen:

Nr. 8 **S. XI**

§ 29 streichen und dafür folgendes einfügen:

Nr. 9 **S. XII**

§ 32 mit sämtlichen Abschnitten streichen; dafür einfügen:

Nr. 10 **S. XVII**

Bei § 55 XI folgenden Abschnitt anfügen:

Nr. 11 **S. 3**

Bei Fußnote 3 am Schluß einfügen:

Dau „Der Begriff des Dienstvergehens und sein Verhältnis zum Strafbestand" in DVBl. 1967 S. 62.

Abs. 3 streichen und dafür folgenden Absatz einfügen:

Spätestens mit den Rentenversicherungsgesetzen vom 23. 2. 1957, mit denen die bisherige Regelung des Unterhaltsbeitragsrechtes teilweise überholt war, setzen die Bestrebungen ein, eine Änderung der Bundesdisziplinarordnung in der Fassung vom 28. 11. 1952 herbeizuführen. Bereits seit dieser Zeit wurden im Bundesministerium des Innern **verschiedene Referenten-Entwürfe erstellt** und mit den Vertretern der Beamtengewerkschaften auf deren Wünsche hin weitgehend abgestimmt. Weiterhin suchte man bereits in diesem Stadium eine Übereinkunft mit den Vertretern der Länderregierungen zu finden. Im 4. Deutschen Bundestag brachte die Bundesregierung den **Entwurf eines „Gesetzes zur Änderung und Ergänzung der Bundesdisziplinarordnung** als Drucksache IV/3386 ein, der jedoch im Bundestag nicht mehr behandelt wurde.

Der **Regierungsentwurf** wurde nahezu unverändert im Deutschen Bundestag von den Fraktionen der CDU/CSU, FDP **als Drucksache V/325 eingebracht**. Hinzu trat der Antrag der SPD-Fraktion betr. Änderung der Bundesdisziplinarordnung als Drucksache V/313. Der Bundestag überwies den Entwurf und den Antrag der SPD in seiner Sitzung vom 9. 3. 1966 an den Innenausschuß. Dieser hatte in der Zeit vom 17. 3. 1966 bis zum 21.4.1967 in 12 Sitzungen den Entwurf beraten und in seinen Sitzungen vom 5. und 6. 10. 1966 den Vertretern der Spitzenorganisationen der Beamtengewerkschaften Gelegenheit zur Stellungnahme gegeben. Außerdem hatte er mit Schreiben vom 26. 5. 1966 den Präsidenten des Bundesrats um Stellungnahme zur Frage der künftigen Disziplinargerichtsbarkeit gebeten. Der Rechtsausschuß hatte beratend die Vorlagen in seinen Sitzungen vom 9. und 15. 3. 1967 abschließend behandelt und seine Empfehlungen dem Innenausschuß mit Schreiben vom 16. 3. 1967 mitgeteilt. Der Innenausschuß hatte sich in seinen Sitzungen vom 20. und 21. 4. 1967 mit diesen Empfehlungen beschäftigt und sie zum größten Teil angenommen; in der Schlußabstimmung hatte er den von den Fraktionen der CDU/CSU, FDP eingebrachten Gesetzentwurf den inzwischen beschlossenen Änderungen angepaßt. Das **Plenum** des Deutschen Bundestages hatte dann den **Entwurf** in der vom Innenausschuß beschlossenen Fassung **in seiner 110. Sitzung vom 12. 5. 1967** in 2. und 3. Lesung **angenommen** (Sten. Bericht über die 110. Sitzung des Bundestages am 12. 5. 1967, Sp. 5206ff.). Der Bundestag hatte in dieser Sitzung jedoch zu erkennen gegeben, daß die in der Novelle vorgesehene Gerichtsorganisation unbefriedigend ist, für Bund und Länder eine einheitliche Verfahrensordnung geschaffen werden muß. Aus diesem Grunde hatte er der 110. Sitzung zu dem von ihm verabschiedeten Gesetz zur Neuordnung des Bundesdisziplinarrechts die folgende Entschließung angenommen:

Die Bundesregierung wird ersucht,

a) zu prüfen, inwieweit die Disziplinargerichtsorganisation und das disziplinargerichtliche Verfahren in Bund und Ländern weiter vereinfacht und einheitlich geregelt werden können (Einbau der Disziplinargerichte in die allgemeinen Verwaltungsgerichte, einheitliche Verfahrensordnung für Bundes- und Landesbeamte, Rahmenvorschriften für das materielle Disziplinarrecht),

b) dem Deutschen Bundestag zu gegebener Zeit einen entsprechenden Gesetzentwurf vorzulegen.

In der Sitzung vom 2. 6. 1967 hatte der Bundesrat beschlossen, den Vermittlungsausschuß anzurufen (Sten. Bericht über die 310. Sitzung, Sp. 108ff.).

Der **Bundesrat erhob** gegen den Entwurf **Bedenken,** weil u. a.

1. die in § 3a BDO des Entwurfs festgelegte Verjährungsfrist von 2 Jahren zu kurz bemessen sei,
2. die Einschränkung in § 77 Abs. 1 Satz 2 BGB, daß ein außerdienstliches Fehlverhalten nur dann ein Dienstvergehen darstellen würde, wenn es das Ansehen des Beamtentum „in bedeutender Weise" beeinträchtigen würde, zu sehr die Disziplinargewalt einschränken würde.

Der **Vermittlungsausschuß schloß sich** in der Sitzung vom 29. 6. 1967 diesen **Bedenken nicht an** und schlug vor, das Gesetz unverändert anzunehmen. Dem haben der Bundestag in der Sitzung vom 29. 6. 1967 und der Bundesrat in der Sitzung vom 30. 6. 1967 auch entsprochen.

Das Gesetz, das nicht nur die Bundesdisziplinarordnung, sondern das gesamte Bundesdisziplinarrecht, soweit es auch in anderen Bundesgesetzen enthalten ist, ändert und ergänzt, erhielt deshalb auf Vorschlag des Innenausschusses des Deutschen Bundestages die Bezeichnung **„Gesetz zur Neuordnung des Bundesdisziplinarrechts"** und datiert vom 20. 7. 1967. Es wurde im Bundesgesetzblatt I vom 26. 7. 1967 auf S. 725ff. verkündet. Im gleichen Bundesgesetzblatt ist auf S. 751ff. die **Bundesdisziplinarordnung** auf Grund des Art. IV a. a. O. **in neuer Paragraphenfolge bekanntgemacht** worden[9]. Sie ist am 1. 10. 1967 in Kraft getreten.

Die zur Durchführung der BDO erforderlichen **Verwaltungsvorschriften** werden **vom Bundesminister des Innern erlassen** (vgl. § 131 Abs. 1 BDO).

Auf Grund der **VO** zu § 43 Abs. 1 BDO **vom 20. 11. 1967** (BGBl. I S. 1158) ist für die **Beamten der Bundeszollverwaltung und der Deutschen Bundesbahn mit dienstlichem Wohnsitz im Ausland** die Zuständigkeit der Kammer beim Bundesdisziplinargericht festgelegt worden.

Auf Grund der **VO** zu § 131 Abs. 2 BDO **vom 20. 11. 1967** (BGBl. I S. 1158) wird festgelegt, was als **Dienstbezüge** i. S. des Abschnitts II und des § 92 BDO gelten.

Die **Allgemeine Verwaltungsvorschrift** zur Durchführung der Bundesdisziplinarordnung — VV — **vom 7. 11. 1967,** die im Gemeinsamen Ministerialblatt 1967 S. 486 veröffentlicht worden ist, erläutert die §§ 1, 9, 10, 11, 14, 15, 23, 26, 28, 29, 34, 38, 50, 56, 65, 111, 115, 119 und 124 BDO.

Nach dem **Rundschreiben des Bundesminister des Innern vom 19. 12. 1967** — D I 2 — 214 113/1 —, das im Gemeinsamen Ministerialblatt 1967 S. 515 veröffentlicht ist, sind auf Grund des Beschlusses des Präsidiums des Bundesdisziplinargerichts vom 4. 12. 1967 mit Wirkung vom 1. 1. 1968 beim Bundesdisziplinargericht zwölf Kammergerichtsbezirke unter Benennung des örtlichen Zuständigkeitsbereichs gebildet und bei den einzelnen Kammern Nebengeschäftsstellen errichtet worden, deren Dienst zum größten Teil von den Dienststellen der Bundesbahn- und Oberpostdirektionen verrichtet wird.

Nr. 13 **S. 13**

Mit Wirkung vom 1. 10. 1968 traten das Gesetz über die Ordnungswidrigkeiten (OWiG) vom 24. 5. 1968 (BGBl. I S. 481) und das **Einführungsgesetz zum Gesetz über Ordnungswidrigkeiten** (EGOWiG) vom gleichen Tage (BGBl. I S. 503) in Kraft. Durch Art. 8 des letzteren Gesetzes sind die §§ 17 Abs. 5, § 18 Abs. 1 Satz 1, § 97 Abs. 3 Satz 3 und § 99 BDO geändert worden. Diese Änderungen sind durch die Einführung des Bußgeldverfahrens bedingt, indem dasselbe bei solchen angeblichen dienstlichen Verfehlungen, die im Bußgeldverfahren mit einem Freispruch enden, bei den tatsächlichen Feststellungen i. S. des § 18 Abs. 1 BDO, bei den Zulässigkeitsvoraussetzungen im Falle des § 97 BDO und bei der Prüfung der Unzulässigkeit des Wiederverfahrens im Falle des § 99 BDO zu berücksichtigen ist.

Im **5. Gesetz zur Änderung beamtenrechtlicher und besoldungsrechtlicher Vorschriften** — 5. BBÄG — (BGBl. I S. 848) wurde mit Wirkung vom 1. 7. 1968 u. a. das Zusammentreffen von Versorgungsbezügen aus einer Verwendung im öffentlichen Dienst einer überstaatlichen oder zwischenstaatlichen Einrichtung und deutscher Versorgungsbezüge im neu aufgenommenen § 160b BBG geregelt. Da in einem solchen Falle auch die Zahlung eines bewilligten Unterhaltsbeitrages ruhen soll, ist deshalb auf Grund des Art. VII des 5. BBÄG in den § 77 Abs. 5 BDO der § 160b BBG, der das Zusammentreffen der o. a. Versorgungsbezüge regelt, aufgenommen worden.

[9] Döring „Das Gesetz zur Neuordnung des Bundesdisziplinarrechts" in ZBR 1967 S. 228; Dickertmann „Die wichtigsten Neuerungen im Bundesdisziplinarrecht" in JR 1967 S. 361; Baumann „Der Lichtblick im Disziplinarrecht" in JZ 1967 S. 657; Finger „Neues Disziplinarrecht" in „Die Bundesbahn" 1967 S. 817; Lindgen „Welche Neuerungen und Verbesserungen bringt das Gesetz zur Neuordnung des Bundesdisziplinarrechts vom 20. 7. 1967?" in RiA 1967 S. 161ff. und S. 181ff.; derselbe „Die wesentlichen Änderungen der Bundesdisziplinarordnung auf Grund des Gesetzes zur Neuordnung des Bundesdisziplinarrechts vom 20. Juli 1967" in NDBZ 1967 S. 168; derselbe „Welche Verbesserungen bringt das Gesetz zur Neuordnung des Bundesdisziplinarrechts vom 20. Juli 1967 für den Beamten?" in BayBZ 1967 S. 129; Ostler „Neues im Bundesdisziplinarrecht" in NJW 1967 S. 2033; Schnupp „Neuordnung des Disziplinarrechts" in DöD 1967 S. 161ff., 184ff.; Bender „Zur organisationsrechtlichen Seite der Reform der Bundesdisziplinargerichtsbarkeit" in DöV 1967 S. 181; Heinrich „Die gerichtsorganisatorische Neuordnung der Disziplinargerichtsbarkeit auf Bundesebene" in DVBl. 1968 S. 73; Schnupp „Reform des Bundesdisziplinarrechts" in DöA 1967 S. 86; Euler „Nur eine Novelle oder neues Recht?" in DBB 1966 S. 206; Claussen „Disziplinarrecht im Wandel — Aktuelle Fragen aus der Sicht des Bundesdisziplinaranwalts" in DBB 1966 S. 227; Faust „Reform des Disziplinarrechts" in DBB 1968 Nr. 2 S. 10 und Nr. 3 S. 10; Euler „BDO-Novelle ein Schritt zum modernen Dienstordnungsrecht" in DDB 1967 S. 160; Finger „Die neue BDO, kritisch gewürdigt„ in NDBZ 1967 S. 129; Finger „Zur Neuordnung des Disziplinarrechts im Bund" in DöV 1968 S. 33; Lindgen „Die wesentlichen Änderungen der BDO auf Grund des Gesetzes zur Neuordnung des Bundesdisziplinarrechts" in NDBZ 1967 S. 150 und S. 168; Lindgen „Welche Verbesserungen bringt das Gesetz zur Neuordnung des Bundesdisziplinarrechts vom 20. 7. 1967 für den Beamten?" in BayBZ 1967 S. 129, S. 161, S. 181; Wenzel „Die Disziplinarrechtsreform hat endlich begonnen!" in SKV 1967 S. 257.

Nr. 13 **S. 13**

Den auf Zeile 2 beginnenden Satz sowie Zeilen 13 und 14 und den mit Zeile 36 beginnenden Satz streichen.

In Abschnitt III, 2. Absatz dem in der 2. Zeile endenden Satz folgenden Satz anfügen:

Ein Vorgesetzter mißbilligt das Verhalten eines Beamten auch dann, wenn er zwar den Ausdruck „Mißbilligung" nicht gebraucht, jedoch seinen Willen, das Verhalten des Beamten zu rügen, klar erkennen läßt[6a].

Vor Fußnote 7 folgende Fußnote einfügen:

[6a] BDH 3. 10. 66 — I DV 2/66 — DVBl. 1966 S. 934 = DBB 1967 S. 138 (LS).

Nr. 14 **S. 15**

In Fußnote 3 den letzten Punkt durch Semikolon ersetzen und folgendes anfügen:

Bayerisches Dienststrafrecht (Textausgabe), Verlag für Verwaltungspraxis F. Rehm KG, München, 1967 (4. Aufl.).

Nr. 15 **S. 16**

Im Abschnitt „III Berlin" letzten Absatz mit folgendem Satz abschließen:

Die DVO ist durch die VO zur Änderung der DVO vom 31. 12. 66 (GVBl. 1967 S. 24) geändert worden.

Nr. 16 **S. 17**

Nach der 5. letzten Zeile folgenden Absatz hinzufügen:

Durch das 1. ÄndGes. zur HDO vom 4. 7. 1966 (GVBl. S. 175) ist die Organisation der Disziplinarkammer und des Disziplinarhofs geändert worden.

Nr. 17 **S. 18**

Nach dem 1. Absatz folgenden Absatz einfügen:

Durch Art. 3 des 1. Gesetzes zur Änderung des Hessischen Beamtengesetzes und der Hessischen Disziplinarordnung vom 14. 10. 1966 (GVBl. S. 311) sind die §§ 39, 40, 47 und 57 Abs. 2 Satz 4 HDO geändert und neugefaßt worden. Hierbei handelt es sich um Fragen der Gerichtsorganisation.

Nr. 18 **S. 31**

Nach Zeile 18 ist folgender Absatz einzufügen:

Das Gesetz zur Neuordnung des Bundesdisziplinarrechts vom 20. 7. 1967 führt das **Opportunitätsprinzip auch** für die **Disziplinargerichte** ein. Das Disziplinargericht kann im disziplinargerichtlichen Antragsverfahren nach § 31 Abs. 4 Satz 5 BDO und im förmlichen Disziplinarverfahren auf Grund des Ergebnisses der Hauptverhandlung nach § 76 Abs. 3 BDO das Disziplinarverfahren mit Zustimmung des Bundesdisziplinaranwalts auch dann einstellen, wenn es ein Dienstvergehen zwar für erwiesen, nach dem gesamten Verhalten des Beamten eine Disziplinarmaßnahme aber nicht für angebracht hält.

Nr. 19 **S. 43**

In Abschnitt „D. Ausnahmen vom Prinzip der Mittelbarkeit" nach dem 1. Absatz folgenden Absatz einfügen:

Durch das Gesetz zur Änderung des Bundesdisziplinarrechts vom 20. 7. 1967 ist das **Prinzip der Mittelbarkeit** des Verfahrens in Anlehnung an die Regelung des Landes Niedersachsen **aufgelockert** worden. Nach § 68 Satz 1 BDO können nunmehr der Bundesdisziplinaranwalt und der Beamte die **nochmalige Vernehmung von Zeugen und Sachverständigen** sowie weitere Beweiserhebungen **beantragen.** Der Antrag ist unter Angabe der Tatsachen, über die Beweis erhoben werden soll, in der Anschuldigungsschrift oder in der Äußerung des Beamten dazu (§ 67 Abs. 2 BDO) zu stellen (§ 68 Satz 2 BDO). Ein späterer Antrag gilt als rechtzeitig gestellt, wenn wichtige Gründe für die Verspätung glaubhaft gemacht werden (§ 68 Satz 3 BDO). Den Beweisanträgen, die nach § 68 BDO gestellt werden, ist zu entsprechen, es sei denn, daß die Erhebung des Beweises unzulässig, die Tatsache, die bewiesen werden soll, offenkundig, für die Entscheidung ohne Bedeutung oder schon erwiesen ist oder als wahr unterstellt werden kann oder das Beweismittel unerreichbar ist (§ 74 Abs. 3 Satz 1 BDO).

Nr. 20 **S. 47**

In Abschnitt „B. Geschichtliche Entwicklung" als letzten Absatz einfügen:

Das Gesetz zur Änderung des Bundesdisziplinarrechts vom 20. 7. 1967 stellt in Art. I Nr. 75 die Öffentlichkeit der Hauptverhandlung unter bestimmten Voraussetzungen wieder her. Nach § 73 Abs. 1 Satz 1 BDO ist die Hauptverhandlung wohl auch fernerhin nichtöffentlich. Nach § 73 Abs. 1 Satz 1 ist jedoch **auf Antrag des Beamten** die **Öffentlichkeit herzustellen.**

Nr. 21 **S. 48**

Dem auf Zeile 3 endenden Satz folgende Sätze anfügen:

Das Gebot der Nichtöffentlichkeit der Hauptverhandlung ist nicht verletzt, wenn ein vernommener, aber noch nicht entlassener **Zeuge auf Anordnung des Vorsitzenden im Sitzungssaal verbleibt.** Gestattet der Vorsitzende dem vernommenen, aber noch nicht entlassenen Zeugen die Anwesenheit im Sitzungssaal, so kann unter Umständen eine fehlerhafte Handhabung der Sachleitungsbefugnis vorliegen; die Nichtöffentlichkeit des Verfahrens ist dadurch jedoch nicht berührt[37a].

Nr. 22 **S. 48**

In Abschnitt „b) Bund" als letzten Satz hinzufügen:

Durch die Novelle zum Bundesdisziplinarrecht ist auf Antrag des beschuldigten Beamten nach § 73 Abs. 2 Satz 1 BDO die Öffentlichkeit wiederherzustellen.

Nr. 23 **S. 48**

Folgende Fußnote einfügen:

[37a] BDH — Wehrdienstsenat — 9. 4. 64 — I WD 190/63 — in DöV 1965 S. 67 (LS).

Nr. 24 **S. 50**

In Abschnitt „2. Nichtöffentlichkeit der Hauptverhandlung, jedoch Herstellung der Öffentlichkeit auf Antrag" folgenden Absatz einfügen:

c) Bund

Nach dem derzeit geltenden Bundesrecht ist die **Hauptverhandlung** auch weiterhin **nicht öffentlich** (§ 73 Abs. 1 Satz 1 BDO). **Auf Antrag des Beamten ist** jedoch die **Öffentlichkeit herzustellen** (§ 73 Abs. 2 Satz 1 BDO). Dann gelten die §§ 171a bis 174, 175 Abs. 1 und 3 GVG entsprechend (§ 73 Abs. 2 Satz 2 BDO). Nach § 175a GVG kann für die Hauptverhandlung oder für einen Teil davon die Öffentlichkeit ausgeschlossen werden, wenn das Verfahren die Unterbringung des Beamten in einer Heil- oder Pflegeanstalt neben einer Strafe oder ausschließlich zum Gegenstand hat; § 175a GVG ist für das Disziplinarverfahren gegenstandslos und hätte deshalb keiner Erwähnung in § 73 Abs. 2 Satz 2 BDO bedurft. Bezüglich der Voraussetzungen für die Anwendung der §§ 172 bis 174 GVG vgl. die Ausführungen unter Buchst. a) S. 49f. Nach § 175 Abs. 1 GVG kann der Zutritt zu öffentlichen Verhandlungen unerwachsenen und solchen Personen versagt werden, die sich nicht im Besitz der bürgerlichen Ehrenrechte befinden, oder die in einer der Würde des Gerichts nicht entsprechenden Weise erscheinen (§ 175 Abs. 1 GVG). Die Ausschließung der Öffentlichkeit steht der Anwesenheit der die Dienstaufsicht führenden Beamten der Justizverwaltung bei den Verhandlungen vor dem erkennenden Gericht nicht entgegen (§ 175 Abs. 3 GVG).

Nr. 25 **S. 62**

Dem Zeile 20 endenden Satz folgenden Satz anfügen: Die Vorschriften über das Disziplinarverfahren gegen Beamte gelten auch für die Verfahren gegen Ruhestandsbeamte, soweit sich aus der BDO nichts anderes ergibt (§ 16 BDO). Da z. B. gegen Ruhestandsbeamte die Disziplinarmaßnahmen des Verweises und der Geldbuße ausscheiden (vgl. § 5 Abs. 2 BDO) entfallen für sie die §§ 6 bis 11 und 26 bis 28 BDO n. F.

Nr. 26 **S. 68**

Den auf Zeile 4 beginnenden Satz streichen. An seine Stelle folgenden Satz einfügen:

Nach § 17 Abs. 1 Bundespolizeibeamtengesetz i. d. F. vom 10. 7. 1967 (BGBl. I S. 702) erhalten Polizeivollzugsbeamte auf Widerruf, die **nach** einer **Dienstzeit von mindestens vier Jahren** wegen Ablaufs der Dienstzeit **ausgeschieden oder wegen Polizeidienstunfähigkeit,** die nicht auf eigenes grobes Verschulden zurückzuführen ist, **entlassen** worden sind, Übergangsgebührnisse in der gleichen Höhe und für die gleiche Dauer wie die ehemaligen Soldaten auf Zeit nach § 11 Abs. 2 des Soldatenversorgungsgesetzes.

Nr. 27 **S. 68**

Den auf Zeile 23 beginnenden Satz streichen. An seine Stelle folgenden Satz einfügen:

Nach § 19 Abs. 1 Satz 2 des Bundespolizeibeamtengesetzes i. d. F. vom 10. 7. 1967 (BGBl. I S. 702) gilt das gleiche, wenn ein Polizeivollzugsbeamter auf Widerruf, dessen Dienstverhältnis wegen Ablaufs der Dienstzeit endet, in diesem Zeitpunkt **infolge** einer **Dienstbeschädigung** im Sinne des § 46 Abs. 1 BBG **polizeidienstunfähig** wird.

Nr. 28 **S. 69**

Hinter den auf Zeile 1 mit „zurückbleibt" endenden Satz folgenden Satz einfügen:

Nach § 20 Abs. 1 Satz 3 des Bundespolizeibeamtengesetzes i. d. F. vom 10. 7. 1967 (BGBl. I S. 702) gilt § 20 Abs. 1 Satz 1 und 2 auch, wenn ein Polizeivollzugsbeamter auf Widerruf, dessen Dienstverhältnis wegen Ablaufs der Dienstzeit endet, in diesem Zeitpunkt **infolge** eines **Dienstunfalls polizeidienstunfähig** wird.

Nr. 29 **S. 71**

Nach Zeile 8 folgenden Satz anfügen:

Nach Art. 27 der Bayer. Verf. können Abgeordnete des Landtags zu irgendeiner Zeit wegen ihrer Abstimmung u. a. auch nicht dienstlich zur Rechenschaft gezogen werden.

Nr. 30 **S. 92**

Abs. 2 streichen; an seine Stelle folgenden Absatz einfügen:

Ein Beamter oder Ruhestandsbeamter, der **früher in** einem **anderen Dienstverhältnis als Beamter, Richter, Berufssoldat, Soldat auf Zeit oder als berufsmäßiger Angehöriger oder Angehöriger auf Zeit des Zivilschutzkorps gestanden** hat, kann nach der BDO auch wegen solcher Dienstvergehen oder als Dienstvergehen geltenden Handlungen verfolgt werden, die er in dem früheren Dienstverhältnis oder als Versorgungsberechtigter aus einem solchen Dienstverhältnis begangen hat (§ 2 Abs. 2 Satz 1 Halbsatz 1 BDO). Auch bei einem aus einem solchen Dienstverhältnis Ausgeschiedenen oder Entlassenen gelten die in § 77 Abs. 2 BBG bezeichneten Handlungen als Dienstvergehen (§ 2 Abs. 2 Satz 1 Halbsatz 2 BDO). Ein Wechsel des Dienstherrn steht der disziplinarrechtlichen Verfolgung nicht entgegen (§ 2 Abs. 2 Satz 2 BDO).

Nr. 31 **S. 96**

In Abschnitt 4 „Disziplinarverfolgung nach Unterbrechung des Beamtenverhältnisses" 1. Absatz streichen; an seine Stelle folgenden Absatz einfügen:

Ein Beamter oder Ruhestandsbeamter, der **früher in einem anderen Dienstverhältnis** als Beamter, Richter, Berufssoldat, Soldat auf Zeit oder als berufsmäßiger Angehöriger oder Angehöriger auf Zeit des Zivilschutzkorps **gestanden** hat, kann nach der BDO auch wegen solcher Dienstvergehen oder als Dienstvergehen geltenden Handlungen verfolgt werden, die er in dem früheren Dienstverhältnis oder als Versorgungsberechtigter aus einem solchen Dienstverhältnis begangen hat (§ 2 Abs. 2 Satz 1 Halbsatz 1 BDO).

Nr. 32 **S. 97**

Den Zeile 17 mit „Im Interesse" beginnenden Satz streichen; an seine Stelle folgenden Satz einfügen:

Im Interesse einer gleichmäßigen Behandlung ist nach § 2 Abs. 2 Satz 1 Halbsatz 1 BDO die Verfolgbarkeit auch auf solche **Dienstvergehen** oder als Dienstvergehen geltende Handlungen ausgedehnt, die der Beamte oder Ruhestandsbeamte **in einem früheren Dienstverhältnis** als Beamter, Richter, Berufssoldat, Soldat auf Zeit oder als berufsmäßiger Angehöriger oder Angehöriger auf Zeit des Zivilschutzkorps **begangen** hat.

Nr. 33 **S. 100**

Nach Zeile 7 folgende Absätze einfügen:

6. Verjährte Dienstvergehen

Eine **Disziplinarverfolgung** scheidet aus, wenn ein Dienstvergehen **nach § 4 BDO verjährt** ist. Sind seit einem Dienstvergehen, das höchstens eine Geldbuße gerechtfertigt hätte, mehr als zwei Jahre verstrichen, ist eine Verfolgung nicht mehr zulässig (§ 4 Abs. 1 BDO). Sind seit einem als Dienstvergehen geltendem Verhalten, das eine Gehaltskürzung oder Kürzung des Ruhegehalts rechtfertigt, mehr als drei Jahre verstrichen, ist eine Verfolgung nur zulässig, wenn vor Ablauf der Frist ein förmliches Disziplinarverfahren eingeleitet worden ist (§ 4 Abs. 2 BDO). Ist vor Ablauf der Frist wegen desselben Sachverhalts ein Strafverfahren eingeleitet, ist die Frist für die Dauer des Strafverfahrens gehemmt (§ 4 Abs. 3 BDO).

7. Verfehlungen, die bereits durch ein Gericht oder eine Behörde durch eine Strafe oder eine Ordnungsmaßnahme geahndet worden sind[82a]

Ein dienstliches und außerdienstliches Fehlverhalten ist grundsätzlich auch dann disziplinarisch verfolgbar, wenn der Beamte durch ein Gericht oder eine Behörde mit einer Kriminalstrafe oder einer Ordnungsmaßnahme bedacht worden ist. Soweit diese Maßnahmen jedoch den gleichen Zweck wie eine Disziplinarmaßnahme erfüllen, muß geprüft werden, ob dann eine disziplinarische Verfolgung entfällt, da hier gegen den Grundsatz ne bis in idem wohl nicht ausdrücklich, jedoch gegen dessen Grundgedanken verstoßen wird. Aus diesem Grunde bestimmt § 14 Halbsatz 1 BDO, daß in den Fällen, in denen ein **Gericht oder** eine **Behörde** eine **Strafe oder Ordnungsmaßnahme verhängt** haben, wegen desselben Sachverhalts ein **Verweis überhaupt nicht ausgesprochen** werden darf. Der Erziehungszweck des Verweises als der geringsten Disziplinarmaßnahme tritt gegenüber den Kriminalstrafen und Ordnungsmaßnahmen in den Hintergrund. Als Gerichte, die Strafen verhängen, kommen nicht nur Strafgerichte, sondern auch sonstige Gerichte, wie z. B. Finanzgerichte, in Betracht. Bei der Strafe braucht es sich nicht nur um eine Kriminalstrafe zu handeln. Unter § 14 BDO fallen u. a. auch die Ordnungsstrafen, wie sie z. B. auch das Zivilgericht gegen ungehorsame Zeugen nach § 380 ZPO verhängen kann; ist ein Beamter in einem Verwaltungsstreitverfahren, in dem seine Verwaltung als Partei auftritt, als Zeuge zum Beweistermin nicht erschienen oder hat er seine Aussage verweigert, obgleich ihm ein Aussageverweigerungsrecht nicht zugestanden hat und ist er durch das Verwaltungsgericht deshalb zu einer Ordnungsstrafe verurteilt worden, so kann er durch den Dienstvorgesetzten oder ein Disziplinargericht wegen des Nichterscheinens zum Beweistermin oder wegen seiner unbegründeten Aussageverweigerung nicht mit einem Verweis belegt werden, selbst wenn durch sein Verhalten der Verwaltung im Verwaltungsstreitverfahren Nachteile gedroht haben sollten. Dagegen dürfen **Geldbuße, Gehaltskürzung und Kürzung des Ruhegehalts verhängt** werden, **wenn** wegen des gleichen Sachverhalts ein **Gericht oder** eine **Behörde eine Strafe oder Ordnungsmaßnahme ausgesprochen** haben; die **disziplinarische Verfolgung** ist jedoch nur dann zulässig, wenn diese **zusätzlich erforderlich** ist, **um den Beamten oder Ruhestandsbeamten zur Erfüllung seiner Pflichten anzuhalten und das Ansehen des Beamtentums zu wahren** (vgl. § 14 Halbsatz 2 BDO). Die Kriminalstrafe und insbesondere die Ordnungsmaßnahme äußern auch einen erzieherischen Zweck. Dies ist vor allem bei den Kriminalstrafen der Fall, die wegen Verkehrsverstößen verhängt werden, wobei die Strafgerichte in den Urteilsgründen oft hervorheben, daß die Strafen vor allem im Interesse der Verkehrserziehung ausgesprochen werden. Handelt es sich bei demjenigen, der gegen die Straßenverkehrsvorschriften verstoßen hatte, um einen Beamten, werden die Strafgerichte gerade dann, wenn es sich beim Angeklagten um einen Beamten handelt, der zu einer besonderen Beachtung der Strafrechtsnormen verpflichtet ist, eine über das Normalmaß hinausgehende Strafe verhängen; in einem solchen Fall konnte es ein Beamter, der sich anschließend in einem Disziplinarverfahren wegen der Verletzung der Verkehrsvorschrift rechtfertigen mußte, es nicht verstehen, daß er sich wegen des gleichen Sachverhalts nochmals disziplinarisch zu rechtfertigen hatte. Gerade hier setzte die Kritik an der sog. Doppelbestrafung ein. § 14 BDO will aus diesem Grunde die disziplinarische Verfolgung auf ein gerechtes Maß zurückführen.

Im einzelnen hierzu siehe unter § 28a Nachtrag S. 35 ff.

8. Außerdienstliche Verfehlungen

Eine Pflichtwidrigkeit des Beamten ist grundsätzlich auch dann disziplinarisch zu verfolgen, wenn sie außerhalb des Dienstes begangen worden ist; im einzelnen vgl. hierzu § 60 S. 740 ff. Einer disziplinarischen Verfolgung außerdienstlichen Fehlverhaltens wird jedoch durch § 77 Abs. 1 Satz 2 BBG, der durch Art. II § 2 Nr. 3 des Gesetzes zur Änderung des Bundesdisziplinarrechts vom 20. 7. 1967 eingefügt worden ist, weitgehend ein Riegel vorgeschoben. Hiernach ist ein Verhalten des Beamten **außerhalb des Dienstes** ein **Dienstvergehen nur** dann, **wenn** es nach den Umständen des Einzelfalles **in besonderem Maße geeignet** ist, **Achtung und Vertrauen in** einer für sein Amt oder das Ansehen des Beamtentums **bedeutsamen Weise zu beeinträchtigen.**

Nr. 34 **S. 105**

Bei Fußnote 1 einfügen:

Arndt „Der Zweck der Disziplinarstrafe" in DöV 1966 S. 809; Finger „Zum Disziplinarstrafen-Katalog der BDO" in ZBR 1966 S. 138.

Nr. 35 **S. 106**

Nach Zeile 4 folgende Absätze einfügen:

Das Disziplinarorgan darf sich bei der Frage ob und welche Disziplinarmaßnahme zu verhängen ist, **nicht von** den **strafrechtlichen Auswirkungen des Dienstvergehens leiten lassen.** Es ist prinzipiell verfehlt, bei der disziplinaren Strafzumessung unmittelbare Folgerungen aus einem Straftatbestand zu ziehen. Zweck der Disziplinarmaßnahme ist weder die Vergeltung für strafrechtliches Unrecht noch ein Ausgleich der Interessen des dadurch Verletzten. Vielmehr geht es allein um die Frage, ob ein Beamter, der sich derartiger strafrechtlicher Verfehlungen schuldig gemacht hat, noch Vertrauen verdient und als Beamter ansehensmäßig tragbar ist[4].

Gleiches gilt auch dann, **wenn** ein **Beamter** während einer Wehrübung **wegen einer Wehrstraftat verurteilt worden** ist. Ist dies der Fall und wird die vom Strafgericht verhängte Strafe — neben dem allgemeinen Anspruch auf Wiederherstellung des Rechtsfriedens — auch den Zwecken des Disziplinarrechts in ausreichender Weise gerecht, so kann von einer Verhängung einer einfachen Disziplinarmaßnahme abgesehen werden; das ist in der Regel geboten, wenn die an sich in Betracht kommende einfache Disziplinarmaßnahme dem durch die Kriminalstrafe bewirkten Eingriff wesensähnlich ist[5].

Nr. 36 **S. 106**

Folgende Fußnoten einfügen:

[4] BDH 23. 5. 65 — III D 32/64 — in ZBR 1966 S. 319 und BDH 30. 6. 65 — III D 9/65 —.

[5] BDH 1. 2. 66 — I WDB 6/65 — in NJW 1966 S. 949 = JZ 1966 S. 651 = DVBl. 1966 S. 541.

Nr. 37 **S. 117**

Den Absatz „C Änderungsgesetz zur Bundesdisziplinarordnung" streichen und an seine Stell folgenden Absatz einfügen:

C. Gesetz zur Änderung des Bundesdisziplinarrechts vom 20. 7. 1967

Das Gesetz zur Änderung des Bundesdisziplinarrechts vom 20. 7. 1967 hat die **Disziplinarmaßnahmen der Warnung, der Versagung des Aufsteigens im Gehalt und der Einstufung in eine niedrigere Dienstaltersstufe beseitigt.** Vor allem hat es nicht als weitere Disziplinarmaßnahme die Herabstufung des Ruhegehalts, wie sie der Regierungsentwurf in Art. I Nr. 6 vorgesehen hatte, übernommen. Gewissermaßen als neue Disziplinarmaßnahme ist jedoch die dienstliche Mißbilligung hinzugetreten. Wenn auch § 6

Abs. 2 BDO ausdrücklich hervorhebt, daß mißbilligende Äußerungen eines Dienstvorgesetzten, die nicht ausdrücklich als Verweis bezeichnet sind, keine Disziplinarmaßnahmen sind, so ist jedoch nach § 134 BDO die dienstliche Mißbilligung dem Verweis gleichgestellt, soweit es sich um deren Anfechtungsmöglichkeit im Wege der Beschwerde und des disziplinargerichtlichen Antragsverfahrens handelt.

Nr. 38 **S. 122**

Bei Fußnote 8 am Schluß hinzufügen:

a. M. BDH 5. 9. 67 — II DV 2. 67 — DokBer. S. 3286, weil sich die Rechtsprechung (vgl. BDH 22. 5. 54 — I DV 1/53 —; 28. 7. 54 — II DV 14/53; 2. 8. 54 — II DV 3/54 —), wonach eine Disziplinarverfügung vom Dienstvorgesetzten selbst unterschrieben sein muß, nicht für dienstliche Mißbilligungen aufrechterhalten läßt, so daß sich bei dienstlichen Mißbilligungen der Dienstvorgesetzte jederzeit von nachgeordneten Beamten vertreten lassen kann. Der BDH weist hier auf § 30 Abs. 1 Halbsatz 2 BDO n. F. hin, wonach bei obersten Dienstbehörden die Zeichnungsbefugnis von Disziplinarverfügungen einem Abteilungsleiter übertragen werden kann.

Nr. 39 **S. 122**

In Zeile 21 hinter das Wort „kann" die Ziffer 6a einfügen.

Nr. 40 **S. 122**

Als Fußnote einfügen:

[6a] BDH 5. 9. 67 — II DV 2. 67 — DokBer. S. 3286 (3289).

Nr. 41 **S. 125**

Nach der drittletzten Zeile folgenden Absatz einfügen:

Nach Ansicht des Disziplinarsenats des **OVG Münster**[13b] ist **gegen** eine zu den Personalakten genommene **Mißbilligung nicht** der **Rechtsweg zu den Disziplinargerichten eröffnet.** Ist der Rechtsweg vor den Disziplinargerichten geltend gemacht, so kommt nach Auffassung dieses Gerichts eine Verweisung des Antrags an ein Gericht der allgemeinen Verwaltungsgerichtsbarkeit nicht in Frage, da nach geltendem Recht ein allgemeiner Grundsatz der Verweisung einer beim unzuständigen Gericht angebrachten Sache an das jeweils zuständige Gericht einer anderen Gerichtsbarkeit nicht besteht. Die Auffassung des Disziplinarsenats Münster ist, soweit sie das Landesdisziplinarrecht von Nordrhein-Westfalen betrifft, wohl zu billigen, führt aber zum negativen Kompetenzkonflikt, da, wie im folgenden Absatz noch gezeigt werden wird, das Bundesverwaltungsgericht gegen eine dienstliche Mißbilligung den Rechtsweg vor den Verwaltungsgerichten nicht zuläßt.

Nr. 42 **S. 125**

Nach Fußnote 13a folgende Fußnote einfügen:

[13b] DiszSenat OVG Munster 17. 3. 67 — W-8/63 — (rechtskräftig) ZBR 1967 S. 383 = NJW 1967 S. 2067 = DVBl. 1968 S. 84.

Nr. 43 **S. 125**

Bei Fußnote 14 folgendes anfügen:

Für die ausschließliche Zuständigkeit der Disziplinargerichte tritt neuerdings auch das VG Freiburg (26. 4. 66. — DS 2/65 in VerwBl. von Bad.-Württemb. 1967 S. 77) ein, das bei den dienstlichen Mißbilligungen den § 29 LDO BW = 31 BDO n. F. analog anwendet.

Nr. 44 **S. 128**

Nach Zeile 22 folgende Sätze einfügen:

Es ist gerichtlich nachzuprüfen, ob das dem Beamten zur Last gelegte Verhalten ein Dienstvergehen enthält, wobei es gleichbleibt, ob derjenige, der die dienstliche Mißbilligung ausgesprochen hat, das Tun oder Unterlassen als Dienstvergehen angesehen hat oder gar die Voraussetzungen für ein Dienstvergehen verneint hat[15a].

Nr. 45 **S. 128**

Als Fußnote einfügen:

[15a] BDH 5. 9. 67 — II DV 2. 67 — DokBer. S. 3286.

Nr. 46 **S. 129**

Nach Zeile 26 folgenden Absatz einfügen:

Durch § 124 BDO ist nunmehr klargestellt, daß in den Fällen, in denen dem Beamten in einer **schriftlichen Mißbilligung** ein Dienstvergehen zur Last gelegt wird, der Beamte **hiergegen Beschwerde einlegen und** gegen die Beschwerdeentscheidung oder die dienstliche Mißbilligung der obersten Dienstbehörde die **Entscheidung des Bundesdisziplinargerichts beantragen** kann, da § 31 BDO entsprechend gilt. Der Rechtsweg zu den Disziplinargerichten ist jedenfalls dann gegeben, wenn die mißbilligende Äußerung des Dienstvorgesetzten schriftlich ausgesprochen wird, die Festlegung einer Dienstpflichtverletzung enthält und zu den Personalakten gelangt ist[18]. So wäre der Bescheid eines Dienstvorgesetzten, der die Dienstaufsichtsbeschwerde eines Beamten als unbegründet zurückweist, ohne eine disziplinare Maßnahme zu treffen, keine Mißbilligung im Sinne des § 6 Abs. 3 BDO n. F. und würde demnach auch nach Inkrafttreten der Novelle zum Bundesdisziplinarrecht nicht der disziplinargerichtlichen Nachprüfung unterliegen[19].

Nr. 47 **S. 129**

Nach Fußnote 17 folgende Fußnoten einfügen:

[18] BDH 18. 6. 65 — III DV 7/64 — BDHE Bd. 7 S. 57 = DVBl. 1965 S. 651 = ZBR 1966 S. 59; BDH 19. 1. 66 — I DV 3/66 —; BDH 3. 10. 66 — I DV 2/66 — BDHE Bd. 7 S. 62.

[19] BDH 16. 5. 66 — I DV 1/66 — BHDE Bd. 7 S. 60.

Nr. 48 **S. 132**

Dem letzten Absatz in Abschnitt II folgenden Satz anfügen:

Die mangelnde Einsicht, daß der Schuldvorwurf zurecht besteht, kann nicht zu einer Verschärfung der Disziplinarmaßnahme führen[10a].

Nr. 49 **S. 132**

Folgende Fußnote einfügen:

10o Vgl. OLG Hamm 22. 12. 66 — 2 Ss 1377/66 — VRS 1967 Bd. 33 S. 130.

Nr. 50 **S. 133**

Dem in Zeile 23 endenden Satz folgenden Satz beifügen:

So kann die höchstzulässige Disziplinarmaßnahme nicht deshalb allein verhängt werden, weil der beschuldigte Beamte nur eingeschränkt verwendungsfähig ist[17o].

Nr. 51 **S. 133**

Folgende Fußnote einfügen:

17o BVerwG 20. 12. 67 — III D 28. 67 — DokBer. S. 3270.

Nr. 52 **S. 136**

Dem 1. Absatz folgenden Satz hinzufügen:

Da das Gesetz zur Änderung des Bundesdisziplinarrechts vom 20. 7. 1967 die Disziplinarmaßnahmen des Aufsteigens im Gehalt und der Einstufung in eine niedrigere Dienstaltersstufe nicht mehr kennt, entfällt im geltenden Disziplinarrecht eine dem § 4 Abs. 2 BDO i. d. F. ÄndGes. 1952 entsprechende Bestimmung.

Nr. 53 **S. 136**

In § 13 den 1. Absatz streichen; an seine Stelle folgenden Absatz einfügen:

Die Disziplinarbefugnisse werden von den zuständigen Behörden, Dienstvorgesetzten und Disziplinargerichten ausgeübt (§ 11 Abs. 1 BDO).

Nr. 54 **S. 137**

Nach Zeile 36 folgenden Satz einfügen:

Sind einem der in § 29 Abs. 2 Satz 1 Nr. 2 und 3 BDO genannten Dienstvorgesetzten nach § 35 BDO die Befugnisse der Einleitungsbehörde übertragen, so kann dieser Geldbußen bis zum zulässigen Höchstbetrage verhängen (§ 29 Abs. 2 Satz 2 BDO).

Nr. 55 **S. 138**

Den 1. Absatz des § 14 mit folgendem Satz abschließen:

Das **Gesetz** zur Änderung des Bundesdisziplinarrechts **vom 20. 7. 1967 kennt** die Disziplinarmaßnahme der **Warnung nicht mehr,** da der Unterschied zwischen ihr und dem Verweis, der nunmehr geringfügigsten Disziplinarmaßnahme, ganz unwesentlich und kaum erkennnbar ist.

Nr. 56 **S. 139**

Nach Zeile 3 folgenden Absatz einfügen:

Die **Disziplinarmaßnahme des Verweises** kann ebenso wie die Geldbuße **gegen jeden aktiven Beamten verhängt** werden, u. a. auch gegen Beamten auf Probe und Beamte auf Widerruf (vgl. § 5 Abs. 3 BDO n. F.). Bei Ruhestandsbeamten scheiden die Disziplinarmaßnahmen des Verweises und der Geldbuße aus, da nach § 5 Abs. 2 BDO n. F. bei ihnen nur die Kürzung und die Aberkennung des Ruhegehaltes zulässig ist.

Nr. 57 **S. 140**

In Abschnitt IV die Absätze 1 und 2 streichen. An ihre Stelle folgende Absätze einfügen:

Der **Verweis** gilt als **vollstreckt, sobald** er **unanfechtbar geworden** ist (§ 117 Abs. 2 BDO). Dies gilt auch dann, wenn die Einleitungsbehörde diese Maßnahme nach § 64 Abs. 2 Satz 2 BDO getroffen hat. Nach § 102 Abs. 4 BDO i. d. F. ÄndGes. 1952 galt der Verweis bereits mit der Zustellung der Disziplinarverfügung als vollstreckt, wenn er durch eine Disziplinarverfügung verhängt worden war. War er durch ein Urteil des Disziplinargerichts verhängt, so war entsprechend der derzeitigen Regelung die Rechtskraft des Urteils für den Zeitpunkt der Vollstreckung maßgebend.

Die Disziplinarverfügung, durch die ein Verweis ausgesprochen worden ist, ist erst nach der Unanfechtbarkeit **zu den Beiakten der Personalakten zu nehmen,** in denen die Disziplinarvorgänge aufbewahrt werden. Wird zu den Personalakten ein Personalbogen geführt, so ist die Disziplinarmaßnahme daselbst nicht zu vermerken, da nach Ablauf der Tilgungsfrist ansonsten auch der Personalbogen vernichtet werden müßte (vgl. § 119 Abs. 1 BDO und Nr. 1 VV zu § 119 BDO).

Bisher konnte sich jede noch so geringfügige Disziplinarmaßnahme für den weiteren dienstlichen Werdegang eines Beamten ungünstig auswirken. Insbesondere konnte der Beamte wegen einer zuerkannten Disziplinarmaßnahme bei seiner Beförderung zurückgestellt werden, selbst wenn es sich nur um einen Verweis gehandelt hatte. § 8 BDO stellt nunmehr fest, daß **Verweis und Geldbuße bei Bewährung einer Beförderung nicht entgegenstehen.** Wenn auch die Verhängung der Disziplinarmaßnahme als solche für den Beamten nicht nachteilig sein soll, so schließt das nicht aus, daß der Beamte wegen des der Disziplinarmaßnahme zugrunde liegenden Verhaltens, z. B. wegen unordentlicher Führung von Kassenbüchern, die zu einem Verweis geführt hatte, von einer Beförderung nach den allgemeinen beamtenrechtlichen Bestimmungen zurückgestellt werden kann. Die in § 8 BDO genannte „Bewährung" kann sich nur auf die Tatumstände erstrecken, die für eine Beförderung maßgebend sind. Wäre z. B. der Beamte wegen eines außerdienstlichen Verhaltens, das für seine dienstliche Beurteilung belanglos ist, mit einem Verweis belegt worden, so braucht er nicht den Nachweis zu führen, daß er sich eine gewisse Zeit lang auf dem Lebensgebiet bewährt hat, wo er Anstoß erregt hat. Es wäre widersinnig, wenn der Beamte nach Zuerkennung eines Verweises wegen eines außerdienstlichen Fehlverhaltens erst über eine gewisse Zeit hinweg den Nachweis führen muß, daß er sich im

Dienst besonders bewährt hat. Die Bewährung ist vielmehr auf dem dienstlichen Sektor erforderlich, auf dem der Beamte zu Beanstandungen, die zu einem Verweis geführt hatten, Anlaß gegeben hatte. Wie lange die Bewährung laufen muß, um eine Beförderung aussprechen zu können, ist im Gesetz nicht gesagt. Dies wird von den Umständen des Einzelfalles und dem durch den Verweis beanstandeten Verhalten des Beamten abhängen.

Nr. 58 **S. 140**

Auf Zeile 17 „§ 102 Abs. 3 BDO i. d. F. der Novelle“ durch „§ 117 Abs. 3 Satz 1 BDO“ ersetzen.

Nr. 59 **S. 140**

Nach der viertletzten Zeile folgenden Absatz einfügen:

Die Disziplinarmaßnahme der Geldbuße kann **gegen jeden aktiven Beamten,** nach § 5 Abs. 3 BDO n. F. auch gegen Beamte auf Probe und Beamte auf Widerruf **verhängt** werden. Bei Ruhestandsbeamten scheidet diese Disziplinarmaßnahme aus, weil gegen diesen Personenkreis als Disziplinarmaßnahmen nach § 5 Abs. 2 BDO nur die Kürzung und Aberkennung des Ruhegehalts zulässig sind.

Nr. 60 **S. 140/141**

Den auf Seite 140 auf der vorletzten Zeile beginnenden Satz durch folgenden Satz ersetzen:

Dienstbezüge sind nach § 1 der VO zu § 131 Abs. 2 BDO vom 20. 11. 1967 (BGBl. I S. 1158) **Grundgehalt, Ortszuschlag, örtlicher Sonderzuschlag, Amtszulagen, Stellenzulagen** und **Ausgleichszulagen** nach dem Bundesbesoldungsgesetz sowie Unterhaltszuschüsse ohne Kinderzuschläge nach der Unterhaltszuschußverordnung.

Nr. 61 **S. 143**

Dem 1. Absatz folgende Absätze anfügen:

Im **Bereich der Bundesfinanzverwaltung** können nach Abschnitt II der **Anordnung** zur Durchführung der BDO für die Bundesfinanzverwaltung **vom 17. 11. 1967** (BGBl. I S. 1161) Geldbußen verhängen

a) nach § 29 Abs. 3 Nr. 1 BDO der Bundesminister der Finanzen,
b) nach § 29 Abs. 3 Nr. 2 BDO die in Absatz I Nr. 2 bis 7 genannten Dienstvorgesetzten, soweit ihnen nicht weitergehende Befugnisse nach § 29 Abs. 3 Satz 2 BDO zustehen,
c) nach § 29 Abs. 3 Nr. 3 BDO die in Absatz I Nr. 8 bis 14 genannten Dienstvorgesetzten, die Leiter der Bundesvermögensstellen jedoch nur, soweit sie Beamte der Bes. Gr. A 13 oder einer höheren Besoldungsgruppe sind.

Im **Geschäftsbereich des Bundesministers der Verteidigung** können nach Abschnitt I der **Anordnung** der BDO für den Geschäftsbereich des Bundesministers der Verteidigung **vom 29. 2. 1968** (BGBl. I S. 211) die dem Bundesminister der Verteidigung unmittelbar nachgeordneten Dienstvorgesetzten Geldbußen bis zur Höhe eines Achtels der monatlichen Dienstbezüge verhängen.

Nr. 62 **S. 145**

Zeilen 13 bis 16 streichen. An ihre Stelle folgenden Absatz einfügen:

Geldbußen, die der Dienstvorgesetzte verhängt, **fließen** dem **Verwaltungszweig zu,** in dem das Verfahren durchgeführt wird (§ 117 Abs. 3 Satz 2 BDO). Geldbußen, die **durch Urteil verhängt** werden, sind **an den Bund abzuführen** (§ 117 Abs. 3 Satz 3 BDO). Nach § 102 Abs. 7 BDO i. d. F. ÄndGes. 1952 flossen Geldbußen, die der Dienstvorgesetzte verhängt hatte, dem unmittelbaren Dienstherrn des Beamten zu.

Nr. 63 **S. 145**

Dem Abschnitt IV folgenden Schlußabsatz anfügen:

Die **Geldbuße steht** ebenso wie der Verweis bei Bewährung einer **Beförderung nicht entgegen.** Im einzelnen gilt das zu § 14 IV Nachtrag Nr. 57 Gesagte entsprechend.

Nr. 64 **S. 149**

In Zeile 5 von unten berichtigen: statt § 7 Abs. 4 BDO i. d. F. der Novelle muß es heißen: § 9 Abs. 2 BDO n. F.

Nr. 65 **S. 150**

Nach Zeile 29 folgenden Absatz einfügen:

Während der Dauer der Gehaltskürzung darf der **Beamte nicht befördert werden** (§ 9 Abs. 3 Satz 1 BDO n. F.). Der Zeitraum beginnt mit der Rechtskraft des Urteils (§ 3 Abs. 3 Satz 2 BDO n. F.).

Nr. 66 **S. 151—155**

§ 17 entfällt auf Bundesebene, da das Gesetz zur Änderung des Bundesdisziplinarrechts vom 20. 7. 1967 die Disziplinarmaßnahme der Versagung des Aufsteigens im Gehalt nicht mehr kennt.

Nr. 67 **S. 155—161**

§ 18 entfällt auf Bundesebene, da das Gesetz zur Änderung des Bundesdisziplinarrechts vom 20. 7. 1967 die Disziplinarmaßnahme der Einstufung in eine niedrigere Dienstaltersstufe nicht mehr kennt.

Nr. 68 **S. 162**

In Zeile 10 folgenden Satz einfügen:

Gleiches gilt auch für die Besoldungsgruppen, in die der Beamte im Wege der Verzahnung der Laufbahnen eingestuft ist. So kann z. B. ein Postbetriebsinspektor, der sich in der Besoldungsgruppe A 9 befindet, im Wege der Versetzung in ein Amt derselben Laufbahn mit geringerem Grundgehalt nach § 10 BDO zum Posthauptsekretär herabgestuft werden.

Nr. 69 **S. 163**

In Abschnitt II als letzten Absatz einfügen:

Die Dienstgradherabsetzung ist nicht nur dann angebracht, wenn der Beamte in der Beförderungsstelle versagt hat, sondern auch dann, wenn sein dienstliches oder außerdienstliches Verhalten ihn als **unwürdig für die Beförderungsstelle** erscheinen läßt. Ebenso kommt es nicht darauf an, ob der Beamte z. B. als Uniformträger in der Öffentlichkeit das Ansehen seiner Verwaltung geschädigt hat, weil diese Disziplinarmaßnahme bei allen in Beförderungsstellen befindlichem Beamten vorgesehen ist. Ebenso ist durch die Verurteilung zur Dienstgradherabsetzung **nicht** der **Gleichheitsgrundsatz verletzt,** da sich hier ein aus der Natur der Sache ergebender oder sonstwie sachlich einleuchtender Grund für die Differenzierung finden läßt, die Bestimmung des § 10 BDO n. F. also nicht als willkürlich bezeichnet werden kann[6a].

Nr. 70 **S. 163**

Folgende Fußnote einfügen:

[6a] BDH 4. 1. 66 — I D 35/65 — BDHE Bd. 7 S. 109.

Nr. 71 **S. 164**

Die Absätze 1 und 2 streichen, da sie durch die Neufassung des § 10 BDO gegenstandslos geworden sind.

Nr. 72 **S. 164**

Auf den Zeilen 31/2 „(Nr. 2 Satz 1 DVO zu § 102 BDO)“ durch „(§ 117 Abs. 5 Satz 1 BDO)“ ersetzen.

Nr. 73 **S. 164**

Auf Zeile 38 „(Nr. 3 DV zu § 7c BDO)“ durch „(§ 10 Abs. 1 Satz 1, Abs. 2 BDO)“ ersetzen.

Nr. 74 **S. 164**

Auf Zeile 41 „§ 102 Abs. 5 Satz 1 BDO“ durch „§ 117 Abs. 5 Satz 2 BDO“ ersetzen.

Nr. 75 **S. 165**

Den Zeile 6 beginnenden Absatz durch folgenden Absatz ersetzen:

Der Beamte erhält die Dienstbezüge nach der Besoldungsgruppe, die dem Amt entspricht, in das er herabgestuft worden ist.

Nr. 76 **S. 165**

Den Zeile 18 beginnenden Absatz streichen.

Nr. 77 **S. 173**

Dem Zeile 22 endenden Satz folgenden Absatz anfügen:

Bei außerdienstlichem Fehlverhalten eines Beamten ist die Dienstentfernung nur vertretbar, wenn sich das Dienstvergehen auf den dienstlichen

Bereich derart auswirkt, daß dadurch der **Beamte** dienstlich **vertrauensunwürdig** erscheint **oder wegen völligen Ansehensverlustes** als **untragbar für den öffentlichen Dienst** angesehen werden muß[17b]. Dies wäre z. B. der Fall, wenn ein Postbeamter, der dienstlich mit Beförderungsgut Befassung hat, sich außerdienstlich verschiedene Warenhausdiebstähle zuschulden kommen läßt.

Nr. 78 **S. 173**

Folgende Fußnote einfügen:

[17b] BDH 27. 10. 64 — III D 29/63 — BHDE Bd. 7 S. 100.

Nr. 79 **S. 173**

Bei Fußnote 15 hinzufügen:

BVerwG 20. 12. 67 — III D 28/67 — DokBer. S. 3270.

Nr. 80 **S. 174**

Auf Zeilen 14/5 „§ 102 Abs. 7 Satz 1 BDO i. d. F. der Novelle" durch „§ 117 Abs. 6 Satz 1 BDO i. d. F. der Novelle" ersetzen.

Nr. 81 **S. 186—188**

§ 22 streichen, da die im Entwurf Drucksache V/325 in Art. I 12 vorgesehene Disziplinarmaßnahme der Herabsetzung des Ruhegehalts durch den Innenausschuß und das Plenum des Bundestages abgelehnt worden ist.

Nr. 82 **S. 189**

Dem Zeile 23 endenden Absatz folgenden Absatz anfügen:

Für die Aberkennung des Ruhegehalts reicht es nicht aus, daß gegen den Ruhestandsbeamten — falls er sich noch im Dienst befände — die **Entfernung aus dem Dienst** gerechtfertigt wäre; dies ist nur eine **Mindestvoraussetzung.** Das Disziplinargericht hat alle sonstigen Voraussetzungen für die Verhängung der schwersten Disziplinarmaßnahme zu prüfen. Dabei ist zu berücksichtigen, daß das Disziplinarrecht in erster Linie der Reinerhaltung und Erziehung der Beamtenschaft zu beamtenmäßigen Verhalten dient und daß der **Ruhestandsbeamte** durch sein Ausscheiden aus dem Beamtenkörper **keine allgemeine disziplinarrechtlich gesicherte Rechtspflicht zu achtungswürdigen Verhalten** hat[1a].

Nr. 83 **S. 188**

Folgende Fußnote einfügen:

[1a] DiszSenat OVG Münster 20. 11. 64 — V 10/63 — OVGE Bd. 20 S. 307.

Nr. 84 **S. 199**

Nach Zeile 37 folgenden Absatz einfügen:

Im **5. Gesetz zur Änderung beamtenrechtlicher und besoldungsrechtlicher Vorschriften** — 5. BBÄG — (BGBl. I S. 848) wurde mit Wirkung vom 1. 7. 1968 u. a. das Zusammentreffen von Versorgungsbezügen aus einer Verwendung im öffentlichen Dienst einer überstaatlichen oder zwischenstaatlichen Einrichtung und deutscher Versorgungsbezüge im neuaufgenommenen § 160b BBG geregelt. Da in einem solchen Falle auch die Zahlung eines bewilligten Unterhaltsbeitrages ruhen soll, wurde deshalb auf Grund des Art. VII BBÄG in den § 77 Abs. 5 BDO auch der § 100b BBG, der das Zusammentreffen der o. a. Versorgungsbezüge regelt, aufgenommen.

Nr. 85 **S. 199**

Zeile 38 streichen und dafür folgende Zeile einfügen:

§ 77 BDO i. d. F. des 5. BBÄG hat folgenden Wortlaut:

Nr. 86 **S. 200**

Den Zeile 5 beginnenden Satz streichen. Dafür folgenden Satz einfügen:

Der Verurteilte ist verpflichtet, im Umfange des gezahlten Unterhaltsbeitrages für den gleichen Zeitraum bestehende Rentenansprüche an den früheren Dienstherrn abzutreten und diesem, soweit Renten bereits gezahlt worden sind, entsprechende Beträge zu erstatten.

Nr. 87 **S. 200**

Zeilen 14 bis 24 streichen. Dafür folgenden Absatz einfügen:

(5) Der Unterhaltsbeitrag erlischt, wenn der Verurteilte wieder zum Beamten ernannt wird. Im übrigen gelten die Vorschriften der §§ 158 bis 160, 160b, 162 und 165 des Bundesbeamtengesetzes sinngemäß; der Verurteilte gilt insoweit als Ruhestandsbeamter, der Unterhaltsbeitrag als Ruhegehalt. Bei Anwendung der §§ 158 und 160 des Bundesbeamtengesetzes sind die Höchstgrenze (§ 158 Abs. 2 Nr. 1 und Absatz 4) unter der unter Zugrundelegung der gesamten ruhegehaltsfähigen Dienstzeit sich ergebende Betrag (§ 160) um den Betrag zu kürzen, um den der Unterhaltsbeitrag hinter dem Ruhegehalt, aus dem er errechnet ist, zurückbleibt.

Nr. 88 **S. 208**

Dem siebentletzte Zeile endenden Satz folgenden Satz anfügen:

Ein aus den Dienst entfernter, einkommens- und vermögensloser Beamter, dessen Ehefrau über ein für die Familie ausreichendes Einkommen verfügt, ist insoweit eines Unterhaltsbeitrages bedürftig, als er einem Kinde aus erster Ehe Unterhalt zu gewähren hat[65a].

Nr. 89 **S. 208**

Folgende Fußnote anfügen:

[65a] BDH 3. 3. 64 — I D 16/63 — BDHE Bd. 7 S. 120.

Nr. 90 **S. 210**

Den Zeile 34 beginnenden Satz streichen. Dafür folgenden Satz einfügen:

Der Verurteilte ist verpflichtet, im Umfange des gezahlten Unterhaltsbeitrages für den gleichen Zeitraum bestehende Rentenansprüche an den früheren Dienstherrn abzutreten und diesem, soweit Renten bereits gezahlt worden sind, entsprechende Beträge zu erstatten (§ 77 Abs. 2 Satz 2 BDO n. F.).

Nr. 91 **S. 217**

Dem Zeile 31 endenden Satz folgenden Satz anfügen:

Anträge, die innerhalb einer Frist von sechs Monaten nach Inkrafttreten der Novelle zum Bundesdisziplinarrecht (1. 10. 1967) gestellt worden sind, gelten als in diesem Zeitpunkt gestellt (Art. III § 7 Abs. 1 Nr. 1 Satz 5 Novelle zum Bundesdisziplinarrecht). Nach dem Tode des Verurteilten kann ein Antrag auf Bewilligung eines Unterhaltsbeitrages von den Hinterbliebenen gestellt werden (Art. III § 7 Abs. 1 Nr. 2 Satz 1 Novelle zum Bundesdisziplinarrecht). Art. III § 7 Abs. 1 Nr. 1 Satz 2 bis 5 der Novelle zum Bundesdisziplinarrecht ist entsprechend anzuwenden (Art. III § 7 Abs. 1 Nr. 2 Satz 2 Novelle zum Bundesdisziplinarrecht). Im übrigen gelten die §§ 158 bis 160, 164 und 165 BBG sinngemäß; der Unterhaltsbeitrag gilt insoweit als Witwen- und Waisengeld (Art. III § 7 Abs. 1 Nr. 2 Satz 3 Novelle zum Bundesdisziplinarrecht).

Nr. 92 **S. 217**

Dem Zeile 37 endenden Satz folgende Sätze anfügen:

Soweit die Anträge nach Art. III § 7 des Gesetzes zur Neuordnung des Bundesdisziplinarrechts gestellt werden, ist ausschließlich das Bundesdisziplinargericht zuständig[123a]. Dem Verurteilten würde eine Instanz verlorengehen, wenn von vornherein das Bundesverwaltungsgericht über diese Anträge entscheiden würde.

Nr. 93 **S. 217**

Folgende Fußnote einfügen:

[123a] BVerwG 22. 4. 68 — II DB 4/68 — DokBer. S. 3284; 16. 5. 68 — III DB 9/68 — DokBer. S. 3283.

Nr. 94 **S. 227**

In elftletzte Zeile hinter „Abs. 5" einfügen „Satz 2".

Nr. 95 **S. 227**

Nach Zeile 24 folgenden Absatz einfügen:

C. Anrechnung von Renten aus den gesetzlichen Rentenversicherungen auf den Unterhaltsbeitrag[165]

Bereits auf S. 210 war gezeigt worden, daß das Disziplinargericht bei der Bemessung der Höhe des Unterhaltsbeitrages, der dem Verurteilten nur einen notdürftigen Lebensunterhalt sichern soll, u. a. auch Renten aus der gesetzlichen Rentenversicherung zu berücksichtigen hat. § 77 Abs. 2 Satz 1 BDO n. F. bestimmt zudem, daß **auf den Unterhaltsbeitrag Renten aus den gesetzlichen Rentenversicherungen,** die für den gleichen Zeitraum gezahlt werden, **anzurechnen** sind. Nach § 77 Abs. 2 Satz 2 BDO n. F. ist der Verurteilte verpflichtet, im Rahmen des gezahlten Unterhaltsbeitrages für den gleichen Zeitraum bestehende **Rentenansprüche an den früheren Dienstherrn abzutreten und diesem,** soweit Renten bereits gezahlt worden sind, **entsprechende Beträge zu erstatten.** Nach Art. III § 7 Abs. 1 des Gesetzes zur Neuordnung des Bundesdisziplinarrechts vom 20. 7. 1967 sind bei einem Beamten, der vor Inkrafttreten dieses Gesetzes mit Entfernung aus dem Dienst bestraft worden ist und dem in dem Urteil oder in einem Beschluß ein Unterhaltsbeitrag auf Lebenszeit bewilligt worden sind, die §§ 77 und 110 BDO in der nach Inkrafttreten dieses Gesetzes geltenden Fassung mit den in Nr. 1 und 2 im einzelnen aufgeführten Maßgaben anzuwenden.

Bezüglich der Anrechnung von Renten im Falle der Anwendung des Art. III § 7 des Gesetzes zur Neuordnung des Bundesdisziplinarrechts vom 20. 7. 1967 und des § 77 Abs. 2 BDO n. F. hat der **Bundesminister für das Post- und Fernmeldewesen** folgende **Umdruck-Verfügung** III R 1 8050—1 **vom 27. 11. 1967** erlassen, die von allgemeiner Bedeutung ist:

„Vorbehaltlich einer abweichenden Regelung, die sich durch Hinweise des Bundesministers des Innern oder durch die Rechtsprechung der Disziplinargerichte ergeben kann, bitte ich bei der Anwendung der Vorschriften des Art. III § 7 des Gesetzes zur Neuordnung des Bundesdisziplinarrechts vom 20. 7. 1967 und des § 77 Abs. 2 BDO auf Personen, denen vor dem 1. 10. 1967 ein Unterhaltsbeitrag auf Lebenszeit (oder ein Teilruhegehalt) bewilligt worden ist, wie folgt zu verfahren:

1. Eine **nach dem 1. 10. 1967 neu eingewiesene Rente** aus einer der gesetzlichen Rentenversicherungen ist frühestens von diesem Zeitpunkt an **auf den Unterhaltsbeitrag** in voller Höhe **anzurechnen.**
Der Empfänger des Unterhaltsbeitrages ist in dem zu erteilenden Bescheid darauf hinzuweisen, daß er gegen den Bescheid innerhalb der in § 121 Abs. 2 BDO angegebenen Frist gemäß § 122 BDO die Entscheidung des Bundesdisziplinargerichts beantragen kann. Aufschiebende Wirkung hat der Antrag nicht.

2.1. Eine **Rente** aus einer der gesetzlichen Rentenversicherungen, die **vor dem 1. 10. 1967 bewilligt und** von einem Disziplinargericht bei der Bemessung des Unterhaltsbeitrages bereits **berücksichtigt** worden ist, ist **auf den Unterhaltsbeitrag nicht anzurechnen,** weil sonst eine vom Gesetzgeber nicht gewollte Doppelanrechnung der Rente eintreten würde. Auch der Betrag, um den sich eine Rente auf Grund der Rentenanpassungsgesetze erhöht hat oder erhöhen wird, ist auf den Unterhaltsbeitrag nicht anzurechnen.

2.2. Der **Betrag,** um den sich eine vom Disziplinargericht bei der Bemessung des Unterhaltsbeitrages berücksichtigte Rente in der rückliegenden Zeit **auf Grund einer strukturellen Änderung** (z. B. Umwandlung einer Rente wegen Berufsunfähigkeit in eine solche wegen Erwerbsunfähigkeit, Umwandlung von Berufs- oder Erwerbsunfähigkeitsrenten in Altersruhegelder) **erhöht** hat, ist gleichfalls **auf den Unterhaltsbeitrag nicht anzurechnen.** Es ist davon auszugehen, daß in diesem Fall unter Berücksichtigung der wirtschaftlichen und persönlichen Verhältnisse des früheren Beamten bereits geprüft und abschließend entschieden worden ist (sei es durch Beschluß eines Disziplinargerichts oder durch Entscheidung der Oberpostdirektion), ob und gegebenenfalls welche Folgerungen aus der Rentenerhöhung auf die Zahlung des Unterhaltsbeitrages zu ziehen sind.

2.3. Eine **künftig eintretende strukturelle Erhöhung** einer vom Disziplinargericht bei der Bemessung des Unterhaltsbeitrages berücksichtigten Rente ist dagegen **auf den**

Unterhaltsbeitrag in voller Höhe anzurechnen. Die Rentenanrechnung soll mit dem Monat beginnen, der auf die Zustellung des dem Empfänger des Unterhaltsbeitrages zu erteilenden Anrechnungsbescheides folgt. Auf die Möglichkeit der Anfechtung des Bescheides ist — wie unter 1. angegeben — hinzuweisen.

3. Eine Rente aus einer der gesetzlichen Rentenversicherungen, die **vor dem 1. 10. 1967 bewilligt** und **von einem Disziplinargericht** bei der Bemessung des Unterhaltsbeitrages **nicht berücksichtigt** worden ist, wird **auf den Unterhaltsbeitrag in voller Höhe angerechnet.** Die Rentenanrechnung ist umgehend zu verfügen. Sie soll mit dem Monat beginnen, der auf die Zustellung des dem Empfänger des Unterhaltsbeitrages zu erteilenden Anrechnungsbescheides folgt. Auf die Möglichkeit der Anfechtung des Bescheides ist — wie unter 1. angegeben — hinzuweisen.

Den Empfängern von im Disziplinarverfahren bewilligten Unterhaltsbeiträgen ist eine **Mitteilung über einen Anrechnungsvorbehalt** für den Fall künftiger Rentenbewilligung oder struktureller Rentenerhöhung **zuzustellen.** In der Mitteilung ist die Vorschrift des § 77 Abs. 2 BDO im Wortlaut bekanntzugeben. Es empfiehlt sich, auf die Pflicht, rückwirkend anerkannte Rentenansprüche an den früheren Dienstherrn abzutreten, besonders hinzuweisen. Der Nachweis über die Bekanntgabe der Mitteilung ist zu den Personalakten zu nehmen.

5. Die von Art. III § 7 Abs. 1 Nr. 1 und Abs. 2 des Gesetzes zur Neuordnung des Bundesdisziplinarrechts vom 20. 7. 1967 betroffenen fruheren Beamten und früheren Ruhestandsbeamten sind **auf die Möglichkeit einer Neubewilligung bzw. Erhöhung des Unterhaltsbeitrages** und die gesetzlichen Voraussetzungen für eine derartige Entscheidung **hinzuweisen.** In entsprechedner Weise sind — soweit dies möglich ist — die Hinterbliebenen der Verurteilten sowie die mit einem Unterhaltsbeitrag nach § 64 Abs. 5 BDO alter Fassung bedachten Hinterbliebenen zu belehren.“

Gegen die Anrechnung einer Rente auf Grund des § 77 Abs. 2 BDO n. F. steht dem Verurteilten nicht der **Rechtsweg** vor den allgemeinen Verwaltungsgerichten, sondern nach § 122 BDO n. F. allein **vor dem Bundesdisziplinargericht** offen. Das Verfahren bestimmt sich nach § 121 Abs. 1 Satz 2, Abs. 2 und 4 BDO n. F. (§ 122 Abs. 4 BDO). Hiernach ist der Antrag auf disziplinargerichtliche Nachprüfung innerhalb zweier Wochen nach Zustellung des Bescheides bei der Behörde einzureichen, die die Rententeile aus der gesetzlichen Rentenversicherung angerechnet hat (§ 121 Abs. 2 Satz 1 Halbsatz 1 BDO n. F.). Die Frist gilt als gewahrt, wenn der Antrag und die Begründung vor ihrem Ablauf beim Gericht eingehen (§ 121 Abs. 2 Satz 2 BDO n. F.).

Nr. 96 **S. 227**

Auf Zeile 25 statt des Buchstabens „C“ Buchstaben „D“ einfügen.

Nr. 97 **S. 227**

In der neuntletzten Zeile hinter „Abs. 5“ einfügen „Satz 1“.

Nr. 98 **S. 227**

Folgende Fußnote einfügen:

165 Vgl. Lange „Auswirkungen des § 77 Abs. 2 BDO auf vorhandene Unterhaltsbeiträge auf Lebenszeit“ in DöD 1968 S. 45.

Nr. 99 S. 230

Zeilen 22 bis 34 streichen und dafür folgenden Absatz einfügen:

5. Ruhen, solange Berechtigter aus der Verwendung im öffentlichen Dienst einer zwischenstaatlichen oder überstaatlichen Einrichtung eine Versorgung erhält

Erhält der Unterhaltsbeitragsempfänger **aus** der **Verwendung im öffentlichen Dienst einer zwischenstaatlichen oder überstaatlichen Einrichtung** eine **Versorgung**, so **ruht der Unterhaltsbeitrag** in Höhe des Betrages, der einer Minderung des Vomhundertsatzes von 2,14 für jedes im zwischenstaatlichen oder überstaatlichen Dienst vollendete Jahr entspricht (§ 77 Abs. 5 Satz 1 BDO i. V. m. § 160b Abs. 1 Satz 1 BBG). Der Unterhaltsbeitrag ruht in voller Höhe, wenn der Berechtigte als Invaliditätspension die Höchstversorgung aus seinem Amt bei der zwischenstaatlichen oder überstaatlichen Einrichtung erhält (§ 77 Abs. 5 Satz 1 BDO i. V. m. § 160b Abs. 1 Satz 2 BBG). Der Ruhensbetrag darf die von der zwischenstaatlichen oder überstaatlichen Einrichtung gewährte Versorgung nicht übersteigen (§ 77 Abs. 5 Satz 1 BDO i. V. m. § 160b Abs. 1 Satz 3 BBG). § 83a Abs. 2 BBG gilt entsprechend (§ 77 Abs. 5 Satz 1 BDO i. V. m. § 160b Abs. 1 Satz 4 BBG). § 160b Abs. 1 BBG findet auch Anwendung, wenn der Berechtigte bei seinem Ausscheiden aus dem öffentlichen Dienst einer zwischenstaatlichen oder überstaatlichen Einrichtung **anstelle einer Versorgung** einen **Kapitalbetrag als Abfindung oder Zahlung aus einem Versorgungsfonds** erhält (§ 77 Abs. 5 Satz 1 BDO i. V. m. § 160b Abs. 2 Satz 1 BBG). Das gilt nicht, wenn der Berechtigte den Teil des Kapitalbetrages, der die Rückzahlung der von ihm geleisteten eigenen Beträge zuzüglich der hierfür gewährten Zinsen übersteigt, an den Bund abführt (§ 77 Abs. 5 Satz 1 BDO i. V. m. § 160b Abs. 2 Satz 2 BBG). Zahlt der Berechtigte nur den auf ein oder mehrere Jahre entfallenden Bruchteil dieses Betrages an den Bund, findet § 160b Abs. 1 Satz 1 BBG nur hinsichtlich dieser Jahre keine Anwendung (§ 77 Abs. 5 Satz 1 BDO i. V. m. § 160b Abs. 2 Satz 3 BBG). Die Zahlung muß innerhalb eines Jahres nach Beendigung der Entsendung oder der Berufung in das Beamtenverhältnis erfolgen (§ 77 Abs. 5 Satz 1 BDO i. V. m. § 160b Abs. 2 Satz 4 BBG). Hat der Berechtigte schon vor seinem Ausscheiden aus dem zwischenstaatlichen oder überstaatlichen öffentlichen Dienst unmittelbar oder mittelbar Zahlungen aus dem Kapitalbetrag erhalten oder hat die zwischenstaatliche oder überstaatliche Einrichtung diesen durch Aufrechnung oder in anderer Form verringert, so ist die Zahlung nach § 160b Abs. 2 BBG in Höhe des ungekürzten Kapitalbetrages zu leisten (§ 77 Abs. 5 Satz 1 BDO i. V. m. § 160b Abs. 3 BBG). Erhalten die Witwen oder die Waisen eines Unterhaltsbeitragsempfängers Hinterbliebenenbezüge von der zwischenstaatlichen oder überstaatlichen Einrichtung, ruhen ihre Unterhaltsbeitragsbezüge in Höhe des Betrages, der sich unter Anwendung des § 160b Abs. 1 BBG nach dem entsprechenden Anteilssatz ergibt (§ 77 Abs. 5 Satz 1 BDO i. V. m. § 160b Abs. 4 Satz 1 BBG). § 160b Abs. 2 BBG findet entsprechende Anwendung (§ 77 Abs. 5 Satz 1 BDO i. V. m. § 160b Abs. 4 Satz 2 BBG). § 158 Abs. 4 Satz 2 BBG gilt im Falle der Anwendung des § 160b BBG entsprechend (§ 77 Abs. 5 Satz 1 BDO i. V. m. § 160b Abs. 6 BBG).

Nr. 100 **S. 230**

Im letzten Absatz auf Zeilen 7 bis 9 muß es statt „§§ 64 Abs. 6 BDO, BDO i. d. F. der Novelle" heißen: „§ 77 Abs. 5 Satz 3 BDO — § 64 Abs. 6 BDO a. F. —".

Nr. 101 **S. 231**

Auf Zeilen 25 bis 26 sowie 32 bis 33 muß es statt „§ 64 Abs. 5 und 6 BDO i. d. F. der Novelle" heißen: „§ 77 Abs. 5 BDO".

Nr. 102 **S. 250**

Dem Zeile 12 endenden Satz folgenden Satz anfügen:

Die vom Bundesdisziplinarhof in seinem Beschluß vom 14. 7. 1967 — I DB 4/67 — (vgl. DokBer. S. 3109) vertretende abweichende Auffassung hatte der gleiche Senat des Bundesdisziplinarhofs neuerdings nicht mehr aufrechterhalten[63a].

Nr. 103 **S. 250**

Folgende Fußnote einfügen:

[63a] BDH 14. 9. 67 — I DB 6/67 — DokBer. S. 3200.

Nr. 104 **S. 252**

Nach Zeile 20 folgenden Absatz einfügen:

Unterhaltsbeiträge nach § 110 Abs. 2 BDO n. F. **können von dem Ersten des Monats ab, in dem der Antrag gestellt** worden **ist, bewilligt werden** (§ 110 Abs. 3 BDO n. F.). Diese Bestimmung ist erforderlich, weil im allgemeinen die Entscheidungen des Gerichts erst von deren Rechtskraft an wirksam werden. Da sich die Ermittlungen, die auf Grund des § 110 Abs. 1 BDO n. F. längere Zeit hinziehen können, soll der Antragsteller hierdurch nicht benachteiligt werden. U. U. kann die frühere Dienstbehörde dem Antragsteller bereits von der Antragstellung an oder später Vorschüsse auf einen vom Disziplinargericht zu bewilligenden Unterhaltsbeitrag zahlen.

Nr. 105 **S. 265**

Nach viertletzten Zeile folgenden Absatz einfügen:

Ein **im Gnadenweg gewährter Unterhaltsbeitrag** ist als Einkommen anzusehen, das bei Prüfung der Bedürftigkeit zu berücksichtigen ist[40a].

Nr. 106 **S. 265**

Folgende Fußnote einfügen:

[40a] BDH 20. 8. 64 — II DB 8/64 — BDHE Bd. 7 S. 121.

Nr. 107 **S. 272**

Bei Fußnote 1 folgendes anfügen:

Schweitzer „Durchbricht die disziplinarrechtliche Verfolgungsverjährung das Legalitätsprinzip? — Zur Auslegung des § 4 Abs. 1 und 2 der Bundesdisziplinarordnung —" in DöD 1968 S. 85.

Nr. 108 **S. 277**

Den letzten mit den Worten „Durch die Novelle zur BDO ...." beginnenden Absatz streichen; an seine Stelle folgenden Absatz einfügen:

Das **Gesetz** zur Änderung des Bundesdisziplinarrechts **vom 20. 7. 67** hat in Art. I Nr. 5 **an die Stelle eines Bestrafungs- ein Verfolgungsverbot gesetzt,** das nach Ablauf der Frist nicht nur der Verhängung einer Disziplinarmaßnahme, sondern auch schon der Einleitung eines Disziplinarverfahrens entgegensteht, Vorermittlungen aber nicht ausschließt. Die Verfolgungsverjährung erstreckt sich nur auf **Dienstvergehen, die leichte bis mittelschwere Disziplinarmaßnahmen nach sich ziehen.** Die Verfolgung der schweren Dienstvergehen, bei denen voraussichtlich mit den schwersten Disziplinarmaßnahmen oder zumindest mit der Degradierung zu rechnen ist, ist unbefristet möglich. Die Verfolgungsverjährung ist nach der Schwere des Dienstvergehens zeitlich abgestuft. Bei der Verjährungsfrist von zwei Jahren hat sich der Innenausschuß von der Erwägung leiten lassen, daß der erzieherische Wert einer Verfolgung solcher Verfehlungen nach Ablauf dieser Zeit fragwürdig ist. Der Wortlaut des § 4 BDO, der sich mit der Verjährung von Dienstvergehen befaßt, lautet:

1. Sind seit einem Dienstvergehen, das höchstens eine Geldbuße gerechtfertigt hätte, mehr als zwei Jahre verstrichen, ist eine Verfolgung nicht mehr zulässig.
2. Sind seit einem Dienstvergehen oder einem als Dienstvergehen geltenden Verhalten, das eine Gehaltskürzung oder Kürzung des Ruhegehalts rechtfertigt, mehr als drei Jahre verstrichen, ist eine Verfolgung nur zulässig, wenn vor Ablauf der Frist ein förmliches Disziplinarverfahren eingeleitet worden ist.
3. Ist vor Ablauf der Frist wegen desselben Sachverhalts ein Strafverfahren eingeleitet worden, ist die Frist für die Dauer des Strafverfahrens gehemmt.

Nr. 109 **S. 278—283**

Abschnitt III „Bestrafungsverbot" streichen. An seine Stelle folgenden Abschnitt einfügen:

III. VERFOLGUNGSVERJÄHRUNG

A. Voraussetzungen für eine Verfolgungsverjährung

Der Gesetzgeber unterscheidet zunächst einmal bei der Verfolgungsverjährung zwischen den Dienstvergehen und den als Dienstvergehen geltenden Handlungen bzw. Unterlassungen. Sollte die Verfolgung voraussichtlich nur mit einem **Verweis oder** einer **Geldbuße** enden, so kommt eine **Verjährung** nur **bei** einem **Dienstvergehen** in Frage. Ist voraussichtlich eine

Gehaltskürzung oder eine **Ruhegehaltskürzung** zu erwarten, so tritt eine **Verjährung bei** einem echten **Dienstvergehen und bei** einem **als Dienstvergehen geltenden Verhalten,** also auch bei einem außerdienstlichen Fehlverhalten, ein. Die außerdienstlichen Verfehlungen sind in § 4 Abs. 1 BDO deshalb nicht genannt, weil eine Verhängung eines Verweises oder einer Geldbuße nach einer längeren Zeit seit Begehung der Tat hier schon im Hinblick auf § 77 Abs. 1 Satz 2 BBG, der durch Art. II § 2 Nr. 3 Buchst. a des Gesetzes zur Änderung des Bundesdisziplinarrechts eingefügt worden ist, nicht in Frage kommt. Hiernach ist ein Verhalten des Beamten außerhalb des Dienstes ein Dienstvergehen nur dann, wenn es nach den Umständen des Einzelfalles in besonderem Maße geeignet ist, Achtung und Vertrauen in einer für sein Amt oder das Ansehen des Beamtentums bedeutsamen Weise zu beeinträchtigen. Wird dem Dienstvorgesetzten ein solches Verhalten erst nach mehreren Jahren bekannt, so würde eine Ahndung mit einem Verweis oder einer Geldbuße den Disziplinarzweck verfehlen, da gerade bei den leichteren Disziplinarmaßnahmen, wie sie der Verweis und die Geldbuße darstellen, die „Strafe auf dem Fuß folgen" muß. Aus diesem Grunde hat es sich erübrigt, in den § 4 Abs. 1 BDO die außerdienstlichen Verfehlungen zu erwähnen. Daß bei den schwereren Disziplinarmaßnahmen das außerdienstliche Fehlverhalten dem echten Dienstvergehen gleichgestellt wird, dürfte selbstverständlich sein; seine besondere Erwähnung ist jedoch gerade im Hinblick auf die nunmehr im Disziplinarrecht vorgenommene scharfe Trennung zwischen dienstlichem und außerdienstlichem Fehlverhalten notwendig.

Die **Verfolgungsverjährung** kommt **nur bei leichteren Dienstvergehen und als Dienstvergehen gelten Handlungen** und Unterlassungen in Frage. Der Gesetzgeber unterscheidet zwischen einem solchen Fehlverhalten, bei dem nur ein Verweis oder eine Geldbuße zu erwarten ist, und solchen Pflichtverletzungen, bei denen die Verhängung einer Gehaltskürzung beim aktiven Beamten und einer Ruhegehaltskürzung beim Ruhestandsbeamten gerechtfertigt ist. Bei schwereren dienstlichen und außerdienstlichen Verfehlungen, die die Verhängung der Entfernung aus dem Dienst oder die Aberkennung des Ruhegehalts oder die Versetzung in ein Amt derselben Laufbahn mit geringerem Endgrundgehalt nach sich ziehen müssen, scheidet eine Verfolgungsverjährung aus.

Die **Prüfung der Frage,** wie schwer das Dienstvergehen oder das als Dienstvergehen geltende Verhalten zu werten ist, **obliegt sämtlichen Disziplinarorganen,** dem Dienstvorgesetzten, der Einleitungsbehörde und dem Disziplinargericht. Da es sich hier um eine echte Verfolgungsverjährung handelt, hat also bereits der Dienstvorgesetzte vor der Einleitung von Vorermittlungen i. S. des § 26 BDO summarisch zu prüfen, ob das Fehlverhalten des Beamten bzw. des Ruhestandsbeamten so geartet ist, daß die Verhängung einer Disziplinarmaßnahme im Wege der Disziplinarverfügung oder einer Gehalts- oder Ruhegehaltskürzung durch das Disziplinargericht oder eine schwerere Disziplinarmaßnahme gerechtfertigt ist, bei der die Voraussetzungen des § 4 BDO nicht gegeben sind. Bei der Prüfung der Frage nach der Schwere des Dienstvergehens oder des als Dienstvergehens geltenden Verhaltens hat sich das Disziplinarorgan an die ständige Rechtsprechung der Disziplinargerichte zu halten. Hier obliegt bereits dem Dienstvorgesetzten eine Verantwortung, die eigentlich nur dem Disziplinargericht zustehen wollte. Es ist nicht zu leugnen, daß gerade beim Zeitablauf eines Dienstvergehens über den § 4 BDO der Korruption auch im Disziplinarwesen Tür und Tor geöffnet sein kann. Bisher hatte der Bundesdisziplinaranwalt im Wege des § 30d BDO i. d. F. ÄndGes. 1952 regulierend einzugreifen, was ihm schon deshalb ermöglicht war, weil der Dienstvorgesetzte zur Erhebung von Vorermittlungen verpflichtet war und er die Einstellung des Verfahrens nach § 22 Abs. 1 BDO i. d. F. ÄndGes. 1952 dem Bundesdisziplinaranwalt mitzuteilen hatte. Diese Mitteilungspflicht besteht auch jetzt noch nach § 27 Abs. 1 BDO i. d. F. des Gesetzes zur Änderung des Bundesdisziplinarrechts; da aber der Dienstvorgesetzte ein nach seiner Auffassung verjährten Dienstvergehen nicht mehr zu verfolgen und er demnach keine Vorermittlungen einzuleiten braucht, entfällt damit die Einstellung der Vorermittlungen und damit auch die Mitteilungspflicht nach § 27 Abs. 1 BDO.

Die Verfolgung eines Dienstvergehens scheidet nur dann aus, wenn seit dem Dienstvergehen oder dem als Dienstvergehen geltenden Verhalten eine gewisse Zeit abgelaufen ist. Der Gesetzgeber unterscheidet hier zwischen solchen Dienstvergehen, bei denen nur ein Verweis oder eine Geldbuße gerechtfertigt ist, und solchen dienstlichen und außerdienstlichen Pflichtverletzungen, bei denen eine Gehalts- oder eine Ruhegehaltskürzung berechtigt wäre. Bei ersteren Dienstvergehen müssen **seit dem Dienstvergehen zwei Jahre** und bei letzteren **drei Jahre verstrichen** sein. Bisher betrug die Frist bei den Pflichtverletzungen, bei denen nur eine Warnung, ein Verweis oder eine Geldbuße gerechtfertigt wäre, fünf Jahre. Dem Bundesrat erschienen die in § 4 BDO vorgesehenen Fristen als zu kurz, da gerade im Kassendienst Verfehlungen oft erst nach Jahren aufgedeckt werden und dann das Dienstvergehen bereits verjährt ist. Da bei Kassenverfehlungen, die meistens den Tatbestand der Amtsunterschlagung oder der Untreue erfüllen, eine schwerere Disziplinarmaßnahme als Gehalts- oder Ruhegehaltskürzung zu erwarten ist, hat der Bundesrat schließlich seine Bedenken fallen gelassen und die kurzen Verjährungsfristen von 2 bzw. 3 Jahren als berechtigt anerkannt. Da die Disziplinarmaßnahme, sofern sie keinen purgativen Zweck verfolgt, nur dann einen Sinn hat, wenn sie der Pflichtverletzung auf dem Fuße folgt, erscheint es durchaus berechtigt, die Verfolgung eines geringfügigen Dienstvergehens oder sonstigen Fehlverhaltens bereits wenige Jahre nach Begehung der Tat zu verbieten.

Von wann ab die Frist läuft, ist in § 4 BDO nicht gesagt. Einen Anhaltspunkt bietet hier § 67 Abs. 4 StGB. Hiernach **beginnt die Frist mit dem Tage, an welchem die Handlung begangen ist, ohne daß der Zeitpunkt des eingetretenen Erfolges zu berücksichtigen wäre**[18]. Würde zum Dienstvergehen der Eintritt eines bestimmten Erfolges gehören, z. B. bei einer betrügerischen Handlung der Eintritt des Vermögensschadens, so würde dies für die Berechnung der Frist unbeachtlich sein[19]. Handelt es sich um ein Unterlassungsdelikt, so ist der Tag maßgebend, der für die Vornahme der Handlung durch Gesetz oder dienstliche Anordnung als Frist gesetzt war. War keine Frist gesetzt, so muß festgestellt werden, an welchem Tage der Beamte spätestens handeln mußte, ohne sich dem Vorwurf der Begehung eines Dienstvergehens auszusetzen. So besteht z. B. die Verpflichtung eines

[18] PrOVG 4. 10. 32 — I D 60/30 — in PrOVGE Bd. 90 S. 421 = Perwo S. 300.
[19] Vgl. RGSt. Bd. 42 S. 173.

Beamten, seiner vorgesetzten Dienststelle Anzeige über einen Vorgang zu erstatten, so lange fort, bis die Dienststelle anderweitig Kenntnis von dem Vorgang erhält; hier beginnt die Frist erst von diesem Zeitpunkt an zu laufen[20]. Bei im Fortsetzungszusammenhang begangenen Handlungen und Unterlassungen beginnen die Fristen des § 4 BDO erst von dem Augenblick an zu laufen, an dem die letzte Teilhandlung begangen worden ist, da Teilhandlungen nicht selbständig verjähren können[21]. Stellt z. B. das Dienstvergehen eine Bestechung dar, so würde die Frist erst mit der letzten Vorteilsannahme beginnen. Ist nicht festzustellen, wann die Tat begangen ist, so schlägt der Zweifel, ob sie wegen Zeitablaufs nicht mehr verfolgt werden kann, zugunsten des Beamten aus[22].

Bei mehreren Pflichtverletzungen rechnen die Fristen des § 4 BDO bei den einzelnen Verfehlungen **getrennt, wenn sie eine gewisse Selbständigkeit aufweisen**[23]. Insoweit wird der Grundsatz der Einheit des Dienstvergehens durchbrochen, da ansonsten § 4 BDO in weitem Umfange gegenstandslos werden würde. Hat z. B. der Beamte vor vier Jahren dadurch gegen die Dienstzucht verstoßen, daß er einen Kollegen beleidigt und somit den Betriebsfrieden gestört hatte, und macht er sich neuerdings einer Amtsunterschlagung schuldig, so unterliegt der Verstoß gegen die Kameradschaftlichkeit ganz offensichtlich der Verjährung. Handelt es sich um im Fortsetzungszusammenhang begangene Pflichtverletzungen, hat z. B. ein Dienstvorgesetzter mit einer ihm nachgeordneten Beamtin ein ehebrecherisches Verhältnis mehrere Jahre aufrechterhalten, so können die einzelnen Teilhandlungen nicht selbständig verjähren[24]. Dieser sich aus der Natur der fortgesetzten Handlung für die Verjährung ergebende Grundsatz gilt auch für das Verfolgungsverbot des § 4 BDO.

B. Unterbrechung der Verfolgungsverjährung

Erscheint nur die Verhängung mit einem Verweis oder einer Geldbuße gerechtfertigt, so ist es gleichgültig, ob wegen der Pflichtverletzung ein förmliches Disziplinarverfahren eingeleitet war. **Erscheint** jedoch bei einem Dienstvergehen eine **Gehaltskürzung oder Kürzung des Ruhegehalts gerechtfertigt,** so wird die **Dreijahresfrist** des § 4 Abs. 2 BDO **durch die Einleitung eines förmlichen Disziplinarverfahrens unterbrochen.** Nach § 4 Abs. 2 BDO ist nämlich eine Verfolgung nach mehr als drei Jahren dann zulässig, wenn vor Fristablauf ein förmliches Disziplinarverfahren eingeleitet ist. Hierbei spielt es keine Rolle, ob sich das förmliche Disziplinarverfahren unnötig in die Länge zieht. Handelt es sich um eine unwirksame Einleitung des förmlichen Disziplinarverfahrens, hat z. B. die unzuständige Einleitungsbehörde das förmliche Disziplinarverfahren eingeleitet, so läuft die Frist des § 4 Abs. 2 BDO weiter[25].

---

[20] BDH 29. 12. 58 — III DV 9/55 — BDHE Bd. 5 S. 64.
[21] RDH B. 1 S. 140; vgl. auch BGHSt. Bd. 1 S. 84 (91).
[22] BGH 19. 2. 63 — 1 StR 318/60 — in NJW 1963 S. 1209.
[23] BDH 12. 10. 60 — II D 15/60 — in ZBR 1961 S. 386; BDH 18. 11. 55 — I D 42/54 — BDHE Bd. 3 S. 180, in Lindgen Teil IV Nr. 319.
[24] RDH Bd. 1 S. 140 (142); BGHSt. Bd. 1 S. 84 (91).
[25] BayerDStH 16. 8. 59 in VGH n. F. 12 III 13.

C. Hemmung der Verfolgungsverjährung

Eine **Hemmung** der Zweijahresfrist des § 4 Abs. 1 BDO und der Dreijahresfrist des § 4 Abs. 2 BDO **tritt ein, wenn** vor deren Ablauf wegen desselben Sachverhalts ein **Strafverfahren eingeleitet ist.** Die Frist ist so lange gehemmt, wie das Strafverfahren läuft (§ 4 Abs. 3 BDO). Der Gesetzgeber spricht von der „Einleitung eines Strafverfahrens". Dieser Begriff ist dem Strafverfahrensrecht unbekannt. Der 1. Abschnitt des zweiten Buches der StPO spricht von der „öffentlichen Klage" und der 2. Abschnitt behandelt die „Vorbereitung der öffentlichen Klage". § 17 BDO, der sich mit der Aussetzung des Disziplinarverfahrens bei einem gegenstandsgleichen Strafverfahren befaßt, spricht von der „Erhebung der öffentlichen Klage", worunter der Antrag auf gerichtliche Voruntersuchung oder die Einreichung einer Anklageschrift bei dem zuständigen Gericht (§ 170 Abs. 1, § 199 Abs. 2 StPO) zu verstehen ist. Von einer „Einleitung" ist nur im förmlichen Disziplinarverfahren die Rede. Sie erfolgt im allgemeinen erst nach Abschluß der Vorermittlungen i. S. des § 26 BDO, sie setzt also eine abschließende Feststellung des Sachverhalts in disziplinarrechtlicher Sicht voraus. Die Gerichtshängigkeit tritt im Disziplinarverfahren erst mit der Übersendung der Anschuldigungsschrift an die Kammer des Bundesdisziplinargerichts ein, indem § 67 Abs. 1 BDO bestimmt, daß mit dem Eingang der Anschuldigungsschrift das Verfahren beim Bundesdisziplinargericht anhängig wird. Es fragt sich nun, ob der Gesetzgeber, der es beim Ablauf einer Frist darauf abstellt, ob wegen desselben Sachverhalts ein Strafverfahren „eingeleitet" ist, hier die Strafanzeige bei der Staatsanwaltschaft oder bei der Polizeibehörde oder erst die Erhebung der öffentlichen Anklage oder gar erst die Eröffnung des Hauptverfahrens nach § 207 StPO gemeint hat. Hätte der Gesetzgeber an die Erhebung der öffentlichen Anklage gedacht, so hätte er dies entsprechend dem § 17 Abs. 1 BDO klar zum Ausdruck gebracht. Er hat offenbar vielmehr an das Stadium des Strafverfahrens gedacht, das der Einleitung des förmlichen Disziplinarverfahrens gleicht. Ein solches kann annähernd in der Erstattung einer Strafanzeige bei der Staatsanwaltschaft oder dem Eingang der Akten der Polizeibehörde bei der Staatsanwaltschaft gesehen werden. Für einen außenstehenden Dritten ist dieser Zeitpunkt schwer erkennbar. Das Disziplinarorgan hat jedoch Einblick in die Strafakte und wird andernfalls durch eine Nachfrage bei der Staatsanwaltschaft feststellen können, wann die Strafanzeige bei der Staatsanwaltschaft eingegangen ist. Die Anzeige der strafbaren Handlung oder der Antrag auf Strafverfolgung kann auch beim Amtsgericht gestellt sein (vgl. § 158 Abs. 1 StPO). Dann ist dieser Zeitpunkt für § 4 Abs. 3 BDO maßgebend. Ob die Staatsanwaltschaft die erforderlichen Ermittlungen selbst durchführt oder ob sie sie dieselben durch Behörden oder Beamte des Polizeidienstes vornehmen läßt (vgl. § 161 Satz 1 StPO), ist gleichgültig, weil auf jeden Fall die Ermittlungen im Verlaufe eines Strafverfahrens durchgeführt werden.

Das **Strafverfahren muß wegen desselben tatsächlichen Hergangs durchgeführt** werden, der dem Beamten in disziplinarrechtlicher Hinsicht zum Vorwurf gemacht wird. Setzt sich das Dienstvergehen aus mehreren Pflichtverletzungen zusammen und bezieht sich das Strafverfahren nur auf eine derselben, so laufen bezüglich der weiteren Pflichtverletzungen die Fristen des § 4 Abs. 1 und 2 BDO weiter.

Die **Fristen** des § 4 Abs. 1 und 2 BDO **laufen nach Abschluß des Strafverfahrens weiter.** Das Strafverfahren kann abgeschlossen werden durch Einstellung des Strafverfahrens durch die Staatsanwaltschaft nach § 170 StPO, durch Außerverfolgungsetzung des Angeschuldigten durch das Gericht im Falle der Voruntersuchung nach § 198 StPO, durch Einstellung des Verfahrens durch das Gericht im Falle eines Verfahrenshindernisses nach § 206a StPO, durch Einstellung des Strafverfahrens bei Bagatellfällen durch die Staatsanwaltschaft nach § 153 Abs. 2 StPO oder durch das Gericht nach § 153 Ans. 3 StPO, durch Einstellung des Strafverfahrens durch die Staatsanwaltschaft oder das Gericht in den Fällen des § 153a StPO, durch Urteil des letztinstanzlichen Gerichts oder mit Ablauf der Rechtsmittelfrist oder durch Rechtsmittelverzicht oder durch Rücknahme eines eingelegten Rechtsmittels. Ist der Beamte im Strafverfahren zu einer Kriminalstrafe verurteilt worden und hat das Disziplinarorgan trotzdem von der Verhängung einer Disziplinarmaßnahme abgesehen, so laufen trotz der strafgerichtlichen Verurteilung die Fristen des § 4 Abs. 1 und Abs. 2 BDO weiter.

D. Auswirkungen der Verfolgungsverjährung

Die Verfolgungsverjährung ist **von sämtlichen Disziplinarorganen zu beachten,** also von Dienstvorgesetzten, Einleitungsbehörden, Bundesdisziplinaranwalt und Disziplinargerichten. **In jeder Lage des Verfahrens** — beginnend mit den Erwägungen, ob wegen eines Verdachts eines Dienstvergehens Vorermittlungen nach § 26 BDO einzuleiten sind — hat jede Stelle unabhängig von anderen Disziplinarorganen, die mit der Disziplinarsache bereits Befassung hatten, zu prüfen, ob die Voraussetzungen des § 4 BDO vorliegen[26]. Hat z. B. das Bundesdisziplinargericht eine Pflichtverletzung festgestellt, diese aber unberücksichtigt gelassen, weil der wegen Fristablauf nach § 4 Abs. 1 oder Abs. 2 BDO beschränkte Strafrahmen eine der dort genannten Disziplinarmaßnahmen nicht mehr zuläßt, so kann im Falle der Einlegung der Berufung durch den Bundesdisziplinaranwalt das Bundesverwaltungsgericht zu einer strengeren Bewertung des Dienstvergehens gelangen und auf Dienstentfernung oder Einstufung in ein Amt derselben Laufbahn mit geringerem Endgrundgehalt bei einem aktiven Beamten und auf Aberkennung des Ruhegehalts bei einem Ruhestandsbeamten erkennen. Ist in einem Urteil des Bundesdisziplinargerichts zu einem von mehreren Anschuldigungspunkten zwar eine Pflichtverletzung festgestellt worden, dieser aber bei der Festsetzung der Disziplinarmaßnahme unberücksichtigt geblieben, weil der wegen der Verfolgungsverjährung nach § 4 BDO beschränkte Strafrahmen die Verhängung einer der dort genannten Disziplinarmaßnahmen nicht zuläßt, erstreckt sich bei einer auf Art und Höhe der Disziplinarmaßnahme beschränkten Berufung des Beamten die Überprüfung der Disziplinarmaßnahme durch das Berufungsgericht auf alle in erster Instanz festgestellten Pflichtverletzungen[27].

Da es sich bei § 4 BDO um eine Vorschrift mit rein prozessualen Charakter handelt, ist der beschuldigte Beamte nicht freizusprechen, sondern das **Verfahren** lediglich **einzustellen,** sofern Vorermittlungen erhoben oder das förmliche Disziplinarverfahren eingeleitet war. Waren noch keine Vorermitt-

[26] Schütz in DöD 1959 S. 181 (186), 1961 S. 87 (91) und 1963 S. 83.
[27] BDH 30. 5. 56 — I D 133/54 — BDHE Bd. 3 S. 243.

lungen eingeleitet, so hat der Dienstvorgesetzte schriftlich zu begründen, warum er unter Berücksichtigung des Verfolgungsverbots des § 4 BDO hiervon Abstand genommen hat. Er muß hierbei hervorheben, aus welchen Gründen nicht die schwerste Disziplinarmaßnahme oder die Einstufung in ein Amt derselben Laufbahn mit geringerem Endgrundgehalt gerechtfertigt ist. Vertritt der nächsthöhere Dienstvorgesetzte und die oberste Dienstbehörde den Standpunkt, daß eine dieser Disziplinarmaßnahmen gerechtfertigt wäre, so können sie dem unmittelbaren Dienstvorgesetzten aufgeben, Vorermittlungen zu erheben. Glaubt der Dienstvorgesetzte nach Abschluß der Vorermittlungen, daß trotzdem nur eine der in § 4 Abs. 1 und Abs. 2 BDO genannten Disziplinarmaßnahmen gerechtfertigt und auch die Verjährungsfrist abgelaufen ist, kann er das Verfahren nach § 27 Abs. 1 BDO einstellen. Ungeachtet der Einstellung kann der höhere Dienstvorgesetzte wegen desselben Sachverhalts das förmliche Disziplinarverfahren nach § 27 Abs. 2 BDO einleiten.

Selbst wenn das Disziplinarverfahren wegen Ablaufs der in § 4 BDO genannten Fristen eingestellt ist, kann das nicht mehr verfolgbare Dienstvergehen oder das als Dienstvergehen geltende Verhalten **bei der Beurteilung der Gesamtpersönlichkeit des Beamten** bei der Zumessung einer Disziplinarmaßnahme anläßlich der Aburteilung eines anderen Dienstvergehens **herangezogen** werden.

Dem Beamten wird in vielen Fällen nicht damit gedient sein, daß das Disziplinarverfahren unter den Voraussetzungen des § 4 BDO eingestellt oder gar von Vorermittlungen abgesehen wird. Der trotzdem auf ihm lastende Makel kann sich für seinen beruflichen Werdegang äußerst nachteilig auswirken. Aus diesem Grunde wird es für den Dienstvorgesetzten geboten sein, selbst wenn er bei Kenntnisnahme von einer Pflichtverletzung des Beamten der Auffassung ist, daß die Voraussetzungen des § 4 BDO gegeben sind, zumindest **auf Verlangen des Beamten** doch **Vorermittlungen** nach § 26 BDO zu veranlassen, obgleich § 4 BDO eine Verfolgungsverjährung statuiert. Vertritt der Dienstvorgesetzte auch nach Abschluß der Vorermittlungen den Standpunkt, daß nach Fristablauf des § 4 Abs. 1 und Abs. 2 BDO eine der dort genannten Disziplinarmaßnahmen nicht gerechtfertigt ist, so hat er das Disziplinarverfahren nach § 27 Abs. 1 BDO einzustellen. Dem Beamten bleibt es trotz § 4 BDO unbenommen, gegen sich die Einleitung des förmlichen Disziplinarverfahrens nach § 34 BDO zu beantragen. Diese Bestimmung soll dem Beamten die Möglichkeit für eine völlige Rehabilitierung schaffen, da bereits der Verdacht eines Dienstvergehens sich für den Beamten auch dann nachteilig auswirken kann, wenn er nicht mit einer Disziplinarmaßnahme belegt wird. Aus diesem Grunde kann er, wenn die Einleitungsbehörde in den Gründen, in denen sie dem Antrag des Beamten auf Einleitung des förmlichen Disziplinarverfahrens gegen sich selbst nicht stattgibt, ein Dienstvergehen feststellt, ohne daß sie eine Disziplinarmaßnahme verhängt, oder wenn sie offen läßt, ob ein Dienstvergehen vorliegt, die Entscheidung des Bundesdisziplinargerichts nach § 34 Satz 4 BDO beantragen. Diesen Antrag kann er unbeschadet des § 4 BDO stellen. Das Bundesdisziplinargericht hat über den Antrag auch dann zu befinden, wenn es die Auffassung vertritt, daß die Voraussetzungen des § 4 BDO vorliegen. Es muß in der Entscheidung eindeutig feststellen, ob gegen den Beamten ein Dienstvergehen vorliegt. Würde es die Voraussetzungen des § 4 BDO prüfen, so müßte es sich in eine disziplinarrechtliche Würdigung auch hinsichtlich der Art und der Höhe der Disziplinarmaßnahme einlassen. Dies ist jedoch nicht Aufgabe des § 34 BDO, bei dem vielmehr allein zu prüfen ist, ob das Verhalten des Beamten sich als ein Dienstvergehen oder als eine als Dienstvergehen geltende Handlung darstellt, wobei Erwägungen über die Art oder eine etwaige Höhe der Disziplinarmaßnahme auszuscheiden haben.

Nr. 110 **S. 287**

Nach § 28 folgenden Paragraph einfügen:

§ 28a Keine Verhängung von Disziplinarmaßnahmen neben Kriminalstrafen oder Ordnungsmaßnahmen bei geringfügigen Dienstvergehen unter den Voraussetzungen des § 14 BDO

I. ALLGEMEINES

Die immer stärker zutage getretene Neigung der Disziplinarorgane, echte Dienstvergehen und sogar außerdienstliche **Pflichtverletzungen** von Beamten, die **bereits durch** die **Strafgerichte** eine hinreichende **Sühne gefunden** haben, **daneben noch disziplinarisch** zu **ahnden,** hat zu einer mehrfachen Behandlung der **Frage** geführt, **ob** hierdurch nicht der **Grundsatz ne bis in idem verletzt worden ist.** Im Schrifttum wurde überwiegend die Frage bejaht, ob eine gleichzeitige disziplinarische und strafgerichtliche Ahndung einer Tat, die gleichzeitig eine Straftat und ein Dienstvergehen darstellt, einen Verstoß gegen den in Art. 103 Abs. 3 GG verankerten Grundsatz darstellt, wobei man lediglich in der Begründung unterschiedliche Auffassungen vertrat[1].

Das **Strafrecht und** das **Disziplinarrecht verfolgen verschiedene Ziele.** Während das Strafrecht der Aufrechterhaltung der Ordnung der Gemeinschaft dient und in erster Linie den Schutz des einzelnen Staatsbürgers vor dem Rechtsbrecher bezweckt, wobei im Wege der Bestrafung für das begangene Unrecht Sühne geleistet werden soll, dient das Disziplinarrecht der Reinerhaltung des Beamtentums und der Erhaltung der Pflichttreue und Unbescholtenheit derjenigen Personen, deren sich der Staat bei der Durchführung seiner Aufgaben bedient, wobei der Disziplinarmaßnahme entweder ein purgativer Zweck, wie die Entfernung des Beamten aus dem Dienst, oder ein erzieherischer Beweggrund zugrunde liegt.

Nur soweit sich das Strafrecht und das Disziplinarrecht in ihrer Zielsetzung überschneiden, kann die Frage auftauchen, ob bei einer gleichzeitigen Bestrafung und Disziplinierung eines Beamten zumindest nicht der sich aus Art. 103 Abs. 2 ergebende Grundgedanke des ne bis in idem verletzt wird. So liegen gerade bei den gerichtlichen Bestrafungen wegen Verstößen gegen die Straßenverkehrsvorschriften erzieherische Motive zugrunde, während die Disziplinargerichte in den Begründungen ihrer Urteile, in denen sie sich mit Straßenverkehrsverstößen als Dienstvergehen befaßten, eindeutig zum Ausdruck gebracht hatten, daß durch eine Disziplinierung der Beamte auch zu einem guten Verkehrsteilnehmer erzogen werden soll. Gerade bei der diszipli-

[1] Vgl. im einzelnen Hofmann „Zur Auslegung des § 14 — Bemerkungen zum Problem der Doppelbestrafung des Beamten nach Strafrecht und Disziplinarrecht und zu § 14 BDO" mit dem dort angeführtem Schrifttum in ZBR 1968 S. 101.

narischen Behandlung von Verkehrsverstößen hatte die Öffentlichkeit und insbesondere die Beamtenschaft Anstoß daran genommen, daß hier ein Beamter neben seiner Bestrafung durch ein Strafgericht auch noch disziplinarisch zur Verantwortung gezogen wurde. Weiter mußte es Anstoß erregen, daß sich nicht nur das Disziplinarrecht, sondern noch mehr die Disziplinarhandhabung der Disziplinarorgane weitgehend vom Sühnegedanken leiten ließen, der bei der Verhängung von Disziplinarmaßnahmen völlig auszuscheiden hat. Soweit die Disziplinarmaßnahme sich vom Sühnegedanken leiten ließ, setzte mit Recht eine Kritik wegen einer Doppelbestrafung des Beamten ein. Soweit aber die Kriminalstrafe dazu angetan ist, auf den Beamten auch in dienstlicher Hinsicht erzieherisch einzuwirken, kann bei einer nachfolgenden Verhängung einer Disziplinarmaßnahme von keiner Doppelbestrafung, die allein von Art. 103 Abs. 2 GG erfaßt wird, sondern nur von einer **Doppeldisziplinierung** die Rede sein. Eine solche steht wohl nicht zu Art. 103 Abs. 2 GG, sondern zu dem sich im Disziplinarrecht ergebenden Opportunitätsgrundsatz im Widerspruch. Das Disziplinarorgan hat nicht jede Pflichtverletzung zu ahnden, sondern hat nur dann von seiner Disziplinargewalt Gebrauch zu machen, wenn die Disziplinarmaßnahme geeignet ist, entweder purgativ oder erzieherisch zu wirken. Hat bereits die Kriminalstrafe auf den Beamten hinreichend erzieherisch eingewirkt, so muß sich eine nachfolgende disziplinarische Ahndung der Tat erübrigen, da das Disziplinarrecht nicht um seiner selbst willen da ist. So hätte es bereits vor Inkrafttreten des Gesetzes zur Neuordnung des Bundesdisziplinarrechts vom 20. 7. 67 (BGBl. I S. 725) eine Selbstverständlichkeit sein müssen, einen Beamten dann nicht mehr einer disziplinären Maßregelung zuzuführen, wenn bereits die Kriminalstrafe oder eine Ordnungsmaßnahme einer Behörde geeignet war, ihn zur Erfüllung seiner Pflichten anzuhalten.

In dem **Gesetz zur Neuordnung des Bundesdisziplinarrechts** vom 20. 7. 68 suchte der Gesetzgeber den in der Literatur erhobenen Angriffen gegen die Disziplinarhandhabung, angeblich den Grundsatz des ne bis in idem zu verletzten, insoweit zu begegnen, als er bei den Verstößen gegen die Dienstzucht, bei denen nicht der Ausspruch der schwersten Disziplinarmaßnahmen erforderlich ist, eine **Disziplinierung** dann **ausschließt, wenn** bereits eine vom Gericht oder einer Behörde zuerkannte **Strafe oder Ordnungsmaßnahme geeignet ist,** den **Beamten** oder Ruhestandsbeamten **zur Erfüllung seiner Pflichten anzuhalten und das Ansehen des Beamtentums zu wahren.** § 14 BDO bestimmt daher folgendes:

> „Ist durch ein Gericht oder eine Behörde eine Strafe oder eine Ordnungsmaßnahme verhängt worden, darf wegen desselben Sachverhalts ein Verweis nicht ausgesprochen werden; Geldbuße, Gehaltskürzung und Kürzung des Ruhegehalts durfen nur verhängt werden, wenn dies zusätzlich erforderlich ist, um den Beamten oder Ruhestandsbeamten zur Erfüllung seiner Pflichten anzuhalten und das Ansehen des Beamtentums zu wahren."

§ 14 BDO enthält nichts Neues, da unter Beachtung des Opportunitätsprinzips das Disziplinarorgan auch schon vor Inkrafttreten des Gesetzes vom 20. 7. 68 darauf bedacht sein mußte, von einer Disziplinarmaßnahme dann abzusehen, wenn bereits anderweitig dafür Gewähr geleistet war, daß der Beamte durch eine andere Maßregelung, die nicht allein in einer Bestrafung durch ein Strafgericht, sondern auch durch andere innerdienstliche Maßnahmen, wie eine Versetzung, erfolgen konnte, zur Erfüllung seiner Pflichten angehalten wurde und der Beamte durch seine Pflichtverletzung das Ansehen des Beamtentums nicht erheblich verletzt hatte. Da Disziplinarstrafrecht, Strafrecht und Ordnungswidrigkeitenrecht von verschiedenen Zielrichtungen getragen sind, eine gleichzeitige Verhängung einer Strafe oder Ordnungswidrigkeit auf der einen Seite und einer Disziplinarmaßnahme auf der anderen Seite keinen Verstoß gegen Art. 103 Abs. 2 GG darstellt, war es erforderlich, § 14 BDO ausdrücklich im Disziplinarrecht zu verankern. Wenn er auch etwas Selbstverständliches zum Ausdruck bringt, so war seine Hereinnahme in das Disziplinarrecht deshalb notwendig, weil die Disziplinarmaßnahmen, bei denen eine Doppeldisziplinierung vermieden werden soll, und die Voraussetzung für die Abstandnahme von einer Disziplinarmaßnahme im einzelnen festlegt werden mußten.

II. VERHÄNGUNG EINER STRAFE ODER ORDNUNGSMASSNAHME DURCH EIN GERICHT ODER EINE BEHÖRDE

Von einem Verweis muß und von einer Geldbuße, einer Gehaltskürzung oder Kürzung des Ruhegehaltes kann nur dann abgesehen werden, wenn ein Gericht oder eine Behörde eine Strafe oder Ordnungsmaßnahme verhängt hat. Soweit es sich um Strafen handelt, kann die Strafe durch ein **ordentliches Strafgericht oder** ein **sonstiges Gericht,** wie z. B. durch ein Steuergericht, verhängt worden sein. Weiterhin ist es gleichgültig, ob die Strafe im Offizialverfahren oder im Privatklageverfahren verhängt worden ist. Die Strafe kann durch ein Urteil oder eine Strafverfügung oder durch einen Steuerbefehl zuerkannt sein. Schließlich ist es gleich, ob die Strafe durch ein **Gericht oder** durch eine **Behörde,** wie z. B. durch das Finanzamt im Wege des Steuerstrafbescheides, verhängt worden ist. Entscheidend ist, daß gegen den Beamten oder Ruhestandsbeamten einmal eine **Kriminalstrafe** verhängt worden ist. Hiermit scheiden die sog. Ordnungsstrafen, wie z. B. die gegen den im Termin ausgebliebenen Zeugen auf Grund des § 51 StPO verhängte Geldstrafe oder Haft, aus. Unter § 14 BDO fallen ferner nicht polizeiliche Verwarnungen. Andererseits werden durch § 14 BDO die **Ordnungsmaßnahmen** erfaßt, die auf Grund des Gesetzes über die Ordnungswidrigkeiten — OWiG — vom 24. 5. 68 (BGBl. I S. 481) durch ein Gericht oder eine Behörde verhängt werden. Bei dem Urteil, Beschluß oder Bescheid des Gerichts oder der Behörde muß es sich immer um eine Verurteilung handeln. Im Falle eines Freispruchs kommt § 17 Abs. 5 BDO zur Anwendung, indem dann schlechthin nur bei einem sog. disziplinaren Überhang eine Disziplinierung des Beamten oder Ruhestandsbeamten möglich ist. Schließlich kann § 14 BDO nur dann zur Anwendung kommen, wenn die Strafe oder Ordnungsmaßnahme rechtskräftig bzw. endgültig verhängt worden ist.

III. DER VOM GERICHT ODER DER BEHÖRDE ERFASSTE SACHVERHALT ALS DIENSTVERGEHEN

Die **Straftat oder Ordnungswidrigkeit,** die zu einer Bestrafung oder zur Verhängung einer Ordnungsmaßnahme geführt hat, **muß gleichzeitig die Tatbestandsmerkmale eines Dienstvergehens enthalten,** so daß an sich die Verhängung einer Disziplinarmaßnahme zulässig ist. Erfüllt die Straftat oder die Ordnungswidrigkeit nicht zugleich die Tatbestandsmerkmale eines

Dienstvergehens, ist z. B. ein Ruhestandsbeamter wegen eines Warenhausdiebstahls, den er nach Eintritt in den Ruhestand begangen hat, zu einer Gefängnisstrafe von einem Monat bestraft worden, so kann er disziplinarisch nicht verfolgt werden, weil er hierdurch keine der in § 77 Abs. 2 BBG genannten Pflichten verletzt hat. In einem solchen Falle muß das Verfahren gegen ihn eingestellt oder, wenn bereits eine Hauptverhandlung stattgefunden hatte, der Beamte freigesprochen werden.

Ob die Straftat oder die Ordnungswidrigkeit, deretwegen das Strafgericht oder die Behörde eine Strafe oder Ordnungsmaßnahme verhängt hat, ein **Dienstvergehen im engeren Sinne,** eine **als Dienstvergehen geltende Handlung oder** eine **außerdienstliche Pflichtverletzung** darstellt, ist für die Anwendung des § 14 BDO gleichgültig. Liegen die Voraussetzungen eines Dienstvergehens im engeren Sinne vor, so kann bei der Prüfung der Frage, ob die Zuerkennung einer Strafe oder einer Ordnungsmaßnahme geeignet ist, den Beamten oder Ruhestandsbeamten zur Erfüllung seiner Pflichten anzuhalten und ob eine Ansehensschädigung des Beamtentums vorliegt, natürlich ein strengerer Maßstab als bei einer außerdienstlichen Pflichtverletzung angelegt werden.

Das Disziplinarorgan kann es **nicht dahingestellt sein lassen, ob** die **Straftat** oder **die Ordnungswidrigkeit,** deretwegen gegen den Beamten eine Strafe oder Ordnungsmaßnahme verhängt worden ist, ein **Dienstvergehen darstellt.** Er muß vielmehr im einzelnen darlegen, inwieweit die Voraussetzungen hierfür gegeben sind. Weiterhin muß es prüfen, welche Disziplinarmaßnahme im gegebenen Falle als angemessen erscheint. Erst dann kann es prüfen, ob die weiteren Voraussetzungen für eine Einstellung des Verfahrens nach § 14 BDO gegeben sind.

IV. VERHÄNGUNG EINER STRAFE ODER EINER ORDNUNGSMASSNAHME WEGEN EINER GEGENSTANDSGLEICHEN TAT

Das Disziplinarorgan hat die Straftat oder die Ordnungswidrigkeit, deretwegen das Gericht oder die Behörde eine Strafe oder Ordnungsmaßnahme verhängt hat, nur dann zu berücksichtigen, wenn der **gleiche Sachverhalt** durch eine Entscheidung, durch die eine Strafe oder Ordnungsmaßnahme verhängt worden ist, erfaßt ist. Für die Frage der Tatidentität ist **nicht** die **strafrechtliche und disziplinarische Würdigung des Verhaltens** maßgebend, **sondern der historische Geschehensablauf,** der Hergang der Tat. Hat z. B. bei einem bestimmten Sachverhalt das Strafgericht eine Unterschlagung angenommen und den Beamten deshalb zu einer Gefängnisstrafe verurteilt, vertritt aber das Disziplinarorgan den Standpunkt, daß nur Fahrlässigkeit vorliegt, die Tatbestandsvoraussetzungen für eine Unterschlagung nicht gegeben sind, so entfällt damit nicht die Anwendung des § 14 BDO, der es bei der Zulässigkeit einer zusätzlichen Disziplinarmaßnahme nicht auf die strafrechtliche oder disziplinarische Würdigung des Verhaltens, sondern allein auf das Vorliegen „desselben Sachverhalts" abstellt. Die vom Disziplinarorgan angenommene geringere Schuldform macht den vom Strafgericht festgestellten Sachverhalt noch nicht zu einem anderen[4].

Bei der Prüfung der Frage, ob die Voraussetzungen des § 14 BDO vorliegen, ist in Erwägung zu ziehen, daß im Disziplinarverfahren das **Gesamt-**

verhalten des Beamten einer einheitlichen Betrachtung zu unterziehen ist. Das pflichtwidrige Verhalten eines Beamten ist einheitlich zu würdigen. Er wird nämlich wegen seines beamtenunwürdigen Verhaltens schlechthin und nicht wegen des einzelnen Verstoßes gegen seine Pflichten disziplinarisch zur Rechenschaft gezogen. Aus diesem Grunde sind verschiedene Tatbestände, die für sich allein alle Merkmale eines Dienstvergehens erfüllen, bei der Beurteilung des Beamten in ihrer Gesamtheit zu würdigen. Es liegt ein einheitliches Dienstvergehen vor, wenn der Beamte gegen seine Pflichten in mehreren Einzelfällen in verschiedenartiger Weise und zu verschiedenen Zeiten verstoßen hat. Da im Disziplinarverfahren nicht jede einzelne pflichtwidrige Handlung für sich abgeurteilt wird und nicht aus Einzeldisziplinarmaßnahmen auf eine Gesamtdisziplinarmaßnahme erkannt wird, kann auch nicht der Sachverhalt, der zu einer gleichzeitigen Verurteilung zu einer Strafe oder Ordnungsmaßnahme geführt hatte, einer gesonderten Betrachtung nach § 14 BDO unterzogen werden.

Der **Grundsatz der Einheitlichkeit** des Dienstvergehens **erfährt** aber **bei** der Anwendung des **§ 14 BDO** ebenso wie beim Verfolgungsverbot nach § 4 BDO eine **Durchbrechung** bei solchen Pflichtverletzungen, bei denen eine gewisse Selbständigkeit gegeben ist, d. h. wenn sie mit den übrigen Anschuldigungspunkten in keinem inneren Zusammenhang stehen, wenn z. B. dem Beamten vorgeworfen wird, daß er am 15. 1. 68 im trunkenen Zustande mit seinem Dienstkraftwagen eine Dienstfahrt angetreten und daß er am 27. 4. 68 sich gegenüber seinem Dienstvorgesetzten ungebührlich benommen hat. Ist der Beamte wegen der Trunkenheitsfahrt von einem Strafgericht bestraft worden, so kann bei dieser Tat unabhängig von der späteren Achtungspflichtverletzung geprüft werden, ob die Voraussetzungen des § 14 BDO gegeben sind. Ansonsten würde der Anwendungsbereich dieser Bestimmung zu sehr eingeengt werden.

Werden im Disziplinarverfahren auch noch **weitere Vorgänge** berührt, deretwegen eine Strafe oder Ordnungsmaßnahme nicht ausgesprochen ist, so ist eine Fortführung des Disziplinarverfahrens zulässig, wobei jedoch die Anschuldigungspunkte einer weiteren Betrachtung entzogen sind, die durch die vom Gericht oder Behörde behandelten Straftat oder Ordnungswidrigkeit nicht erfaßt sind, bei denen aber an sich § 14 BDO zum Zuge kommt. Soweit wegen einer Straftat oder Ordnungswidrigkeit, deretwegen das Gericht oder die Behörde eine Strafe oder Ordnungswidrigkeit zuerkannt hat, eine disziplinarische Verfolgung unter Beachtung des § 14 BDO nicht in Betracht käme, scheidet die Einstellung des Disziplinarverfahrens aus; lediglich in den Entscheidungsgründen des disziplinären Erkenntnisses wäre zum Ausdruck zu bringen, daß eine Verurteilung wegen des Sachverhalts, der durch die bereits abgeurteilte Straftat oder Ordnungswidrigkeit erfaßt ist, nicht möglich war. Wegen der Einheitlichkeit des Dienstvorgehens kann nämlich nicht gleichzeitig eine Einstellung und eine Verurteilung bzw. ein Freispruch erfolgen. Ist das Disziplinarverfahren noch nicht gerichtshängig, so wird der Anschuldigungspunkt, bei dem die Voraussetzungen des § 14 BDO gegeben sind, nicht in die Anschuldigungsschrift aufgenommen.

Die Auswirkungen der Entscheidung des Gerichts oder der Behörde, durch die auf eine Strafe oder eine Ordnungsmaßnahme erkannt worden ist, erstreckt sich auf die Tatumstände, aus denen sich die strafbare Handlung oder die Ordnungswidrigkeit nach ihren gesetzlichen Merkmalen unter Berücksichtigung der Tat- und Schuldfrage zusammensetzt. **In der Entscheidung müssen ausreichende tatsächliche Feststellungen getroffen sein,** die als Grundlage für eine disziplinarische Betrachtung des vom Gericht oder der Behörde ermittelten Sachverhalts bezeichnet werden können. Tatsachen, die sich nicht auf die Straftat oder die Ordnungswidrigkeit beziehen, sind nicht nach § 14 BDO zu würdigen. Hat z. B. ein beamteter Kraftfahrer unter Alkoholeinfluß eine Dienstfahrt ausgeführt, obgleich diese ihm durch seinen Vorgesetzten ausdrücklich untersagt war, so scheidet wohl nach einer Verurteilung durch das Strafgericht wegen Verkehrsgefährdung infolge Fahruntüchtigkeit auf Grund Alkoholgenusses die Verurteilung mit einem Verweis aus. Trotzdem kann auf einen Verweis erkannt werden, weil der Beamte infolge der Nichtbeachtung des Fahrverbots seine Gehorsamspflicht verletzt hat.

Sind dem Beamten im sachgleichen Strafverfahren oder Ordnungswidrigkeitsverfahren **zwei in Tateinheit stehende Straftaten oder Ordnungswidrigkeiten zur Last gelegt** worden und ist er nur wegen einer Straftat oder Ordnungswidrigkeit zu einer Strafe oder Ordnungsmaßnahme verurteilt worden, wobei festgestellt worden ist, daß die Tatbestandsmerkmale der anderen Straftat oder Ordnungswidrigkeit nicht erfüllt ist, so ist das Disziplinarorgan wegen des gesamten Sachverhalts am § 14 BDO gebunden.

Bei einer **fortgesetzten Handlung** sind die vom Gericht oder der Behörde festgestellte Zahl der Einzelhandlungen für die Anwendung des § 14 BDO bindend. Weitere Einzelhandlungen, insbesondere solche, die nach der Verurteilung zu einer Strafe oder Ordnungsmaßnahme geführt haben, können unabhängig von § 14 BDO gesondert disziplinarisch gewürdigt werden. Hat der Beamte trotz Verurteilung zu einer Strafe oder Ordnungsmaßnahme nachher in einem gleichgelagerten Falle dienstlich gefehlt, so kann dies als Indiz dafür dienen, daß die zuerkannte Strafmaßnahme nicht ausgereicht hatte, ihn zur Erfüllung seiner Pflichten anzuhalten, so daß die Voraussetzungen des § 14 BDO nicht als bestehend angenommen werden können.

V. PFLICHTVERLETZUNGEN, DIE AN SICH EINEN VERWEIS, EINE GELDBUSSE, EINE GEHALTSKÜRZUNG ODER EINE KÜRZUNG DES RUHEGEHALTS ERFORDERN

§ 14 BDO kommt **nur bei** den leichteren Pflichtverletzungen zur Anwendung, nämlich bei solchen, bei denen nur ein **Verweis,** eine **Geldbuße,** eine **Gehaltskürzung** bei einem Beamten und eine **Kürzung des Ruhegehalts** beim Ruhestandsbeamten angebracht ist. Der Gesetzgeber unterscheidet hier wiederum zwischen der Disziplinarmaßnahme des Verweises und denen der Geldbuße, Gehaltskürzung und der Kürzung des Ruhegehalts. Hat das Gericht oder die Behörde eine Strafe oder Ordnungsmaßnahme verhängt und würde bei der disziplinarischen Würdigung des Sachverhalts nur ein Verweis sich als angemessene Disziplinarmaßnahme herausstellen, so scheidet die Verhängung dieser Disziplinarmaßnahme schlechthin aus. Wäre hingegen eine Geldbuße, eine Gehaltskürzung oder Kürzung des Ruhegehalts die erforderliche Disziplinarmaßnahme, so kommt eine Disziplinierung nur dann in Frage, wenn diese zusätzlich erforderlich ist, um den Beamten oder Ruhestandsbeamten zur Erfüllung seiner Pflichten anzuhalten und das Ansehen des Beamtentums zu wahren. Bei den schweren Disziplinarmaßnahmen, also bei der Versetzung in ein Amt derselben Laufbahn mit geringerem Endgrundgehalt, der Entfernung aus dem Dienst und der Aberkennung des Ruhegehalts, kommt die Verhängung einer dieser Disziplinarmaßnahmen auch dann in Frage, wenn wegen der gegenstandsgleichen Tat gegen den Beamten oder Ruhestandsbeamten durch ein Gericht oder eine Behörde eine Strafe oder Ordnungsmaßnahme verhängt worden ist.

VI. DISZIPLINIERUNG ZWECKS ANHALTEN DES BEAMTEN ODER RUHESTANDSBEAMTEN ZUR ERFÜLLUNG SEINER PFLICHTEN UND ZUR WAHRUNG DES ANSEHENS DES BEAMTENTUMS

A. Allgemeines

Während bei einer Verhängung einer Strafe oder Ordnungsmaßnahme durch ein Gericht oder eine Behörde wegen desselben Sachverhalts durch das Disziplinarorgan ein Verweis schlechthin nicht mehr verhängt werden darf, dürfen eine Geldbuße, eine Gehaltskürzung oder eine Kürzung des Ruhegehalts nur dann verhängt werden, wenn dies **zusätzlich erforderlich** ist, **um den Beamten** oder Ruhestandsbeamten **zur Erfüllung seiner Pflichten anzuhalten und** das **Ansehen des Beamtentums zu wahren.** Für eine zusätzliche Disziplinierung müssen also zwei Voraussetzungen erfüllt sein. Das Erfordernis der zusätzlichen Ahndung der Pflichtwidrigkeit muß **neben** die Wahrung des Ansehens des Beamtentums treten[2]. Wortlaut, Entstehungsgeschichte und Sinn des § 87 Halbsatz 2 BDO verbieten die Beschränkung auf eine alternative Feststellung des einen oder anderen Erfordernisses. Im letzten Halbsatz des § 87 BDO ist bewußt das Wort „und" gewählt worden, dem nicht der Sinn des Wortes „oder" beikommt. Wohl hatte der Innenausschuß des Bundesrats in der Sitzung vom 24. 5. 67 den Antrag gestellt, am Anfang des letzten Halbsatzes des § 89a BDO — des jetzigen § 14 BDO — das Wort „und" durch das Wort „oder" zu ersetzen. Dieser Antrag wurde jedoch durch den Vermittlungsausschuß in der Sitzung vom 28. 6. 67 nicht angenommen. Das Bundesverwaltungsgericht führt in dem Urteil vom 17. 1. 68 fernerhin folgendes aus:

„Es ist auch nicht einzusehen, wie etwas das Ansehen des Beamtentums allein noch eine zusätzliche Disziplinarmaßnahme erfordern könnte, die von dem eigentlichen Zweck einer nicht auf Entfernung lautenden Disziplinarmaßnahme her, nämlich dem einer Pflichtenmahnung, nicht geboten wäre. Wohl wird die weitere Voraussetzung einer zusätzlichen Disziplinarmaßnahme — die Wahrung des Ansehens des Beamtentums — aus dem erkennbaren Bestreben des Gesetzgebers verständlich, unnötige sogenannte Doppelbestrafungen soweit wie möglich einzuschränken. In diesem Nebeneinander wird das zweite Erfordernis überhaupt erst sinnvoll. Wenn nämlich im Einzelfall eine zusätzliche Pflichtenmahnung auch für den dienstlichen Bereich erforderlich sein mag, so kann doch andererseits die Pflichtverletzung im Ansehen der Öffentlichkeit ein so geringes Gewicht haben, daß ein echtes Interesse an der Vollziehung einer zusätzlichen Maßnahme — und nur darum geht es letztlich — nicht mehr erkennbar ist. Denn solchen Fällen wird man der Verwaltung zumuten, und es auch der Öffentlichkeit gegenüber vertreten können, die erzieherische Wirkung der Kriminalstrafe auch auf den dienstlichen Bereich abzuwarten."

B. Zusätzliches Anhalten zur Pflichterfüllung

Es bleibt dem Disziplinarorgan überlassen, welche von den beiden Erfordernissen des § 14 Halbsatz 2 BDO es zuerst prüft. Wenn der Gesetzgeber

[2] BVerwG 17. 1. 68 — II D 30/67 — in ZBR 1968 S. 158.

in § 14 Halbsatz 2 BDO das Erfordernis des Anhaltens zur Pflichterfüllung auch zuerst nennt, so braucht dieses auch noch nicht zuerst geprüft zu werden, zumal gerade hier Erwägungen über den Zweck der Disziplinarmaßnahme angestellt werden müssen, während bei der Prüfung der Frage, ob mit der Disziplinarmaßnahme das Ansehen des Beamtentums gewahrt werden soll, mehr auf die Pflichtverletzung selbst einzugehen ist. Das Disziplinarorgan wird diejenige der beiden Alternativen zuerst prüfen, für die zugunsten des beschuldigten Beamten die gewichtigsten Umstände sprechen. Bei der ersten Alternative des § 14 Halbsatz 2 BDO ist zu **ermitteln, aus welchen Gründen** neben der Strafe oder Ordnungsmaßnahme, die das Gericht oder eine Behörde verhängt hat, es **erforderlich** ist, **zusätzlich eine Disziplinarmaßnahme zu verhängen,** um den Beamten und Ruhestandsbeamten zur Erfüllung seiner Pflichten anzuhalten. **Unter den Pflichten** i. S. des § 14 Halbsatz 2 BDO sind **nicht nur** die **echten innerdienstlichen Beamtenpflichten** zu verstehen, **sondern** die **Beamtenpflichten überhaupt.** Es kann Fälle geben, in denen eine außerdienstliche Pflichtverletzung auch zur Befürchtung Anlaß geben kann, daß die vom Beamten gezeigte Labilität wegen der besonderen Art der Verwendung sich auch auf den eigentlichen dienstlichen Bereich auswirken kann, so daß schon aus diesem Grunde eine zusätzliche disziplinarische Ahndung erforderlich sein wird. Dies wäre z. B. bei einem Postbeamten, der mit Beförderungsgut Befassung hat, zu bejahen, wenn er außerhalb des Dienstes in einem Warenhaus einen Diebstahl begeht[3]. Bei außerdienstlichen Pflichtverletzungen wird sich die Notwendigkeit für die Verhängung einer Disziplinarmaßnahme nicht so dringend erweisen wie bei einer Verletzung der Dienstzucht im engeren Sinne.

Weiterhin muß man unterscheiden, ob die Pflichtverletzung durch **einen aktiven Beamten oder** einen **Ruhestandsbeamten** begangen worden ist. Wenn es der Gesetzgeber auch beim Ruhestandsbeamten auf die Erfüllung von Pflichten abstellt, so muß man sich hier fragen, welche Pflichten ihm eigentlich noch nach Eintritt in den Ruhestand zukommen. Sie dürften durch § 77 Abs. 2 BBG restlos umrissen sein. Sofern bei ihm die Disziplinarmaßnahme keinen purgativen Zweck erfüllt, muß bei einer gegenstandsgleichen Verurteilung wegen einer Straftat oder einer Ordnungswidrigkeit durch ein Gericht oder eine Behörde die zusätzliche Kürzung des Ruhegehalts wohl fast immer ausscheiden, weil diese Maßnahme um deswillen nicht verhängt werden kann, um ihn zu irgendwelchen Pflichten anzuhalten. Seine Pflichtwidrigkeit müßte sich dann schon auf die in § 77 Abs. 2 BBG genannten als Dienstvergehen geltenden Handlungen, wie z. B. auf die Verletzung des Amtsgeheimnisses, beziehen.

Die Pflicht, die der aktive Beamte durch sein Dienstvergehen verletzt hat, ist die zu achtungswürdigem Verhalten. Ob es in einem solchen Falle einer zusätzlichen Disziplinarmaßnahme bedarf, um den Beamten an die künftige Beachtung dieser Pflicht zu erinnern, hängt in erster Linie von der **Schwere des Verstoßes,** der **Persönlichkeit des Beamten, seiner allgemeinen Haltung und Bewährung im Dienst** ab[4]. Wann die Voraussetzungen für

---

[3] BVerwG 16. 1. 68 — II D 14/67 — ZBR 1968 S. 159/161.

[4] BVerwG 23. 2. 68 — II D 32/67 — DDB 1968 S. 158; BVerwG 27. 3. 68 — I D 43/67 — DokBer. S. 3273.

eine zusätzliche Disziplinierung gegeben sind, um den Beamten zur zusätzlichen Erfüllung seiner Pflichten anzuhalten, **läßt sich nur von Fall zu Fall entscheiden,** wobei sich allerdings bei der bisher vorliegenden Rechtsprechung des Bundesverwaltungsgerichts bestimmte Grundtendenzen erkennen lassen, indem die Unterscheidung zwischen echten Dienstvergehen und außerdienstlichen Pflichtverletzungen deutlich erkennbar ist.

Bei **Pflichtverletzungen im innerdienstlichen Bereich** kann von einer Verhängung einer der in § 14 BDO genannten **Disziplinarmaßnahmen sogar dann abgesehen** werden, **wenn** der **Beamte eine seiner Hauptpflichten verletzt** hat. So hat das Bundesverwaltungsgericht[5] von einer Disziplinarmaßnahme bei einem Postbeamten abgesehen, der Briefsendungen, in denen er auf Grund von Absenderangaben Zeitschriften mit Nacktbildern vermutet hatte, geöffnet, und nach Kenntnis ihres Inhalts alsbald dem Versand zugeführt hatte. In diesem Falle ist mildernd berücksichtigt worden, daß der Beamte den eigentlichen Postablauf durch seine Handlungsweise nicht behindert und daß er Kenntnis nur von solchen Zeitungen genommen hatte, die auch käuflich zu erwerben und früher offen versandt worden waren. Selbst wenn der Beamte durch diese Handlungsweise das Ansehen des Beamtentums geschädigt haben sollte, so glaubte das Bundesverwaltungsgericht, daß bei einer vorausgegangenen strafgerichtlichen Ahndung der Tat eine zusätzliche disziplinarische Pflichtenmahnung nicht am Platze war. Weil der Beamte zudem günstig beurteilt war und das Disziplinargericht in der Hauptverhandlung den Eindruck gewonnen hatte, daß der beschuldigte Beamte im Grunde genommen eine sittlich gereifte, charakterlich einwandfreie Persönlichkeit darstellte und er die Verfehlungen selbst ernst genommen und bereut hatte, glaubte es selbst bei einem Bruche des Postgeheimnisses durch einen Postbeamten von der Verhängung einer Disziplinarmaßnahme absehen zu können.

Im Hinblick darauf, daß gerade **gerichtliche Bestrafungen bei Straßenverkehrsverstößen** eine **erzieherische Wirkung auslösen,** wird eine **nachfolgende disziplinarische Ahndung** im Hinblick auf die 1. Alternative des § 14 Halbsatz 2 BDO **ausscheiden,** weil hier eine Disziplinarmaßnahme nicht mehr erforderlich ist, um den Beamten zur Erfüllung seiner Pflichten anzuhalten. Nach dem grundlegenden Beschluß des Bundesdisziplinarhofs vom 31. 12. 67[6] und im Hinblick auf § 77 Abs. 1 Satz 2 BBG begeht ein Beamter, der bei einem außerdienstlichen Verkehrsunfall eine Körperverletzung oder einen Sachschaden leichter Art verursacht überhaupt kein Dienstvergehen, so daß trotz einer Bestrafung des Beamten durch das Strafgericht nicht einmal geprüft zu werden braucht, ob dann noch die Voraussetzungen des § 14 BDO vorliegen, weil sich die Straftat noch nicht einmal als ein Dienstvergehen darstellt. Trotz der Einfügung des § 77 Abs. 1 Satz 2 BBG durch die Novelle zum Bundesdisziplinarrecht vom 20. 7. 67 verstoßen Beamte gegen ihre Dienstpflicht, wenn sie infolge Alkoholeinflusses oder infolge rücksichtslosen Fahrens einen Verkehrsunfall verursachen oder sich ihrer Verantwortung durch Fahrerflucht entziehen, weil sie hier erhebliche charakterliche Mängel erkennen lassen, so daß auch jetzt noch eine Gehaltskürzung als eine angemessene Disziplinarmaßnahme anzusehen ist[7]. Selbst bei einem

[5] BVerwG 27. 3. 68 — I D 43/67 — DokBer. S. 3273.
[6] BDH 31. 12. 65 — II DV 1/65 — BDHE Bd. 7 S. 95.
[7] Vgl. BVerwG 7. 12. 67 — I D 31/67 — in ZBR 1968 S. 157.

Berufsfahrer der Deutschen Bundespost, der strafgerichtlich wegen Vergehens und Übertretung nach §§ 316 Abs. 1 und 2, 42n, § 3 StVO und § 21 StVG zu einer Gefängnisstrafe verurteilt worden war und dem das Strafgericht die Fahrerlaubnis vorübergehend entzogen hatte, weil er mit einem Alkoholgehalt von 1,5‰ einen Verkehrsunfall verursacht hatte, wird eine disziplinarische Maßregelung ausscheiden, obgleich an sich hier eine Gehaltskürzung angebracht wäre, wenn es sich um ein erstmaliges Versagen des Beamten gehandelt hat, kein fremder Sachschaden aufgetreten ist und eine verkehrsmäßige Ausnahmesituation vorgelegen hat[8]. Ansonsten neigt aber auch die Rechtsprechung des Bundesverwaltungsgerichts[9] bei einem beamteten Kraftfahrer selbst im Falle einer außerdienstlichen Trunkenheitsfahrt eine Gehaltskürzung als die angemessene Disziplinarmaßnahme zu verhängen und hier die Voraussetzungen des § 14 Halbsatz 2 BDO nicht als gegeben anzunehmen. In diesem Falle betrug die Blutalkoholkonzentration z. Z. des Unfalles 2,3‰; außerdem war beim Unfall ein Fremdschaden aufgetreten. Hierzu stellte das Bundesverwaltungsgericht fest, daß im allgemeinen bei einem beamteten Kraftfahrer die strafgerichtliche Verurteilung zu einer Freiheitsstrafe allein nicht erzieherisch ausreicht, wenn er sich trotz wiederholter dienstlicher Belehrungen über die Folgen des Alkohols in einem erheblichen trunkenen Zustande wiederum an das Steuer gesetzt hat, wobei besonders erschwerend berücksichtigt wurde, daß er absolut fahruntüchtig war.

C. Wahrung des Ansehens des Beamtentums

Die zweite Alternative des § 14 Halbsatz 2 BDO läßt eine disziplinarische Ahndung einer Tat, deretwegen durch ein Gericht oder eine Behörde bereits eine Strafe oder Ordnungsmaßnahme verhängt worden ist, nur dann zu, wenn die **Disziplinarmaßnahme geeignet** ist, **das Ansehen des Beamtentums zu wahren.** Es muß also durch die Pflichtverletzung des Beamten oder Ruhestandsbeamten eine **Schädigung oder Gefährdung des Ansehens der Beamtenschaft** eingetreten sein. Dies ist nicht der Fall, wenn eine aus der Vorstrafe des beschuldigten Beamten eine ersichtliche Anfälligkeit für das Ansehen des Beamtentums allgemein ohne sonderliche Bedeutung ist. So würde der festgestellte Sachverhalt einer handfesten **Steuerverkürzung** eines Post- oder Eisenbahnbeamten, für die menschlich verständliche Beweggründe gegeben sind, den Kernbereich der vor der Öffentlichkeit zu wahrenden dienstlichen Interessen nur unwesentlich berühren[10]. Ein Beamter, der während einer Fahrt in seinem Privatkraftwagen die Vorfahrt verletzt, schädigt dadurch allein nicht das Ansehen des Beamtentums, selbst wenn er hierdurch einen **Verkehrsunfall** mit größerem Sachschaden **verursacht** haben sollte. Ein Berufskraftfahrer, der in einem erheblichen angetrunkenen Zustande einen Verkehrsunfall verursacht, hat dagegen ein Verhalten an den Tag gelegt, das in einem besonderen Maße geeignet ist, Achtung und Vertrauen in einer für sein Amt und das Ansehen des Beamtentums bedeutsamen Weise zu beeinträchtigen; durch ein solches Verhalten wird das Vertrauen in die dienstliche Zuverlässigkeit des Beamten erheblich erschüttert und ist dazu angetan, das

[8] BVerwG 27. 2. 68 — III D 33/67 — in DokBer. S. 3267.
[9] Wie Fußnote 8.
[10] BVerwG 17. 1. 68 — II D 30/67 — ZBR 1968 S. 158.

Ansehen des Beamtentums in den Augen der Bevölkerung zu schädigen[11]. Das Bundesverwaltungsgericht weist in einem solchen Falle auf die arbeitsgerichtliche Rechtsprechung hin, wonach bei einem im Postomnibusdienst beschäftigten Arbeiter die Trunkenheit am Steuer als Grund zur fristlosen Entlassung angesehen worden ist[12].

Die zweite Alternative des § 14 Halbsatz 2 BDO ist **bei sämtlichen Dienstvergehen von Bedeutung,** also auch bei den **Pflichtverletzungen innerhalb des Dienstes.** Handelt es sich um **Verfehlungen außerhalb des Dienstes,** wird eine Ansehensschädigung nur beim Nachweis besonderer Umstände angenommen werden können. Ist z. B. ein Beamter wegen einer außerhalb des Dienstes begangenen Fundunterschlagung vom Strafgericht zu einer Geldstrafe bestraft worden, so wird eine zusätzliche disziplinarische Maßnahme dann nicht in Frage kommen, wenn er nachweisen kann, daß er aus menschlich verständlichen Gründen, etwa wegen Erkrankung seiner Frau, nicht in der Lage war, sofort eine Fundanzeige zu erstatten und er von einem Einspruch gegen den erlassenen Strafbefehl aus finanziellen Gründen abgesehen hat; hat sich dieser Beamte außerdem bisher einwandfrei geführt und war er von seinem Dienstvorgesetzten gut beurteilt, so dürfte in diesem Falle das Ansehen des Beamtentums nicht so erheblich beeinträchtigt sein, daß zu seiner Wahrung eine zusätzliche Disziplinarmaßnahme erforderlich wäre[13]. Trotz der beiden Alternativen des § 14 Halbsatz 2 BDO hat das Bundesverwaltungsgericht eine disziplinarische Maßregelung nach vorangegangener gerichtlicher Bestrafung dann für angebracht betrachtet, wenn ein Beamter einen Warenhausdiebstahl begeht. Wenn man es hier auf die Meinung der Öffentlichkeit aus der Sicht eines unvoreingenommenen, sachlich urteilenden Betrachters abstellt, so zeigt diese nach der Ansicht des Bundesverwaltungsgerichts keinerlei Verständnis dafür, daß ein Beamter, der in geordneten wirtschaftlichen Verhältnissen lebt, sich an in einem Warenhaus ausliegenden Sachen vergreift; hier geht die Öffentlichkeit bei Kenntnis eines solchen dreisten Diebstahls durch einen Beamten nicht ohne weiteres zur Tagesordnung über. Ein Warenhausdiebstahl durch einen Beamten ist geeignet, dem Ansehen der Beamtenschaft ernsthaft Abbruch zu tun; hier muß zwecks Wahrung dieses Ansehens zum Ausdruck gebracht werden, daß ein solches Verhalten auch disziplinarisch mißbilligt wird[14].

Bei der Beurteilung der in § 14 Halbsatz 2 BDO vorgesehenen Alternativen wird der Rechtsprechung der Disziplinargerichte eine erhebliche Bedeutung zukommen. Da der Würdigkeitsbegriff in beamtenrechtlicher Hinsicht variabel ist, **werden sich hier keine allgemeingültigen Feststellungen treffen lassen,** die für unbeschränkte Zeit Geltung beanspruchen können. Nicht zu verkennen ist, daß bei einer variablen Rechtsprechung eine Beunruhigung in der Beamtenschaft auftreten kann, zumal das Disziplinarrecht nicht wie das Strafrecht festumrissene Tatbestände kennt.

VII. Beachtung des § 14 BDO durch sämtliche Disziplinarorgane

Ob die Voraussetzungen des § 14 BDO vorliegen, ist von sämtlichen Disziplinarorganen, also nicht nur von den **Disziplinargerichten,** sondern

[11] Wie Fußnote 8.
[12] BArbG in NJW 1964 S. 74.
[13] Wie Fußnote 4.
[14] BVerwG 16. 1. 68 — II D 14/67 — in ZBR 1968 S. 159.

auch von den **Dienstvorgesetzten,** der obersten Dienstbehörde und der **Einleitungsbehörde** zu prüfen. Dieser Prüfungspflicht hat sich auch der **Bundesdisziplinaranwalt** insbesondere bei der Fertigung der Anschuldigungsschrift und bei der Stellung seines Antrages auf Verhängung einer Disziplinarmaßnahme in der Hauptverhandlung zu unterziehen. Ob die Voraussetzungen tatsächlich gegeben sind, entscheiden jedoch allein die Disziplinarorgane, die berechtigt sind, eine Disziplinarmaßnahme zu verhängen.

VIII. EINSTELLUNG DES DISZIPLINARVERFAHRENS

§ 14 BDO stellt ein Disziplinierungsverbot dar. Er schließt nicht aus, daß Vorermittlungen angestellt und sogar ein förmliches Disziplinarverfahren eingeleitet sowie eine Untersuchung angeordnet wird. Erst auf Grund der angestellten Vorermittlungen oder gar erst nach einer durchgeführten Untersuchung wird sich feststellen lassen, ob die Voraussetzungen des § 14 BDO gegeben sind. Ist trotz einer vorangegangenen Ahndung der Tat durch das Gericht oder eine Behörde mit einer Strafe oder eine Ordnungsmaßnahme eine zusätzliche Disziplinarmaßnahme nicht erforderlich, weil sie nicht zusätzlich erforderlich ist, um den Beamten oder den Ruhestandsbeamten zur Erfüllung seiner Pflichten anzuhalten und das Ansehen des Beamtentums zu wahren, so ist der beschuldigte **Beamte nicht freizusprechen,** weil ja ein Dienstvergehen bejaht wird. Das **Verfahren ist vielmehr einzustellen,** selbst wenn das Disziplinargericht erst nach durchgeführter Hauptverhandlung zur Überzeugung gelangt ist, daß eine zusätzliche Verhängung einer Disziplinarmaßnahme nicht erforderlich ist. Ist der Beamte in der ersten Instanz verurteilt worden, weil hier die Voraussetzungen des § 14 BDO nicht als gegeben angesehen worden waren, oder ist er freigesprochen worden, weil das Bundesdisziplinargericht das Vorliegen eines Dienstvergehens verneint, und kommt das Bundesverwaltungsgericht zur Auffassung, daß wohl ein Dienstvergehen vorliegt, eine zusätzliche Disziplinierung jedoch im Hinblick auf § 14 BDO ausscheidet, so hebt es das vorinstanzliche Urteil auf und stellt das Verfahren ein. Handelt es sich um mehrere Pflichtverletzungen und liegen nur bei einer einzigen die Voraussetzungen des § 14 BDO vor und ist der Beamte wegen der übrigen Pflichtverletzungen zu verurteilen, so ist das Verfahren wegen der Pflichtverletzung, die von § 14 BDO erfaßt wird, nicht einzustellen; hier ist vielmehr in den Entscheidungsgründen anzuführen, warum im Hinblick auf § 14 BDO eine Verhängung einer Disziplinarmaßnahme nicht angebracht wäre. Im Disziplinarverfahren kann immer nur eine einheitliche Entscheidung gefällt werden.

IX. KEINE RECHTSKRAFTWIRKUNG DER EINSTELLUNG

Der Einstellung des Disziplinarverfahrens, die sich auf § 14 BDO stützt, kommt **weder formelle noch materielle Rechtskraftwirkung** zu. Hält der höhere Dienstvorgesetzte nach der Einstellung des Disziplinarverfahrens durch den Dienstvorgesetzten die Verhängung einer Disziplinarmaßnahme für geboten, so kann er trotz der ursprünglich verfügten Einstellung dieselbe aufheben und wegen desselben Sachverhalts eine Disziplinarmaßnahme verhängen oder die Einleitungsbehörde kann das förmliche Disziplinarverfahren einleiten (vgl. § 27 Abs. 2 BDO). Der höhere Dienstvorgesetzte und die Einleitungsbehörde sind an keine Frist gebunden, wie dies im Falle der Aufhebung einer Disziplinarverfügung bei § 32 BDO der Fall ist. Der höhere Dienstvorgesetzte, die oberste Dienstbehörde oder die Einleitungsbehörde können sich auch auf den Standpunkt stellen, daß eine schwerere Disziplinarmaßnahme als eine Gehaltskürzung oder Kürzung des Ruhegehalts angebracht wäre, so daß überhaupt nicht zu prüfen wäre, ob die Alternativen des § 14 Halbsatz 2 BDO gegeben sind, so daß die Einleitung eines förmlichen Disziplinarverfahrens schon im Hinblick auf die Schwere des Dienstvergehens angebracht ist. Aus welchen Gründen die Einstellungsverfügung aufgehoben wird, ist gleichgültig. Lediglich der durch das Disziplinargericht angeordneten Einstellung kommt formelle Rechtskraftwirkung zu.

Auch **in materiellrechtlicher Hinsicht** kommt der Einstellung des Verfahrens, die auf § 14 BDO beruht, keinerlei Wirkung zu. Wegen der dienstlichen Verfehlungen, deretwegen das Disziplinarverfahren auf Grund des § 14 BDO eingestellt worden ist, kann **jederzeit ein neues Disziplinarverfahren eingeleitet** werden. Ebenso können die dienstlichen Verfehlungen in ein Disziplinarverfahren einbezogen werden, das wegen anderer Dienstpflichtverletzungen eingeleitet worden ist. Insbesondere wird sich die Weiterverfolgung dann als notwendig erweisen, wenn das Disziplinarverfahren deshalb nach § 14 BDO eingestellt worden ist, weil eine der in § 14 Halbsatz 2 BDO bezeichneten Disziplinarmaßnahmen nicht zusätzlich erforderlich erschien, um den Beamten zur Erfüllung seiner Pflichten anzuhalten und wenn sich erst nach der Einstellung des Verfahrens herausstellen sollte, daß er bereits mehrfach gegen dieselben Bamtenpflichten verstoßen haben sollte, so daß er einen labilen Charakter offenbarte, oder wenn er nach Einstellung des Disziplinarverfahrens erneut gegen die gleichen Pflichten verstoßen haben sollte, womit er unter Beweis gestellt hat, daß die durch ein Gericht oder eine Behörde zuerkannte Strafe oder Ordnungsmaßnahme nicht ausgereicht hatte, um ihn zur Erfüllung seiner Pflichten anzuhalten.

Bei der Frage, ob trotz der sich aus § 14 BDO ergebenden Einstellung des Disziplinarverfahrens der Beamte oder der Ruhestandsbeamte wegen der gleichen Verfehlungen erneut disziplinarisch verfolgt werden soll, ist **§ 4 BDO zu beachten,** weil die Dienstvergehen, bei denen höchstens eine Geldbuße gerechtfertigt wäre in zwei Jahren und die Dienstvergehen oder als Dienstvergehen geltenden Handlungen, bei denen eine Gehaltskürzung oder Ruhegehaltskürzung angebracht wäre, in drei Jahren verjähren.

X. TILGUNG DER DISZIPLINARVORGÄNGE

Laut ausdrücklicher Vorschrift des § 119 Abs. 5 sind die **Eintragungen in den Personalakten,** die sich auf ein nach § 14 BDO eingestelltes Disziplinarverfahren beziehen (§ 119 Abs. 5 BDO) **zu tilgen.** Die Tilgungsfrist beträgt einheitlich 3 Jahre, selbst wenn in den Gründen der Einstellungsverfügung ausgeführt worden ist, daß an sich eine Gehaltskürzung angebracht wäre. Im übrigen gilt § 119 Abs. 1 bis 4 BDO (§ 119 Abs. 5 BDO). Hiernach kommt die Tilgung nur bei aktiven Beamten, nicht jedoch bei Ruhestandsbeamten in Frage.

XI. DISZIPLINARRECHTLICHE FOLGEN BEI EINER NACHTRÄGLICHEN AHNDUNG DER TAT MIT EINER STRAFE ODER EINER ORDNUNGSMASSNAHME

§ 14 BDO geht von dem Regelfalle aus, daß gegen den Beamten ein Strafverfahren oder ein Bußgeldverfahren erst rechtskräftig oder endgültig abgeschlossen ist, bevor sich das Disziplinarorgan darüber schlüssig wird, ob eine zusätzliche Disziplinarmaßnahme verhängt werden soll. Hat jedoch der Dienstvorgesetzte, die oberste Dienstbehörde oder das Disziplinargericht eine Disziplinarmaßnahme ausgesprochen und wird der Beamte wegen des gleichen Geschehensherganges erst nachher zu einer Strafe oder einer Disziplinarmaßnahme verurteilt, sieht § 123 BDO vor, daß nunmehr in einem erneuten Verfahren darüber zu befinden ist, ob die Disziplinarmaßnahme noch im Hinblick auf § 14 BDO aufrechtzuerhalten ist. Nach § 123 Abs. 1 BDO ist in dem Falle, daß das Verhalten des Beamten oder Ruhestandsbeamten nach Abschluß des Disziplinarverfahrens durch ein Gericht oder eine Behörde geahndet ist, auf Antrag des Beamten die **Disziplinarmaßnahme aufzuheben, wenn die Voraussetzungen des § 14 BDO vorliegen.**

Der **Antrag** ist **bei** dem **Dienstvorgesetzten,** der die Disziplinarmaßnahme erlassen hat, **oder** wenn das Disziplinargericht entschieden hat, **bei** dem **Disziplinargericht einzureichen,** gegen dessen Entscheidung er sich richtet (§ 123 Abs. 2 Satz 1 BDO). Dem Bundesdisziplinaranwalt ist vor der Entscheidung Gelegenheit zur Äußerung zu geben (§ 123 Abs. 2 Satz 2 BDO). Die Entscheidung ist dem Beamten und, wenn sie vom Gericht getroffen wird, auch dem zuständigen Dienstvorgesetzten zuzustellen sowie dem Bundesdisziplinaranwalt mitzuteilen (§ 123 Abs. 2 Satz 2 BDO).

Lehnt der **Dienstvorgesetzte** die **Aufhebung der Disziplinarmaßnahme ab,** kann der Beamte die **Entscheidung des Bundesdisziplinargerichts beantragen** (§ 123 Abs. 3 Satz 1 BDO). Der Antrag ist innerhalb eines Monats nach Zustellung des Bescheids bei dem Dienstvorgesetzten einzureichen, der ihn erlassen hat (§ 123 Abs. 3 Satz 2 BDO). Die Frist wird auch gewahrt, wenn der Antrag vor ihrem Ablauf bei dem Bundesdisziplinargericht eingeht (§ 123 Abs. 3 Satz 3 BDO). Der Dienstvorgesetzte legt den Antrag mit seiner Stellungnahme dem Gericht vor (§ 123 Abs. 3 Satz 4 BDO). Das **Gericht** kann mündliche Verhandlung anordnen (§ 123 Abs. 3 Satz 5 BDO). Es **entscheidet endgültig durch Beschluß** (§ 123 Abs. 3 Satz 6 BDO). § 123 Abs. 2 Satz 2 und 3 BDO gilt entsprechend (§ 123 Abs. 3 Satz 7 BDO).

Wird die Aufhebung einer **Disziplinarmaßnahme** beantragt, die **vom Disziplinargericht bestätigt oder verhängt** worden ist, **gilt § 123 Abs. 3 Satz 5 und 6 BDO entsprechend** (§ 123 Abs. 4 BDO).

War der Beamte mit einer Disziplinarmaßnahme bedacht worden und liegen die Voraussetzungen des § 14 BDO vor, so wird die **Disziplinarverfügung oder das Disziplinarurteil aufgehoben und das Disziplinarverfahren eingestellt.**

Nr. 111 **S. 287—291**

§ 29 streichen; an seine Stelle einfügen:

§ 29 Verzicht und Verwirkung

I. VERZICHT

Von dem unabdingbaren Disziplinaranspruch des Staates ist das Recht des die Disziplinargewalt ausübenden Beamten, den **Anspruch des Dienstherrn auf Verwirklichung der Disziplinargewalt nicht auszuüben** zu unterscheiden; wird dieses Recht auf Disziplinarverfolgung nicht geltend gemacht, so ist **damit noch nicht der Strafanspruch des Dienstherrn beseitigt,** sondern er wird nur so lange zurückgestellt, wie er von dem zuständigen Dienstvorgesetzten nicht geltend gemacht wird. Wird der Disziplinaranspruch überhaupt nicht erhoben, solange der Beamte, der ein Dienstvergehen begangen hat, der Disziplinargewalt untersteht, so kann allerdings ein endgültiger Zustand eintreten, so daß dieser Beamter der Disziplinarverfolgung entzogen ist. Im Hinblick auf das im Disziplinarrecht geltende Opportunitätsprinzip wird zuweilen der Verzicht auf Ausübung der Disziplinargewalt bejaht[1]. Dann kann es sich aber nicht um einen endgültigen, der Niederschlagung — Abolition — gleichzusetzenden Verzicht handeln; es bleibt nämlich ungeachtet der Einstellung des Disziplinarverfahrens durch den unmittelbaren Dienstvorgesetzten dem höheren Dienstvorgesetzten nach § 32 Abs. 2 BDO unbenommen, wegen desselben Sachverhalts trotzdem eine Disziplinarmaßnahme zu verhängen oder die Einleitung des förmlichen Disziplinarverfahrens zu veranlassen. Hieraus ergibt sich, daß ein Verzicht auf disziplinare Verfolgung seitens der höheren Instanz nicht gegeben ist; bei der Einstellung des Verfahrens trotz Vorliegens eines Dienstvergehens durch den Dienstvorgesetzten nach § 27 Abs. 1 BDO und die Einleitungsbehörde nach § 64 Abs. 2 Satz 1 BDO handelt es sich um einen auf dem Opportunitätsprinzip beruhenden Verzicht persönlicher Art[2]. Außerdem kann sich der Verzicht nur auf die Verhängung einer Disziplinarmaßnahme, nicht jedoch auf die Verfolgung nach § 26 BDO beziehen. Überdies darf der Dienstvorgesetzte sich bei der Abstandnahme von einer Disziplinarmaßnahme nur vom pflichtgemäßen Ermessen leiten lassen. Das Rechtsinstitut des Verzichts wird überdies in schwereren Fällen durch das Recht des Bundesdisziplinaranwalts eingeschränkt, nach § 39 BDO die Einleitung des förmlichen Disziplinarverfahrens zu verlangen, wenn im Verfahren voraussichtlich auf Versetzung in ein Amt derselben Laufbahn mit geringerem Endgrundgehalt, auf Entfernung aus dem Dienst oder Aberkennung des Ruhegehalts erkannt werden wird.

Auch bei der **obersten Dienstbehörde** ist die **Ausübung der Disziplinargewalt** nur **höchstpersönlicher Art;** eine andere Schlußfolgerung würde dem freien Ermessensrecht des Dienstvorgesetzten widersprechen. Das freie Ermessen des auf die Ausübung der Disziplinargewalt verzichtenden Dienstvorgesetzten kann nach den das Disziplinarrecht beherrschenden Rechtsgrundsätzen nicht das freie Ermessensrecht eines anderen, etwa an seine Stelle tretenden Dienstvorgesetzten beschränken oder beseitigen. Andernfalls könnte dem Mißbrauch des Opportunitätsprinzips in der Richtung Vorschub geleistet werden, daß unsachliche, die Dienstzucht zerstörende Gesichtspunkte

[1] RuPrVBl. Bd. 53 S. 753; PrOVG 3. 5. 34 — IX D 26/33 — PrOVG Bd. 93 S. 242 = Perwo S. 324.

[2] PrDStH 24. 6. 32 in RVBl. Bd. 53 S. 876.

bei der Ausübung des Disziplinaranspruchs den Ausschlag geben könnten. Aus diesem Grunde ist der Leiter der obersten Dienstbehörde bei der Entscheidung der Frage, ob wegen eines Dienstvergehens einzuschreiten ist, nicht an die Auffassung seines Amtsvorgängers gebunden. Hieraus folgt auch, daß nach § 32 Abs. 2 BDO die oberste Dienstbehörde auch ihre eigene Entscheidung jederzeit aufheben kann.

Wenn auch ein unbeschränkter Verzicht auf Ausübung der Disziplinargewalt im Disziplinarrecht nicht anzuerkennen ist, so ist es jedoch **unstatthaft,** einen **Beamten, der sich längere Zeit einwandfrei geführt hat,** wegen solcher Verfehlungen **disziplinarisch zu verfolgen,** die dem Dienstvorgesetzten bereits seit Jahren bekannt waren. Ausschlaggebend bleibt immer, ob eine spätere Verfolgung solcher dienstlicher Verfehlungen aus Gründen der Dienstzucht notwendig ist. Auf keinen Fall darf ein längere Zeit zurückliegendes Dienstvergehen als Druckmittel gegen einen nachgeordneten Beamten verwendet werden. Ein Dienstvorgesetzter, der die Mitarbeit von solchen Beamten bevorzugt, die er auf Grund begangener dienstlicher Verfehlungen immer „in seiner Hand behalten" will, damit sie seinen oft umstrittenen Anordnungen blindlings folgen müssen, und die es im Hinblick auf ihre eigenen Verfehlungen nicht wagen können, eine sachliche Kritik an den Maßnahmen ihres Dienstvorgesetzten zu üben, handelt nicht in Ausübung der Disziplinargewalt, wenn er einen solchen Mitarbeiter, der nicht mehr geneigt ist, sich seinen oft recht angreifbaren Maßnahmen zu unterwerfen, daraufhin disziplinarisch wegen solcher Verfehlungen verfolgt, die ihm bereits längere Zeit bekannt waren. Waren bereits Vorermittlungen angestellt und hatte der Dienstvorgesetzten trotz Bejahung des Schuldvorwurfs das Disziplinarverfahren eingestellt, so sollte der höhere Vorgesetzte oder die oberste Dienstbehörde nach einem gewissen Zeitablauf von den Befugnissen nach § 33 Abs. 2 BDO keinen Gebrauch mehr machen. Zu begrüßen ist hier § 25 Abs. 1 LDO Berlin, wonach die oberste Dienstbehörde wegen desselben Sachverhalts nur innerhalb von drei Monaten seit der Einstellung des Verfahrens dasselbe nochmals aufnehmen kann. Nach § 23 Abs. 2 DO Hessen, § 27 Abs. 2 Satz 1 DO Niedersachsen und § 27 Abs. 2 DStO Schleswig-Holstein kann ungeachtet der Einstellung der höhere Dienstvorgesetzte wegen desselben Sachverhalts nur innerhalb von drei Monaten nach der Zustellung bzw. Mitteilung der Einstellungsverfügung eine Disziplinarmaßnahme verhängen oder die Einleitungsbehörde das förmliche Disziplinarverfahren einleiten. Dieser Grundsatz sollte nicht nur für solche Pflichtverletzungen gelten, die im Wege der Vorermittlungen aufgeklärt waren, sondern auch für solche Dienstvergehen, die der Dienstvorgesetzte trotz Kenntnis derselben noch nicht einmal aufgeklärt hat. Entscheidend kann es nicht auf die Erhebung von Vorermittlungen, sondern allein auf die Kenntnis der Pflichtwidrigkeit durch den Dienstvorgesetzten ankommen, wie dies auch § 3 Abs. 2 LDO Baden-Württemberg und Art. 3 DStO Bayern erkannt haben.

II. VERWIRKUNG

Von einer Verwirkung ist im allgemeinen dann die Rede, wenn eine **verspätete Geltendmachung von Rechten einen Verstoß gegen Treu und Glauben** darstellen würde. Dieser Grundsatz gilt auch im öffentlichen

Recht, wobei die Frage der Verwirkung wegen Zeitablaufs zu bejahen ist[3]. Die Verwirkung setzt im allgemeinen ein doloses Verhalten voraus, wovon bei der Nichtausübung der Disziplinargewalt während einer längeren Zeitdauer keine Rede sein kann. Der Fürsorgepflicht des Dienstherrn steht die Treuepflicht des Beamten gegenüber, wobei die Grundsätze von Treu und Glauben ohne Belang sind. Wie auf der einen Seite beamtenrechtliche Ansprüche nur in besonders gelagerten Ausnahmefällen verwirken können[4], ist auf der anderen Seiten eine **Verwirkung der Disziplinargewalt** bei einer Verletzung der dem Beamten obliegenden Pflichten **begrifflich** überhaupt **nicht möglich.**

Der **Anspruch auf Ausübung der Disziplinargewalt** ist an sich **unabdingbar** und kann nur durch gesetzliche Bestimmungen oder durch auf Gesetz beruhende Ereignisse oder Institutionen, wie z. B. durch die Verjährung oder durch die Ausübung des Gnadenrechts durch Niederschlagung des Verfahrens, ermöglicht werden. Andere Möglichkeiten für die Verwirkung des Disziplinaranspruch des Dienstherrn sind nicht gegeben; insbesondere ist also angesichts des Mangels einer dahingehenden gesetzlichen Bestimmung dem die Disziplinargewalt ausübenden Beamten nicht die Möglichkeit eingeräumt, von sich aus auf den Disziplinaranspruch des Staates mit der Rechtsfolge der Verwirkung zu verzichten.

Ob und wann der Dienstvorgesetzte disziplinarisch **einschreiten** will, **hängt von** seinem **pflichtgemäßen Ermessen ab.** Dieses Ermessen bestimmt sich nach den Erfordernissen der Dienstzucht, die sich nicht mit den Maßstäben von Treu und Glauben messen lassen. So kann der Dienstvorgesetzte gegen den Beamten auch dann noch disziplinarisch einschreiten, wenn er zuvor in Kenntnis des Dienstvergehens zum Lebenszeitbeamten ernannt[5] oder gar noch befördert[6] hat. Hatte der Dienstvorgesetzte von der Verfolgung einer Verfehlung vorerst abgesehen, so steht dies der späteren Ausübung der Disziplinargewalt selbst dann nicht entgegen, wenn das Disziplinargericht mit Rücksicht auf die Länge der Zeit und das bisher gezeigte Verhalten des Dienstvorgesetzten nach eigenem pflichtgemäßen Ermessen von der Verhängung einer Disziplinarmaßnahme absehen würde[7].

Das **Disziplinargericht** ist bei der Frage der Zumessung der Disziplinarmaßnahme **nicht an die Auffassung der Einleitungsbehörde gebunden,** sofern diese erst nach längerem Zeitablauf nach Kenntnis von dem Dienstvergehen gegen den Beamten einschreitet[8]. Es ist nicht gehindert für den Fall, daß das Dienstvergehen sich als so schwerwiegend herausstellt, daß der Beamte nicht mehr länger im Dienst belassen werden kann, auf Dienstentfernung oder Aberkennung des Ruhegehalts auch dann zu erkennen, wenn die Dienstbehörde das förmliche Disziplinarverfahren fehlerhafterweise in-

---

[3] Vgl. Entscheidungen des Bundesamts für Heimatwesen 80 S. 26, 88 S. 188; siehe auch BayerVGH Bd. 49 S. 149 und Bd. 52 S. 83; OVG Münster 15. 10. 52 in OVGE Bd. 6 S. 112; OVG Münster in DVBl. 1957 S. 797; OVG Berlin 16. 4. 53 in Entscheidungen des OVG Berlin Bd. 2 S. 89.

[4] Vgl. Plog-Wiedow, Anm. 21 zu § 2 BBG und die dort genannte Rechtsprechung.

[5] Dokumentarische Berichte — Bundesdisziplinarhof — Nr. 926.

[6] Behnke, Anm. 10 zu § 3 BDO.

[7] BDH 18. 11. 60 — II D 27/60 — BDHE Bd. 5 S. 14.

[8] BDH 12. 2. 60 — I D 57/58 — in ZBR 1960 S. 361; vgl. jedoch DStH Lüneburg 9. 2. 59 — DSA 13/58 — in NDBZ 1959 S. 90.

folge rechtsirriger Beurteilung der Tat nicht alsbald eingeleitet und die vorläufige Dienstenthebung des Beamten nicht verhängt, sondern den Ausgang eines länger dauernden Strafverfahrens abgewertet hat, obwohl ihr der Sachverhalt seit längerer Zeit im vollen Umfange bekannt war. Bei der Beurteilung eines Dienstvergehens kommt es allein auf die Auffassung des Disziplinargerichts an.

Neuerdings ließ der Bundesdisziplinarhof in seiner Entscheidung vom 27. 4. 67[9] die **Länge der Zeit** zumindest **bei der Zumessung der Disziplinarmaßnahme nicht unberücksichtigt.** Hier hatte die Disziplinarbehörde erst dreizehn Jahre nach der strafgerichtlichen Verurteilung im Januar 1965 das Disziplinarverfahren gegen den Beamten eingeleitet, wobei Beihilfe zum Betrug und fortgesetzte passive Bestechung den Anlaß zum disziplinarischen Einschreiten bildeten. Hierzu führte der Bundesdisziplinarhof folgendes aus:

„... Schließlich konnte bei der Strafbemessung die ungewöhnliche Länge der seit der Tat verstrichenen Zeit nicht unberücksichtigt bleiben ... Der Beschuldigte wurde von der Absicht, gegen ihn ein Disziplinarverfahren einzuleiten, erst mit Schreiben des Bundesverwaltungsamts vom April 1963 unterrichtet. In Anbetracht der ungewöhnlich langen Dauer der Ermittlungen zum Status konnte der Beschuldigte zur Auffassung gelangen, daß gegen ihn in disziplinarrechtlicher Hinsicht nichts veranlaßt würde ... Wäre das Disziplinarverfahren innerhalb einer angemessenen Zeit eingeleitet und durchgeführt worden, dann hätte der Beschuldigte wesentlich früher durch Aufnahme einer entsprechenden Tätigkeit für eine altersbedingte Arbeitsunfähigkeit Vorsorge treffen können, als ihm dies als nunmehr 64 Jahre alten Mann im Falle der Aberkennung des Ruhegehalts möglich wäre. Diesen Zeitablauf als Milderungsgrund zu werten, hat sich der Senat durch das Urteil vom 25. 6. 1953 (BDH 1, 50) nicht gehindert gesehen, da sich diese Entscheidung lediglich mit der Frage des Zeitablaufs auf die disziplinarrechtliche Würdigung eines Sachverhalts, nicht aber mit den Auswirkungen dieses Umstandes auf das Strafmaß befaßt. Erschien es nach alledem vertretbar, von der Höchststrafe abzusehen, dann mußte es bei der Einstellung des Verfahrens verbleiben, da das Dienstvergehen vor Inkrafttreten des Bundesbeamtengesetzes begangen ist und das Verfahren sich gegen einen Ruhestandsbeamten richtet (§ 9 G 131 i. d. F. des Gesetzes vom 11. 5. 1951).“

Der Bundesdisziplinarhof stellte es hier nicht etwa auf einen Verstoß gegen den Grundsatz von Treu und Glauben, sondern auf die beiderseitigen Interessen der Dienstbehörde und des Beamten ab. Der Bundesdisziplinarhof ging in der o. a. Entscheidung doch über den früher von ihm eingenommenen generellen Standpunkt hinaus, daß die sühnende Kraft des Zeitablaufs nur bedingt im Disziplinarrecht gilt. Im Hinblick auf § 4 BDO kommt ihr besondere Bedeutung zu, weil das Verfahren einzustellen ist, wenn der Zeitablauf sich hinsichtlich der Schwere der Disziplinarmaßnahme mildernd auswirkt und das Disziplinargericht nur eine solche Disziplinarmaßnahme als angebracht hält, bei der nach der in § 4 Abs. 1 und Abs. 2 BDO genannten Fristen zwangsläufig eine Verfolgungsverjährung eintritt.

Nr. 112 S. 297

Nach Zeile 9 „IV Personenkreis“ folgenden Absatz einfügen:

Die Anordnung des Bundespräsidenten über die Ausübung des Begnadigungsrechts vom 5. 10. 65 zählt die Personengruppen, bei denen der Bundespräsident in beamten- und disziplinarrechtlicher Hinsicht als Gnadeninstanz

---

[9] BDH 27. 4. 67 — III D 40/60 — in Dokumentarische Berichte — Bundesdisziplinarhof — D. 3033.

in Frage kommt, nicht mehr auf. Gegenüber der Anordnung vom 10. 12. 52, die in Art. I den in Frage kommenden Personenkreis nicht vollständig aufführte, ist hier jedoch keine Änderung eingetreten.

Nr. 113 **S. 298**

Auf Zeilen 3 und 4 den ersten Halbsatz durch folgenden Halbsatz ersetzen:

Hinterbliebene der zu a—f genannten Personen waren in der Gnadenanordnung vom 10. 12. 52 nicht genannt;

Nr. 114 **S. 300**

Nach Zeile 20 folgenden Absatz einfügen:

Mit der Frage, ob der Gnadenakt ein Rechtsakt ist und eine **gerichtliche Kontrolle** der Gnadenentscheidung stattfindet[8a], hat sich der Bayerische Verfassungsgerichtshof in seinen Beschlüssen vom 6. 12. 65[8b] und 16. 1. 68[8c] befaßt. Nach seiner Ansicht ist der Nachweis, daß der nach Art. 47 Abs. 2 Satz 1 des Gesetzes über den Verfassungsgerichtshof i. d. F. vom 26. 10. 62 (GVBl. S. 337) geforderte Nachweis, daß der Rechtsweg erschöpft sei, auch dann erbracht, wenn die Beschreitung dieses Rechtsweges unzumutbar ist, was auch dann der Fall ist, wenn die Zulässigkeit des Rechtsweges zweifelhaft erscheint oder von der herrschenden Meinung in Rechtsprechung und Rechtslehre verneint wird. Eine Entscheidung, ob der Gnadenakt der verwaltungsgerichtlichen Kontrolle unterliegt, hat der Bayerische Verfassungsgerichtshof nicht gefällt[8d]. Mit der Frage nach der Rechtsnatur des Gnadenaktes befaßt sich neuerdings auch Mörtel[8e]. Für ihn ist der Gnadenakt kein der Verwaltungsgerichtsbarkeit unterliegender Hoheitsakt, weil nach dem Verfassungsrecht der Begnadigung die gerichtliche Unüberprüfbarkeit von Gnadenentscheidungen eigen ist, wenn man von einer verfassungsgerichtlichen Kontrolle absieht. Der Wille des Verfassungsgebers geht nach Mörtel dahin, daß dem Staatsoberhaupt hier ein Beurteilungsmonopol eingeräumt ist. Nach seiner Ansicht muß sich der Gnadenakt allerdings in bestimmten rechtlichen Grenzen halten, wobei der Gleichheitsgrundsatz und der Grundsatz der Verhältnismäßigkeit zu beachten sind. Nach Menger-Erichsen[8f] ist die Auffassung von Mörtel nicht überzeugend, weil zwischen der verfassungs- und verwaltungsgerichtlichen Kontrolle keine qualitativen Unterschiede bestehen, da sie auf eine Rechtskontrolle hinauslaufen und auch die verfassungsgerichtliche Kontrolle das Beurteilungsmonopol des Landesherrn durchbricht. Menger-Erichsen lassen die Möglichkeit zu, daß der Verfassungsgeber für den Träger der Gnadenentscheidung ein Beurteilungsmonopol festlegt, obgleich man das Gerechtigkeitsprinzip als Rechtsgrundsatz ansehen muß, der den Normen der geschriebenen Verfassung vorgehen muß.

Nr. 115 **S. 300**

Folgende Fußnoten einfügen:

[8a] Die gerichtliche Kontrolle von Gnadenentscheidungen wird abgelehnt von Redecker-v. Oertzen Rdnr. 40 zu § 42 VwGO, Klinger Anm. E I 2 c zu § 42 VwGO, Ule,

Verwaltungsprozeßrecht. Die verfassungsgerichtliche Überprüfbarkeit wird bejaht von Schwarz-Kleinknecht, 27. Aufl. Anm. 2 zu § 452 StPO. Für eine gerichtliche Überprüfbarkeit bei der Regelung von Gnadenentscheidungen treten ein: Schunck-de Clerck, 2. Aufl. Anm. 2a. ff.) zu § 42 VwGO, Eyermann-Fröhler Rdnr. 37 zu § 42 VwGO, Maunz-Sigloch-Schmidt-Bleibtreu-Klein Rdnr. 169 zu § 90 BVerGG und Hans J. Wolff, VwR I 7. Aufl. § 46 Abschn. III d. Für die verwaltungsgerichtliche Überprüfung von Gnadenentscheidungen tritt Monz in NJW 1966 S. 18f. ein.

[8b] VerfGH Bd. 18 S. 140f., vgl. auch BayerVerfGHE Bd. 19 S. 23f.

[8c] BayerVerfGH 16. 1. 68 — Vf 94 — VI — 67 — in BayerVerwBl. 1968 S. 132 = NJW 1968 S. 587 = JuS 1968 S. 240.

[8d] Siehe hierzu Menger-Erichsen in VerwArch. Bd. 57 S. 384.

[8e] BayerVerwBl. 1968 S. 124.

[8f] VerwArch 1968 S. 284ff.

Nr. 116 — S. 305

Dem Zeile 6 endenden Satz folgenden Absatz anfügen:

Wird in dem Gnadenerweis zum Ausdruck gebracht, daß die beamtenrechtlichen **Folgen** aus einem Disziplinarurteil **von einem bestimmten Zeitpunkt ab,** z. B. mit Wirkung vom 1. 12. 64, **aufgehoben** werden, so **enthält** der **Gnadenerweis lediglich eine zeitliche, nicht aber eine sachliche Einschränkung der aufgehobenen beamtenrechtlichen Folgen des Disziplinarurteils.** Dies kann nur bedeuten, daß alle beamtenrechtlichen Folgen des Disziplinarurteils von dem im Gnadenerweis genannten Zeitpunkt ab auf dem Gnadenwege aufgehoben werden sollen. Eine abweichende Auslegung rechtfertigt sich nicht etwa aus einer Beschränkung des Umfangs des Begnadigungsrechts. Der Gnadenerweis geht somit dahin, daß der Beamte von dem daselbst genannten Zeitpunkt ab wieder so gestellt sein soll, wie er bei Ergehen des Disziplinarurteils gestanden hatte; er ist somit von da ab wieder voll in seine alten Rechte einzusetzen, so daß die mit dem früheren Amt verbundenen alten Rechte wieder von dem im Gnadenerweis genannten Zeitpunkt neu aufleben, also z. B. auch das Allgemeine Dienstalter, wie es beim Ergehen des Disziplinarurteils bestanden hatte, das jedoch nicht für die Zeit anwächst, in der das Disziplinarurteil rechtskräftig und der Gnadenerweis wirksam wurde, sofern sich der Gnadenerweis keine rückwirkende Kraft beilegt[13a].

Nr. 117 — S. 305

Folgende Fußnote einfügen:

[13a] VGH Bad-Württemb. 13. 2. 68 — IV 606/66 — (rechtskräftig) ZBR 1968 S. 162.

Nr. 118 — S. 312

Dem Zeile 70 endenden Satz folgende Sätze anfügen:

Wer einen Gnadengesuch stellt, hat **keinen Anspruch** darauf, **daß** ein **abweisender Bescheid mit einer Begründung versehen wird** und daß in ihr besonders auch die zu dem Gesuch abgegebenen Äußerungen der obersten Dienstbehörde oder der ihr nachgeordneten Behörde angeführt und gewürdigt werden. Das ergibt sich aus dem Wesen der Gnade als einem Akt des Wohlwollens und der Barmherzigkeit, auf den der Antragsteller kein subjektiv-öffentliches Recht oder gar einen verfassungsmäßigen Anspruch hat[17a].

Nr. 119 **S. 312**

Als Fußnote einfügen:

17a BayVGH 23.2.66 — Vf. 59—VII—65 — in DV Bl.1966 S.757 = JR 1967 S.76.

Nr. 120 **S. 321—333**

§ 10 Tilgung von Disziplinarmaßnahmen Abschnitt I—III wird durch folgenden Text ersetzt:

§ 32 Tilgung von Eintragungen disziplinaren Inhalts in den Personalakten

I. ALLGEMEINES

Das Disziplinarrecht würde seinen Zweck verfehlen, wenn einem Beamten während seiner gesamten dienstlichen Laufbahn angelastet werden sollte, daß er wegen eines Verstoßes gegen die Dienstzucht — und sei er auch noch so gering — mit einer Disziplinarmaßnahme bedacht worden ist. Eine etwaige Benachteiligung in seinem weiteren dienstlichen Fortkommen müßte unweigerlich zu einem Nachlassen in seiner Schaffenskraft führen. Deshalb bestimmt § 8 BDO, daß Verweis und Geldbuße bei Bewährung einer Beförderung des Beamten nicht entgegenstehen. Nach § 9 Abs. 3 BDO darf der Beamte nur während der Dauer der Gehaltskürzung nicht befördert werden. Die §§ 8 und 9 BDO leisten jedoch keine hinreichenden Garantien, daß der **Beamte wegen einer geringfügigen disziplinarischen Ahndung auf Grund eines unbedeutenden Fehlverhaltens nicht benachteiligt** werden darf, wenn aus den Personalakten auf alle Zeit ersichtlich ist, daß er einmal disziplinarisch verfolgt worden war. Aus diesem Grunde bestimmt § 119 BDO, daß Eintragungen in den Personalakten über Verweis, Geldbuße, Gehaltskürzung und dienstliche Mißbilligungen nach einer bestimmten Frist zu tilgen sind. Noch mehr muß dies dann gelten, wenn der Beamte im förmlichen Disziplinarverfahren freigesprochen oder das Verfahren insbesondere wegen Unschuld oder wegen Geringfügigkeit des Dienstvergehens eingestellt werden mußte.

II. GESCHICHTLICHE ENTWICKLUNG

1. Länder

Erstmals sahen die **Grundsätze des Preußischen Staatsministeriums vom 18. 8. 17** (MBl. 21 S. 253) die Löschung von Disziplinarmaßnahmen vor, wenn die Disziplinarmaßnahme im Gnadenwege erlassen war oder der Beamte sich bei Ordnungsmaßnahmen während einer Bewährungsfrist von 5 Jahren und bei sonstigen Strafen einer solchen von 10 Jahren bewährt hatte; die Vermerke waren in den Personalakten mit einem Löschungsvermerk zu versehen und bei Beurteilungen des Beamten nicht mehr zu berücksichtigen.

Entsprechend der preußischen Regelung waren **bei Reichsbeamten** nach den **Erlassen vom 23. 1. und 2. 10. 32** Eintragungen über Disziplinarstrafen unter Anbringung eines Löschungsvermerks zu tilgen.

Nach **§ 121 Abs. 3 RDStO** vom 26. 1. 37 traten alle bisherigen Vorschriften außer Kraft, die das Disziplinarrecht gegenüber Beamten betrafen, auf die die RDStO Anwendung fand. Diese enthielt keine Bestimmungen, die eine Löschung von Disziplinarstrafen vorsahen. Hinsichtlich deren Tilgung beließ man es zunächst bei den o. a. Erlassen. Mit **Runderlaß des Reichsminister des Innern** II S B 2456/38 — 6611 — **vom 11. 6. 38** (RMBliV S. 993) wurden sämtliche Anordnungen, die sich mit der Tilgung von Disziplinarmaßnahmen befaßten, außer Kraft gesetzt.

Nach dem staatlichen Zusammenbruch von 1945 ordnete erstmals das Land **Nordrhein-Westfalen** mit dem Runderlaß vom 17. 6. 49 i. d. F. vom 12. 3. 53 i. V. m. Runderlaß vom 6. 2. 58 — IV B 2/20/50—55/57 — an, daß die Disziplinarstrafen in den Personalakten im Falle einer Begnadigung oder nach Ablauf einer daselbst genannten Frist zu löschen waren.

Der Runderlaß des Innenministers des Landes **Niedersachsen** vom 7. 10. 50 (Nds. PolNBl. 1951 S. 49) behandelte die Löschung von Disziplinarstrafen der Polizeibeamten. Dem gleichen Zweck diente der Runderlaß des Ministers des Innern des Landes **Rheinland-Pfalz** vom 22. 11. 51 — Az. 400—61/2 —; eine spätere Regelung brachte in diesem Lande eine Verschlechterung für die Beamten. Mit der Eintragung und Löschung von Strafen für Polizeibeamte befaßte sich schließlich auf Länderbene der Runderlaß des Ministers des Innern des Landes **Schleswig-Holstein** vom 5. 8. 52 (Abl. S. 317).

Der Runderlaß des **Saarländischen Ministers des Innern** vom 1. 6. 49 betr. Bearbeitung von Disziplinarvorgängen sah gleichfalls eine Löschung von Disziplinarstrafen vor. Wohl keine vollständige Löschung, jedoch eine Milderung des Runderlasses des Reichsministers des Innern vom 11. 6. 38 sahen vor die Bekanntmachung des **Bayerischen Staatsministers der Finanzen** vom 29. 12. 55 — P 1960 2 A-III 705 — betr. Behandlung von Dienststrafen von geringerer Bedeutung, der Erlaß des **Bremer Innensenators** vom 29. 4. 54 — Az. II (1) § 80/84 — betr. Behandlung von Dienststrafvorgängen und der Runderlaß des **Hessischen Minister des Innern** vom 20. 12. 55 — III f 8102-TgbNr. 112/55 — betr. Berücksichtigung von Dienststrafen im Bereich der staatlichen und kommunalen Polizei. Die **Hessische Disziplinarordnung** vom 31. 3. 62 (GVBl. S. 145) übernahm in § 110 im wesentlichen die Bundesregelung i. d. F. des Gesetzes vom 21. 8. 61 für sämtliche unter das Hessische Disziplinarrecht fallenden Personen. Die DVO vom 18. 7. 63 (GVBl. S. 109) diente der geltenden Bundesregelung in der Fassung des 119 BDO und den Allgemeinen Verwaltungsvorschriften hierzu als Vorbild, indem hiernach u. a. auch dienstliche Mißbilligungen und Disziplinarakten zu tilgen waren, bei denen das Verfahren mit der Einstellung oder einem Freispruch geendet hatte.

§ 104a der **Hamburgischen Disziplinarordnung** vom 18. 10. 57 (GVBl. S. 249) befaßte sich allgemein mit der Löschung von Disziplinarstrafen, wobei im Gegensatz zu § 103a BDO i. d. F. des Gesetzes vom 21. 8. 61 nähere Bestimmungen über die Unterbrechung und den Aufschub der Bewährungsfrist getroffen worden waren. § 107 der **Landesdisziplinarordnung von Berlin** vom 22. 1 63. (GVBl. S. 109) entspricht weitgehend dem § 103a BDO i. d. F. des Gesetzes vom 21. 8. 61; mit einer näheren Ausgestaltung der Tilgung von Eintragungen in den Personalakten befaßt sich § 30 der DVO zur Landesdisziplinarordnung vom 22. 8. 64 (GVBl. S. 940). Die **Landesdisziplinarordnung von Baden-Württemberg** vom 1. 6. 62 (GVBl. S. 141) hatte in § 111 Bestimmungen getroffen, die sich mit der Nichtberücksichtigung von Disziplinarstrafen in den Personalakten befassen, wobei nur von einer Nichtberücksichtigung, jedoch von keiner Entfernung der Strafeintragungen und der Disziplinarvorgänge aus den Personalakten und schon gar nicht von einer Tilgung die Rede ist.

2. Bund

Der Bundesgesetzgeber glaubte im Hinblick auf das im allgemeinen Beamtenrecht beherrschende Prinzip der Vollständigkeit der Personalakten nicht von dem seit dem 11. 6. 38 bestehenden Rechtszustand abgehen zu können. Die **Frage der Lösung der Disziplinarstrafen** wurde wohl anläßlich der Beratung des Änderungsgesetzes zum Dienststrafrecht vom 28. 11. 52 berührt, **vom Ausschuß für Beamtenrecht** (vgl. Bundestagsdrucksache Nr. 3594) jedoch mit folgender Begründung **verneinend beantwortet:**

„Der Ausschuß prüfte darüber hinaus die Frage, inwieweit verhängte nichtförmliche Disziplinarstrafen nach gewisser Zeit getilgt werden sollen. Dagegen wurde geltend gemacht, daß man im Disziplinarrecht kein Strafregister und keine Auskunftspflicht kennt, umgekehrt aber der Personalakt ein Bild über die guten und schwachen Seiten des Beamten geben soll. Dieses Bild wird zu einem Zerrbild, wenn man alles Negative tilgt. Die Anregung wurde dann nicht mehr verfolgt."

Bei der 3. Lesung des Gesetzes zur Änderung beamtenrechtlicher und besoldungsrechtlicher Vorschriften wurde **am 29. 6. 61** auf Initiative der SPD-Bundestagsfraktion **der BDO ein § 103a beigefügt,** wonach die Disziplinarstrafen der Warnung, des Verweises und der Geldbuße aus den Personalakten zu tilgen sind, wenn der Bestrafte nach Verhängung dieser Strafen ununterbrochen drei Jahre hindurch weder strafrechtlich oder disziplinar bestraft, noch gegen ihn auf eine strafrechtliche Maßnahme anderer Art erkannt worden ist (vgl. Art. VI des Gesetzes zur Änderung beamtenrechtlicher und besoldungsrechtlicher Vorschriften vom 21. 8. 61 — BGBl. I S. 1361 —). Da § 103a BDO i. d. F. des Gesetzes vom 21. 8. 61 zu allgemein gefaßt war und keine Ausführungsbestimmungen erlassen waren, kam diese Bestimmung zunächst nicht zur Anwendung. Erst in den **Allgemeinen Verwaltungsvorschriften zu § 103a BDO vom 4. 3. 63** (GemMinBl. 1963 S. 104) wurde bestimmt, von wann ab die Tilgungsfrist beginnen sollte, welche Vorgänge aus den Personalakten zu entfernen waren, wo abgeschlossene Disziplinarvorgänge geführt werden sollten und daß Disziplinarstrafen, die der Tilgung unterlagen, nicht in den Beurteilungen angeführt werden sollten. Eine Tilgung in Form von Schwärzungen von Eintragungen in den Personalakten und den Personalbögen oder die Herausnahme von Blättern aus den Personalakten mußte jedoch entstellenden Gerüchten unter den Kollegen des Bestraften und Vorgesetzten Tür und Tor öffnen, ohne daß sie auf ihren Wahrheitsgehalt hin geprüft werden konnten. So hatten sich der § 103a BDO und die hierzu erlassenen Allgemeinen Verwaltungsvorschriften als ein sehr unglücklicher Wurf erwiesen.

Der **Innenausschuß des Bundestages** war bei den Beratungen des Entwurfs eines Gesetzes zur Änderung und Ergänzung der Bundesdisziplinarordnung (BT-Drucksache V/325) und des Antrages der Fraktion der SPD (BT-Drucksache V/313) **entschlossen, wirksame Bestimmungen zu schaffen,** daß dem Beamten bei seinem weiteren Werdegang aus einer verhältnismäßig geringfügigen und länger zurückliegenden Disziplinarmaßnahme — so lautet jetzt die Bezeichnung für die Disziplinarstrafe — im allgemeinen kein Nachteil mehr erwachsen sollte. In **§ 119 Abs. 1 BDO i. d. F. des Gesetzes zur Neuordnung des Bundesdisziplinarrechts vom 20. 7. 67** (BGBl. I S. 725) ist zunächst einmal sichergestellt, daß nach einem gewissen Zeitablauf Eintragungen in den Personalakten über Verweis, Geldbuße und Gehaltskürzung aus den Personalakten nicht nur zu entfernen, sondern auch zu vernichten sind. Weiterhin bestimmte der Gesetzgeber, daß die Maßnahmen bei weiteren Disziplinarmaßnahmen nicht mehr zu berücksichtigen sind (vgl. § 119 Abs. 1 Satz 2 BDO); hiermit stellte er sich in einen Gegensatz zur Rechtsprechung der Disziplinargerichte, die eine Verwertung tilgungsfähiger oder getilgter Vorstrafen zuließ, sofern sie zur Kenntnis des Disziplinargerichts gekommen waren (vgl. BDH 5. 12. 61 — I D 72/61 — in ZBR 1962 S. 195 = Lindgen, Teil IV Nr. 605; BDH 11. 7. 62 — II D 25/62; BDH 25. 1. 62 — I DV 9/61 — in ZBR 1963 S. 29; DokBer. Nr. 1537, 1621, 1625, 1699 und 1762). Gegenüber dem Entwurf hat der Innenausschuß auch die Disziplinarmaßnahme der Gehaltskürzung in die Tilgung einbezogen, dabei allerdings die Tilgungsfrist auf fünf Jahre angesetzt, während er es bei den übrigen Disziplinarmaßnahmen bei der bisherigen Frist von drei Jahren beließ. Nach § 119 Abs. 4 BDO gilt der Beamte von der Disziplinarmaßnahme nicht mehr betroffen, so daß ihm nicht nur ein Auskunftsverweigerungsrecht über eine getilgte oder zu tilgende Disziplinarmaßnahme zusteht, sondern ihm selbst eine erteilte Auskunft über eine solche Maßnahme in seinem dienstlichen Werdegang nicht mehr schaden kann. Durch § 119 Abs. 5 BDO sind **mißbilligende Äußerungen und alle Fälle der Einstellung des Verfahrens in die Tilgung einbezogen,** weil sie gegenüber den von der Tilgungsvorschrift erfaßten Disziplinarmaßnahmen ein Weniger darstellen und wegen ihres disziplinarrechtlichen Charakters nicht außer Betracht bleiben können. In der Allgemeinen Verwaltungsvorschrift zur Durchführung der BDO wird zu § 119 bestimmt, daß die Disziplinarvorgänge in Beiakten zu führen sind, die Tilgung von Amts wegen durchzuführen und Hinweise auf getilgte Disziplinarmaßnahmen in Beurteilungen und an anderen Stellen der Personalakten unkenntlich zu machen sind. § 119 BDO in Verbindung mit der hierzu erlassenen Allgemeinen Verwaltungsvorschrift stellt nunmehr einen wirksamen Schutz für einen Beamten dar, der in einem geringen Umfange gegen die Dienstzucht verstoßen und sich nach seiner Disziplinierung eine gewisse Zeit lang einwandfrei geführt hat.

III. WORTLAUT DES § 119 BDO UND DER VERWALTUNGSVORSCHRIFTEN HIERZU

§ 119 BDO lautet, wie folgt:

1. „Eintragungen in den Personalakten über Verweis und Geldbuße sind nach drei, über Gehaltskürzung nach fünf Jahren zu tilgen; die über diese Disziplinarmaßnahmen entstandenen Vorgänge sind aus den Personalakten zu entfernen und zu vernichten. Nach Ablauf der Frist dürfen diese Maßnahmen bei weiteren Disziplinarmaßnahmen nicht mehr berücksichtigt werden.

2. Diese Frist beginnt mit dem Tage, an dem die Disziplinarmaßnahme unanfechtbar geworden ist.
3. Die Frist endet nicht, solange gegen den Beamten ein Straf- oder Disziplinarverfahren schwebt, eine andere Disziplinarmaßnahme berücksichtigt werden darf oder ein auf Gehaltskürzung lautendes Urteil noch nicht vollstreckt ist.
4. Nach Ablauf der Frist gilt der Beamte als von der Disziplinarmaßnahme nicht betroffen.
5. Die Absätze 1 bis 4 gelten für mißbilligende Äußerungen (§ 6 Abs. 2) und in den Fällen von § 14, 27 Abs. 1, 31 Abs. 4 Satz 5, § 64 Abs. 1 Nr. 7 und Abs. 2 Satz 1, § 123 sowie im Falle des Freispruchs im förmlichen Disziplinarverfahren sinngemäß."

Die Allgemeine Verwaltungsvorschrift zu § 119 BDO lautet wie folgt:

1. „Disziplinarvorgänge sind in den Beiakten zu den Personalakten zu führen. Für jeden Disziplinarvorgang ist eine gesonderte Beiakte anzulegen. Über die Beiakten und die Anzahl der in ihnen enthaltenen Blätter ist ein Verzeichnis anzufertigen und zu der ersten Beiakte zu nehmen. Nach Entfernung einer Beiakte ist ein neues Verzeichnis anzufertigen, das keine Hinweise auf die entfernten Vorgänge enthalten darf.
2. In Beurteilungen und in allen anderen Vorgängen der Personalakten sollen Hinweise auf Disziplinarmaßnahmen, die der Tilgung unterliegen, nicht aufgenommen werden. Erscheint ein Hinweis wegen der sich aus dem Dienstvergehen ergebenden Rückschlüsse auf Charakter und Gesamtverhalten des Beamten geboten, ist nicht die Disziplinarmaßnahme, sondern nur das ihr zugrunde liegende Verhalten des Beamten zu kennzeichnen.
3. Alle Vorgänge, die zu tilgende Disziplinarmaßnahmen betreffen, sind nach Ablauf der hierfür bestimmten Frist von Amts wegen aus den Personalakten zu entfernen und zu vernichten. Hinweise auf getilgte Disziplinarmaßnahmen in Beurteilungen und an anderen Stellen der Personalakten sind unkenntlich zu machen.
4. Die Nummern 1 bis 3 gelten sinngemäß für mißbilligende Äußerungen (§ 6 Abs. 2) und in den Fällen von § 14, § 27 Abs. 1, § 31 Abs. 4 Satz 5, § 64 Abs. 1 Nr. 7 und Abs. 2 Satz 1, § 123 sowie im Falle des Freispruchs im förmlichen Disziplinarverfahren.
5. Die Tilgung einer Disziplinarmaßnahme oder mißbilligenden Äußerung ist dem Beamten schriftlich mitzuteilen. Über die Mitteilung ist keine Unterlage in die Akten aufzunehmen."

IV. DIE ZU TILGENDEN DISZIPLINARVORGÄNGE

Aus den Disziplinarakten sind zu entfernen und zu vernichten

1. **Eintragungen, die mit der Disziplinarmaßnahme des Verweises im Zusammenhang stehen.** Ob diese Maßnahme durch den Dienstvorgesetzten oder durch ein Disziplinargericht ausgesprochen oder im Verfahren nach § 31 Abs. 3 und 4 BDO bestätigt worden ist, ist gleichgültig. Ebenso

kommt es nicht darauf an, ob die Disziplinarmaßnahme vor oder nach Inkrafttreten des Gesetzes vom 20. 7. 67 verhängt worden ist. Ebenso ist der Grund für die Verhängung der Disziplinarmaßnahme unmaßgeblich. Erscheint der Beamte auf Grund der Disziplinierung nicht mehr für den Kassendienst tragbar, weil er z. B. wiederholt leichtfertig falsche Eintragungen in den Kassenbüchern vorgenommen hat, so ist auch dann der Disziplinarvorgang aus den Personalakten zu entfernen. Erscheint ein Hinweis wegen der sich aus dem Dienstvergehen ergebenden Rückschlüsse auf Charakter und Gesamtverhalten des Beamten geboten, so ist nicht die Disziplinarmaßnahme, sondern nur das ihr zugrunde liegende Verhalten zu kennzeichnen (Nr. 3 Satz 2 VV zu § 119 BDO). So ist es z. B. zulässig, daß der Dienstvorgesetzte in den Personalakten an sichtbarer Stelle den Vermerk anbringt: „Postinspektor Müller ist wegen leichtsinnigen Führens von Kassenbüchern in keiner Hauptkasse verwendbar." Sollte eine nicht in § 119 BDO genannte Disziplinarmaßnahme in einen Verweis im Gnadenwege umgewandelt worden sein, so wäre eine solche Disziplinarmaßnahme nicht aus den Personalakten zu entfernen.

2. Eintragungen, die mit der Disziplinarmaßnahme der **Geldbuße** im Zusammenhang stehen. Hier gilt das unter 1. Gesagte entsprechend.

3. Eintragungen, die im früheren Disziplinarrecht mit der Disziplinarstrafe der **Warnung** in Verbindung stehen. Die Disziplinarstrafe der Warnung ist in § 119 BDO nicht aufgeführt. In dem durch das Gesetz vom 21. 8. 61 (BGBl. I S. 1361) eingefügten § 103a BDO war als tilgungsfähige Disziplinarstrafe auch die Warnung genannt. Ihre Angabe ist in § 119 BDO deshalb unterblieben, weil sie in dem Disziplinarmaßnahmekatalog des § 5 BDO nicht mehr enthalten ist. Unter Berücksichtigung des Grundsatzes a maiori ad minus ist sie aus den Personalakten zu entfernen und zu tilgen, sofern sie vor Inkrafttreten des Gesetzes vom 20. 7. 67 ausgesprochen und die Tilgungsfrist des § 103a BDO i. d. F. des Gesetzes vom 21. 8. 61 noch nicht abgelaufen war.

4. Eintragungen, die mit einer **Gehaltskürzung** im Zusammenhang stehen. Erstmals sieht das Gesetz vom 20. 7. 67 vor, daß auch bei einer Gehaltskürzung Eintragungen aus den Personalakten zu entfernen und zu vernichten sind. Hierbei ist es unerheblich, ob die Disziplinarmaßnahme vor oder nach Inkrafttreten des Gesetzes vom 20. 7. 67 ausgesprochen worden ist. Gegenüber dem Verweis und der Geldbuße unterscheidet sich die Gehaltskürzung nur dadurch, daß die Tilgungsfrist nicht drei, sondern fünf Jahre beträgt.

5. Eintragungen, die mit einer **dienstlichen Mißbilligung** in Zusammenhang zu bringen sind. Die dienstliche Mißbilligung, wie z. B. Zurechtweisungen, Ermahnungen, Rügen und dergleichen, sind keine Disziplinarmaßnahmen im Sinne des § 5 BDO. Sie können aber ebenso wie die Disziplinarmaßnahmen einen erheblichen Eingriff in das Beamtenverhältnis darstellen. Aus diesem Grunde ist dem Beamten nach § 124 BDO ausdrücklich die Möglichkeit eingeräumt, in entsprechender Anwendung des § 31 BDO den Weg der Beschwerde und des disziplinargerichtlichen Antragsverfahrens zu wählen. Da die dienstlichen Mißbilligungen einen disziplinarmaßnahmeähnlichen Charakter haben, hat der Gesetzgeber erstmals mit dem Gesetz vom 20. 7. 67 in § 119 Abs. 4 BDO auch die mißbilligende Äußerung zu den

Maßnahmen gezählt, die zur Entfernung der Vorgänge aus den Personalakten und zu einer Vernichtung dieser Vorgänge führen. Beamte, die bisher wegen eines disziplinären Fehlverhaltens schriftlich mißbilligt waren, standen im Hinblick auf das Fehlen von Vorschriften, die auch hier eine Vernichtung von Disziplinarvorgängen vorsahen, schlechter als die Beamte, die mit einer Warnung oder einem Verweis bestraft worden waren. § 119 Abs. 4 i. V. m. Abs. 1 BDO kommt aber nur dann zur Anwendung, wenn die dienstliche Mißbilligung sich auf ein Dienstvergehen bezog und wenn sie schriftlich ausgesprochen war; zur Auslegung des § 119 Abs. 4 BDO muß hier der § 124 BDO herangezogen werden. Gleichgültig ist, ob die schriftliche Mißbilligung vor oder nach dem Inkrafttreten des Gesetzes vom 20. 7. 67 ausgesprochen worden ist.

6. Vorgänge, die sich mit **gerichtlichen Strafen oder Ordnungsnahmen** befassen. Eintragungen, die mit einer gerichtlichen Bestrafung durch ein Strafgericht oder einer Ordnungsmaßnahme in Zusammenhang stehen, unterliegen nicht schlechthin der Tilgung des § 119 BDO. Der Rahmen, in dem die Herausnahme der Vorgänge aus den Personalakten und die Tilgung dieser Vorgänge möglich ist, ergibt sich aus § 14 BDO. Ist das Fehlverhalten des Beamten so geringfügig, daß an sich nur ein Verweis angebracht wäre, so darf diese Disziplinarmaßnahme überhaupt nicht ausgesprochen werden (§ 14 Halbsatz 1 BDO). Geldbuße, Gehaltskürzung und Kürzung des Ruhegehalts dürfen nur verhägnt werden, wenn dies zusätzlich erforderlich ist, um den Beamten oder Ruhestandsbeamten zur Erfüllung seiner Pflichten anzuhalten und das Ansehen des Beamtentums zu wahren (§ 14 Halbsatz 2 BDO). Ist trotz Verhängung einer Strafe oder einer Ordnungsmaßnahme die Disziplinarmaßnahme der Geldbuße oder der Gehaltskürzung ausgesprochen worden, so ist § 119 Abs. 1 BDO sinngemäß anzuwenden (vgl. § 119 Abs. 5 BDO). Wenn § 119 Abs. 4 BDO auch den § 14 BDO ganz allgemein anführt, so entfällt eine Tilgung bei der Verhängung einer gerichtlichen Strafe oder einer Ordnungsmaßnahme dann, wenn der Ruhestandsbeamte zu seiner Ruhegehaltskürzung verurteilt worden ist, weil er ansonsten besser stände als der Ruhestandsbeamte, der wegen eines Fehlverhaltens, das an sich mit einer Ordnungsmaßnahme oder einer Strafe zu ahnden gewesen wären, nur disziplinär verfolgt worden ist. § 119 Abs. 1 BDO führt die Gehaltskürzung, jedoch nicht die Ruhegehaltskürzung an, so daß bei letzterer Disziplinarmaßnahme eine Tilgung ausscheidet, ganz gleich ob ihr ein Fehlverhalten zugrunde gelegen hat, das zu einer Kriminalstrafe oder einer Ordnungsmaßnahme führen mußte. Ist der Beamte jedoch mit einem Verweis, einer Geldbuße oder einer Gehaltskürzung bedacht worden und tritt er während des Laufes der Tilgungsfrist in den Ruhestand, so kommt in diesen Fällen eine Tilgung der Vorgänge, die zu diesen Disziplinarmaßnahmen geführt haben, in Betracht. Handelt es sich um solche Kriminalstrafen oder Ordnungsmaßnahme, die im förmlichen Disziplinarverfahren zu den schwersten Disziplinarmaßnahmen, zur Degradierung oder zur Ruhegehaltskürzung geführt haben, so sind die Vorgänge bei den Personalakten zu belassen. Handelt es sich um ein Fehlverhalten, das zu einer Kriminalstrafe oder einer Ordnungsmaßnahme geführt hat und ist es so schwerwiegend, daß an sich eine der eben genannten schwersten Disziplinarmaßnahmen gerechtfertigt wäre, hat es aber das Disziplinarorgan — u. U. sogar pflicht-

widrig — unterlassen, das förmliche Disziplinarverfahren einzuleiten, so unterliegen auch hier die Vorgänge der Tilgung.

7. Vorgänge, die zu einer **Einstellung des Vorermittlungsverfahrens nach § 27 Abs. 1 BDO** geführt haben. Wird durch die Ermittlungen ein Dienstvergehen nicht festgestellt oder hält der Dienstvorgesetzte eine Disziplinarmaßnahme nicht für angezeigt oder nicht für zulässig, stellt er das Verfahren ein (vgl. § 27 Abs. 1 BDO). In einem solchen Falle wäre es unbillig, wenn die Disziplinarvorgänge auf alle Zeiten in den Personalakten des Beamten verbleiben würden. Auch hier sind die Disziplinarvorgänge zu vernichten, selbst wenn eine der in § 119 Abs. 1 BDO nicht genannten Disziplinarmaßnahmen gerechtfertigt wäre und der Dienstvorgesetzte u. U. sogar pflichtwidrig es unterlassen hätte, den Beamten wegen des ermittelten Fehlverhaltens weiterhin zu verfolgen. U. U. gehen Dienstvorgesetzte dazu über, in einem dem § 26 BDO vorgeschalteten Ermittlungsverfahren disziplinarrechtliche Tatbestände aufzuklären. Sofern dem Fehlverhalten ein disziplinärer Tatbestand zugrunde liegt, sind auch hier die Vorgänge aus den Personalakten zu entfernen und zu vernichten, da ein Beamter, gegen den ein derartiges Vorschaltverfahren durchgeführt worden ist, nicht schlechter gestellt sein darf als ein Beamter, der den handgreiflichen Verdacht eines Dienstvergehens ausgelöst hatte, so daß der Dienstvorgesetzte hier verpflichtet war, Vorermittlungen i. S. des § 26 BDO durchzuführen.

8. Vorgänge, die zu einer **Einstellung des Disziplinarverfügungsverfahrens nach § 31 Abs. 4 Satz 5 BDO** geführt haben. Mit dem Gesetz vom 20.7.67 ist das Opportunitätsprinzip auch auf die Disziplinargerichte ausgedehnt worden. Im disziplinargerichtlichen Antragsverfahren kann nämlich nach § 31 Abs. 4 Satz 5 BDO das Disziplinarverfahren mit Zustimmung des Bundesdisziplinaranwalts auch dann eingestellt werden, wenn das Disziplinargericht ein Dienstvergehen zwar für erwiesen, nach dem gesamten Verhalten des Beamten eine Disziplinarmaßnahme aber nicht für angebracht hält. In einem solchen Falle sind in sinngemäßer Anwendung des § 119 Abs. 1 BDO die Disziplinarvorgänge aus den Personalakten des Beamten zu entfernen und zu vernichten (vgl. § 119 Abs. 5 BDO). Der Beamte kann hier nicht anders gestellt werden als bei einer durch den Dienstvorgesetzten vorgenommenen Einstellung des Verfahrens nach § 27 Abs. 1 BDO.

9. Vorgänge, die zu einer **Einstellung des förmlichen Disziplinarverfahrens** nach § 64 Abs. 1 Nr. 7 BDO geführt haben (vgl. § 119 Abs. 5 BDO). Nach § 64 Abs. 1 Nr. 7 BDO hat die Einleitungsbehörde das förmliche Disziplinarverfahren, solange es noch nicht beim Bundesdisziplinargericht anhängig ist, einzustellen, wenn nach § 14 BDO von einer Disziplinarmaßnahme abzusehen ist; im einzelnen siehe Nr. 6.

10. Vorgänge, die zu einer **Einstellung des förmlichen Disziplinarverfahrens nach § 64 Abs. 2 Satz 1 BDO** geführt haben (vgl. § 119 Abs. 5 BDO). Die Einleitungsbehörde kann das förmliche Disziplinarverfahren, solange es noch nicht beim Bundesdisziplinargericht anhängig ist, einstellen, wenn sie dies nach dem Ergebnis der Untersuchung oder aus anderen Gründen für angebracht hält (§ 64 Abs. 2 Satz 1 BDO). Auf die Gründe der Einstellung kommt es hierbei nicht an. Ebenso ist es gleich, ob der Beamte im gegenstandsgleichen Strafverfahren zu einer Kriminalstrafe oder sonst zu einer Ordnungsmaßnahme verurteilt worden ist. Ebenso sind die Disziplinar-

vorgänge zu tilgen, wenn das förmliche Disziplinarverfahren gegen einen Ruhestandsbeamten eingeleitet ist. Der Gesetzgeber ist hier konsequent vorgegangen, weil er die Kürzung des Ruhegehalts nicht der Verhängung einer Gehaltskürzung gleichstellt; bei der Tilgung von Disziplinarvorgängen läßt er sich offenbar davon leiten, daß eine Disziplinarmaßnahme dem Beamten in seiner dienstlichen Fortkommen nicht schaden soll, während es einem Ruhestandsbeamten gleichbleiben kann, ob Disziplinarvorgänge, die zu einer Ruhegehaltskürzung geführt haben, in den Personalakten verbleiben. Bei einer Einstellung des förmlichen Disziplinarverfahrens nach § 52 Abs. 1 Nr. 7 oder Abs. 2 Satz 1 BDO wird jedoch zwischen aktiven und Ruhestandsbeamten kein Unterschied gemacht.

11. Vorgänge, die wohl zu einer Disziplinierung des Beamten, jedoch später zu einer **Aufhebung der Disziplinarmaßnahme nach § 123 BDO** geführt haben. Wird das Verhalten des Beamten oder Ruhestandsbeamten nach Abschluß des Disziplinarverfahrens durch ein Gericht oder eine Behörde geahndet, so ist die Disziplinarmaßnahme auf Antrag aufzuheben, wenn die Voraussetzungen des § 14 BDO vorliegen (§ 123 Abs. 1 BDO); über die Voraussetzungen des § 14 BDO siehe im einzelnen Nr. 6. Das Verfahren anläßlich der Aufhebung der Disziplinarmaßnahme ist in § 123 Abs. 2 BDO geregelt. Lehnt der Dienstvorgesetzte die Aufhebung der Disziplinarmaßnahme ab, so kann der Beamte die Entscheidung des Disziplinargerichts beantragen (§ 123 Abs. 3 Satz 1 BDO). Über den Antrag entscheidet das Bundesdisziplinargericht (§ 123 Abs. 3 Satz 6 BDO). Hier handelt es sich also um Bagatellfälle, in denen eine disziplinarische Ahndung nicht angebracht ist, so daß die Entfernung und Vernichtung der Disziplinarvorgänge gerechtfertigt ist (vgl. § 119 Abs. 5 i. V. m. Abs. 1 BDO).

12. **Disziplinarvorgänge, bei denen das förmliche Disziplinarverfahren mit einem Freispruch endete** (vgl. § 119 Abs. 4 i. V. m. Abs. 1 BDO). Hierbei ist es gleichgültig, ob der Beamte wegen erwiesener Unschuld oder mangels Beweises freigesprochen worden ist. Die Fälle, in denen das Bundesdisziplinargericht die Disziplinarverfügung nach § 31 Abs. 4 Satz 4 BDO aufgehoben hat, sind in § 119 BDO nicht erwähnt, obgleich sie dem Freispruch im förmlichen Disziplinarverfahren vergleichbar sind. Doch sind auch hier die Disziplinarvorgänge aus den Personalakten zu entfernen und zu vernichten; wenn sogar Eintragungen über Verweise und Geldbußen zu vernichten sind, so muß schon unter Berücksichtigung des Grundsatzes a maiori ad minus dies erst recht gelten, wenn die Disziplinarverfügung, auf Grund deren diese Disziplinarmaßnahmen ausgesprochen worden sind, durch das Disziplinargericht aufgehoben worden ist.

13. **Mitteilungen in Strafsachen,** sofern sie nicht im förmlichen Disziplinarverfahren zu den schwersten Disziplinarmaßnahmen, zur Degradierung oder Kürzung des Ruhegehalts, führen. Dies gilt nicht nur für Verurteilungen, sondern bereits für die Mitteilung der Anklageerhebung und sonstige im Strafverfahren getroffene Maßnahmen. Die Mitteilungen in Strafsachen sind auch dann aus den Personalakten zu entfernen, wenn sie ein Verhalten des Beamten betreffen, das in disziplinarrechtlicher Hinsicht belanglos oder bei dem § 14 BDO zum Zuge kommt. Selbst Mitteilungen in Strafsachen, die sich auf kein Dienstvergehen beziehen, können für den Beamten unangenehme dienstliche Folgen haben; allzu oft dürfte sich der Dienstvorgesetzte gerade

bei Ermessensentscheidungen von solchen Erwägungen leiten lassen. Auch hier gilt der Grundsatz: a maiori ad minus.

V. STRAF- UND DISZIPLINARRECHTLICH UNBEANSTANDETE FÜHRUNG WÄHREND EINER BESTIMMTEN DAUER

Die unter IV 1—13 aufgeführten Vorgänge sind nur dann aus den Personalakten zu entfernen und zu tilgen, wenn **während einer in § 119 BDO genannten Dauer** gegen den Beamten **kein Straf- oder Disziplinarverfahren schwebt oder keine andere Disziplinarmaßnahme berücksichtigt werden darf** (vgl. § 119 Abs. 3 BDO). Die Frist ist verschieden bemessen, je nachdem ob es sich um eine Disziplinierung mit einem Verweis oder einer Geldbuße auf der einen oder um eine Gehaltskürzung auf der anderen Seite handelt; handelt es sich um die Verhängung eines Verweises oder einer Geldbuße, so sind die Eintragungen nach drei Jahren, handelt es sich hingegen um eine Gehaltskürzung, so sind die Disziplinarvorgänge erst nach fünf Jahren zu vernichten (vgl. § 119 Abs. 1 Satz 1 Halbsatz 1 BDO). Bei der Gehaltskürzung ist außerdem zu beachten, daß die Frist nicht endet, solange ein auf diese Disziplinarmaßnahme lautendes Urteil noch nicht vollstreckt ist (vgl. § 119 Abs. 3 BDO).

Gegen den **Beamten darf weder ein Disziplinar- oder Strafverfahren schweben; noch** darf er in den oben genannten Fristen **bestraft oder** durch ein Disziplinarorgan **mit einer Disziplinarmaßnahme bedacht worden sein.** Bei einem Strafverfahren ist es gleichgültig, ob es sich um ein Verfahren vor einem ordentlichen Strafgericht oder um ein sonstiges Strafverfahren, wie z. B. ein Verfahren vor einem Steuerstrafgericht, handelt. Von welchem Zeitpunkt man von einem „schwebenden" Strafverfahren sprechen kann, ist im Gesetz nicht klar ausgedrückt. Auf keinen Fall gehört hierzu die im 2. Buch, 2. Abschnitt der StPO geregelte Vorbereitung der öffentlichen Klage (§§ 158ff. StPO), wie z. B. die bei der Polizeibehörde oder der Staatsanwaltschaft gestellte Strafanzeige oder das Ermittlungsverfahren der Staatsanwaltschaft nach § 160 StPO. Entscheidend kommt es vielmehr auf die Erhebung der öffentlichen Klage an, wobei § 17 Abs. 1 BDO zur Grundlage genommen werden kann. Die Erhebung der öffentlichen Klage erfolgt durch die Staatsanwaltschaft entweder durch Antrag auf gerichtliche Voruntersuchung oder durch Einreichung einer Anklageschrift bei dem zuständigen Gericht (§ 170 Abs. 1, § 199 Abs. 2 StPO), wobei letzteres die Regel ist. Maßgebender Zeitpunkt ist der Eingang der Anklage der Staatsanwaltschaft beim Gericht. Im sog. beschleunigten Verfahren wird, wenn die Anklageschrift nicht eingereicht ist, die Klage bei Beginn der Hauptverhandlung mündlich erhoben (vgl. § 212a Abs. 2 StPO). Im Privatklageverfahren ist der Zeitpunkt des Eröffnungsbeschlusses nach § 383 StPO maßgebend. Das Disziplinarverfahren „schwebt" von der Anordnung der Vorermittlungen i. S. des § 26 BDO an, wobei es lediglich auf die Anordnungsverfügung des Dienstvorgesetzten und nicht auf deren Kenntnisnahme durch den Beamten ankommt. Bei der Strafverfolgung ist es gleichgültig, ob es sich um ein Verbrechen, ein Vergehen oder eine Übertretung handelt. Die Strafverfolgung bzw. die Erhebung von Vermittlungen muß sich immer auf den Beamten beziehen, bei dem die Frist nach § 118 BDO läuft. Hat er eine Straftat oder ein Dienstvergehen im Zusammenwirken mit einem anderen Beamten begangen und werden nur gegen diesen Anklage erhoben oder Vorermittlungen eingeleitet, so läuft die Frist des § 119 BDO für ersteren weiter.

Die **Tilgungsfrist endet auch nicht während eines gegen den Beamten schwebenden Disziplinarverfahrens.** Das Disziplinarverfahren wird in dem Augenblick eingeleitet, in dem der Dienstvorgesetzte Vorermittlungen veranlaßt. Als „Disziplinarverfahren" i. S. des § 119 Abs. 3 BDO gilt nicht ein dem Vorermittlungsverfahren vorausgehenden Vorschaltverfahren, bei dem sich der Dienstvorgesetzte z. B. erst darüber schlüssig werden will, ob und gegen welchen Beamten sich der Verdacht eines Dienstvergehens richtet. Es endet mit der Einstellung des Verfahrens oder der Unanfechtbarkeit der Entscheidung, sofern es sich um das Disziplinarverfügungsverfahren des Dienstvorgesetzten und das förmliche Disziplinarverfahren bis zur Gerichtshängigkeit handelt. Nach der Gerichtshängigkeit des förmlichen Disziplinarverfahrens endet es mit der Rechtskraft der disziplinargerichtlichen Entscheidung.

Fernerhin **endet** die **Tilgungsfrist nicht während der Zeit, in der eine andere Disziplinarmaßnahme berücksichtigt werden darf,** oder wenn die Disziplinarmaßnahme überhaupt nicht tilgungsfähig und solange ein auf Gehaltskürzung lautendes Urteil noch nicht vollstreckt ist, wobei zu beachten ist, daß eine Gehaltskürzung mit Ablauf des letzten Kürzungsmonats vollstreckt ist. Würde z. B. der Beginn der Tilgungsfrist für eine Geldbuße auf den 20. 6. 65 anzusetzen, ein neues Disziplinarverfahren am 20. 5. 68 eingeleitet worden sein, das mit einer Einstellung abgeschlossen wird, die dem Beamten am 20. 2. 69 zugestellt worden ist, so würde die Tilgungsfrist für die Geldbuße mit Ablauf des 20. 2. 69 enden; würde dagegen der Beamte im erneuten Disziplinarverfahren mit einer weiteren Geldbuße belegt werden, die am 20. 2. 69 unanfechtbar wird, so würde die frühere und weitere Geldbuße mit Ablauf des 20. 2. 72 enden.

Ob die in § 119 Abs. 1 BDO genannte Frist enden darf, hängt allein vom **Schweben eines Straf- oder Disziplinarverfahrens ab,** wobei es nicht darauf ankommt, ob der Beamte im Straf- bzw. Disziplinarverfahren strafgerichtlich oder disziplinarisch belangt wird.

Bezüglich des **Beginns und des Endes der Tilgungsfrist** im Falle des § 119 BDO hat der **Bundesminister für das Post- und Fernmeldewesen** folgende **Umdruckverfügung** III R 1 8050—0 **vom 30. 5. 68** erlassen, die von allgemeiner Bedeutung ist:

„Im Interesse einer einheitlichen Anwendung der Tilgungsvorschrift des § 119 BDO gebe ich folgende Hinweise, die ich bei der Berechnung der Fristen für die Tilgung von Disziplinarmaßnahmen, mißbilligenden Äußerungen und Einstellungsentscheidungen zu beachten bitte.

1\. Wird eine Disziplinarmaßnahme verhängt, dann beginnt die Tilgungsfrist mit dem Tage, an dem die Entscheidung unanfechtbar geworden ist (§ 119 Abs. 2 BDO).
Die Frist beginnt demnach bei einer Maßnahme die verhängt worden ist durch

1.1. Disziplinarverfügung

1.1.1. mit dem Tag nach Ablauf der Beschwerde- oder Antragsfrist,

1.1.2. mit dem Tag des Eingangs der Erklärung über die Zurücknahme der Beschwerde oder des Antrags auf gerichtliche Entscheidung beim Dienstvorgesetzten oder beim Bundesdisziplinargericht,

1.1.3. mit dem Tag der Zustellung der endgültigen Entscheidung des Bundesdisziplinargerichts an den Beamten,

1.2. Urteil des Bundesdisziplinargerichts

1.2.1. mit dem Tag nach Ablauf der Berufungsfrist,

1.2.2. mit dem Tag des Eingangs der Erklärung über den Verzicht auf die Berufung oder über die Zurücknahme der Berufung beim zuständigen Disziplinargericht,

1.3. Urteil oder Beschluß des Bundesverwaltungsgerichts mit dem Tage der Verkündung des Urteils oder der Zustellung des Beschlusses.

2. Wird das Verfahren durch eine mißbilligende Äußerung abgeschlossen oder wird es eingestellt, dann beginnt die Tilgungsfrist mit dem Tage, an dem diese Entscheidungen wirksam geworden sind (§ 119 Abs. 5 BDO).

Die Frist beginnt demnach bei

2.1. Mißbilligender Äußerung (§§ 6 Abs. 2, 124 BDO)

2.1.1. mit dem Tag nach Ablauf der Beschwerde- oder Antragsfrist,

2.1.2. mit dem Tag des Eingangs der Erklärung über die Zurücknahme der Beschwerde oder des Antrags auf gerichtliche Entscheidung beim Dienstvorgesetzten oder beim Bundesdisziplinargericht,

2.1.3. mit dem Tag der Zustellung der endgultigen Entscheidung des Bundesdisziplinargerichts an den Beamten,

2.2. Einstellung wegen Beschränkung der Disziplinargewalt (§ 14 BDO)
mit dem Tag der Bekanntgabe der Verfügung an den Beamten,

2.3. Einstellung des Vorermittlungsverfahrens (§ 27 Abs. 1 BDO)
mit dem Tag der Bekanntgabe der Verfügung an den Beamten,

2.4. Einstellung durch Beschluß des Bundesdisziplinargerichts (§ 31 Abs. 4 Satz 5 BDO)
mit dem Tag der Zustellung der Entscheidung des Bundesdisziplinargerichts,

2.5. Einstellung des förmlichen Verfahrens durch die Einleitungsbehörde (§ 64 Abs. 1 Nr. 7 oder Abs. 2 Satz 1 BDO)
mit dem Tag der Zustellung der Einstellungsverfügung,

2.6. Einstellung durch gerichtliche Entscheidung (§ 76 Abs. 3 BDO)
mit der Rechtskraft des Urteils oder des Beschlusses des Disziplinargerichts,

2.7. Aufhebung einer Disziplinarmaßnahme nach § 123 oder nach § 32 BDO ohne Weiterverfolgung
mit dem Tag der Zustellung der Entscheidung an den Beamten,

2.8. Freispruch durch Urteil
mit der Rechtskraft des Urteils des Disziplinargerichts.

3. Für die Fristberechnung gelten mangels einer ausdrücklichen Regelung in der BDO und der StPO die allgemein gültigen Gedanken des Rechts der Fristen nach bürgerlichem Recht.

Hiernach gilt folgendes:

3.1. Ist für den Anfang einer Frist ein Ereignis oder ein in den Lauf eines Tages fallender Zeitpunkt maßgebend, so wird bei der Berechnung der Frist der Tag nicht mitgerechnet, in welchen das Ereignis oder der Zeitpunkt fällt (§ 187 Abs. 1 BGB).

3.2. Ist der Beginn eines Tages der für den Anfang einer Frist maßgebende Zeitpunkt, so wird dieser Tag bei der Berechnung der Frist mitgerechnet (§ 187 Abs. 2 BGB).

3.3. Die nach Jahren zu berechnende Tilgungsfrist endet
in den Fällen des Abschnitts 3.1. mit dem Ablauf desjenigen Tages des letzten Jahres, welcher durch seine Benennung oder seine Zahl dem Tage entspricht, in den das Ereignis oder der Zeitpunkt fallt,

in den Fällen des Abschnitts 3.2. mit dem Ablauf desjenigen Tages des letzten Jahres, welcher dem Tage vorhergeht, der durch seine Benennung oder seine Zahl dem Anfangstage der Frist entspricht.

3.4. Im Anschluß an den Tag, mit dessen Ablauf die Tilgungsfrist endet, sind die tilgungsreifen Vorzüge zu vernichten.

3.5. Handelt es sich bei dem Tag, an dem die tilgungsreifen Vorgänge zu vernichten wären, um einen Sonntag, einen staatlich anerkannten allgemeinen Feiertag oder einen Sonnabend, so tritt an die Stelle eine solchen Tages der nächste Werktag.

Beispiel 1 zu 3*):

Abschluß des Disziplinarverfahrens durch Einstellungsverfügung, die dem Beamten im Lauf des	10. 5. 1967
eröffnet worden ist,	
Ende der Tilgungsfrist mit Ablauf des	10. 5. 1970,
Tilgung des Disziplinarvorgangs am	11. 5. 1970.

Beispiel 2 zu 3*):

Ende der Rechtsmittelfrist gegen eine Geldbuße mit Ablauf des	9. 5. 1967,
Ende der Tilgungsfrist mit Ablauf des	9. 5. 1970,
Tilgung des Disziplinarvorgangs am	10. 5. 1970.

4. ......

5. Bei der sinngemäßen Anwendung des § 119 Abs. 3 BDO auf die in Abs. 5 dieser Vorschrift genannten Entscheidungen ist davon auszugehen, daß in diesen Fällen ein schwebendes Verfahren ohne Disziplinarmaßnahme geendet hat. Eine mißbilligende Äußerung, eine Verfahrenseinstellung und ein Freispruch stehen somit der Tilgung einer Disziplinarmaßnahme nicht im Wege. Sie behindern sich auch gegenseitig nicht. Dagegen ist auf sie selbst die Vorschrift des Abs. 3 anzuwenden, d. h. die Tilgungsfrist (von 3 Jahren) für die Disziplinarvorgänge endet nicht, solange ein neues Verfahren schwebt, eine Disziplinarmaßnahme berücksichtigt werden darf oder eine Gehaltskürzung noch nicht vollstreckt ist.

Beispiel 1 zu 5*):

Beginn der Tilgungsfrist fur eine Geldbuße	5. 7. 1966.
Ein neues Verfahren wird eingeleitet am	5. 6. 1967.
Das neue Verfahren wird abgeschlossen mit einer mißbilligenden Äußerung, für die die Tilgungsfrist beginnt am	5. 12. 1967.
Ein weiteres Verfahren wird eingeleitet am	5. 2. 1968.
Das weitere Verfahren wird mit einem Freispruch abgeschlossen, für den die Tilgungsfrist beginnt am	5. 9. 1968.
Die Tilgungsfrist endet	
für die Geldbuße mit Ablauf des	4. 7. 1969,
für die mißbilligende Äußerung mit Ablauf des	4. 12. 1970,
fur den Freispruch mit Ablauf des	4. 9. 1971.

Beispiel 2 zu 5*):

Beginn der Tilgungsfrist für eine mißbilligende Äußerung am	5. 12. 1967.
Ein neues Verfahren wird eingeleitet am	5. 10. 1970.
Das neue Verfahren wird abgeschlossen mit einem Freispruch, für den die Tilgungsfrist beginnt am	5. 8. 1971.
Ende der Tilgungsfrist für die mißbilligende Äußerung mit Ablauf des	5. 8. 1971.
Ende der Tilgungsfrist für den Freispruch mit Ablauf des	4. 8. 1974.
Das neue Verfahren wird abgeschlossen mit einer Geldbuße, fur die die Tilgungsfrist beginnt am	5. 8. 1971.
Ende der Tilgungsfrist fur die mißbilligende Äußerung und die Geldbuße mit Ablauf des	4. 8. 1974.

*) Die Beispiele sind ohne Berücksichtigung der tatsächlich auf die angegebenen Tage entfallenden Wochentage aufgestellt worden, sie sollen lediglich dazu dienen, die Berechnungsweise zu verdeutlichen.

VI. BEHANDLUNG DER TILGUNGSFRIST NACH BEENDIGUNG DES STRAF- ODER DISZIPLINARVERFAHRENS

Aus dem Gesetz ist nicht klar zu ersehen, wie die Tilgungsfrist nach Beendigung des Straf- bzw. des Disziplinarverfahrens zu behandeln ist. § 119

Abs. 3 BDO sagt lediglich: „Die Frist endet nicht, solange gegen den Beamten ein Straf- oder Disziplinarverfahren schwebt, eine andere Disziplinarmaßnahme berücksichtigt werden darf . . .“ Hiermit ist nicht klargestellt, ob die Frist gehemmt oder unterbrochen ist. Bei der Auslegung des § 119 Abs. 3 BDO muß man sich von dem Zweck dieser Bestimmung leiten lassen. Er geht dahin, daß ein Beamter, der sich eine gewisse Zeit lang einwandfrei geführt hat, wegen einer geringfügigen früheren Disziplinierung in seinem weiteren dienstlichen Werdegang nicht benachteiligt werden soll. Hierbei muß man unterscheiden, **ob** eine spätere **Anklageerhebung** im Strafverfahren **oder die Einleitung von Vorermittlungen** nach § 26 BDO **zu** einer **Bestrafung bzw. Disziplinierung geführt hat oder nicht.**

Solange gegen den Beamten öffentliche Anklage im Strafverfahren erhoben oder Vorermittlungen nach § 26 BDO eingeleitet worden sind, ist die **Tilgungsfrist** zunächst einmal **gehemmt.** Dies gilt ohne Rücksicht darauf, ob die Erhebung der Anklage oder die Anordnung der Vorermittlungen dem Dienstvorgesetzten mitgeteilt worden ist oder nicht. Dies gilt vor allem dann, wenn der Dienstvorgesetzte von der Anklageerhebung oder von der Durchführung von Vorermittlungen, die wohl vor Ablauf der Frist stattgefunden hat, erst nachher Kenntnis erlangt hat; in einem solchen Falle wäre der Strafvermerk wieder einzutragen und die Disziplinarvorgänge, sofern sie nicht bereits vernichtet sind, wieder zu den Personalakten des Beamten zu nehmen.

Die **Frist beginnt weiter zu laufen, wenn** die **Vorermittlungen oder das förmliche Disziplinarverfahren eingestellt,** eine **Disziplinarverfügung** auf die Beschwerde des Beamten hin oder im Wege des disziplinargerichtlichen Antragsverfahrens des § 31 BDO **aufgehoben oder** der Beamte im förmlichen Disziplinarverfahren **freigesprochen worden ist.** Dies gilt auch dann, wenn die Schuld des Beamten wohl erwiesen ist, die staatsanwaltschaftlichen Vorermittlungen oder das Strafverfahren nach § 153 StPO nur mit Rücksicht darauf eingestellt worden sind, weil die Schuld des Täters nur gering ist und kein öffentliches Interesse an der Verfolgung besteht oder wenn der Dienstvorgesetzte, die Einleitungsbehörde oder das Disziplinargericht ein Dienstvergehen zwar für erwiesen, nach dem gesamten Verhalten des Beamten eine Disziplinarmaßnahme aber nicht für angebracht hält. Die Gründe für die Einstellung spielen keinerlei Rolle. Mit der Unanfechtbarkeit der Einstellung des Straf- bzw. des Disziplinarverfahrens oder dem Freispruch des Angeklagten bzw. Beamten läuft die Frist des § 119 BDO weiter. Bei einer Einstellung des Verfahrens oder einem Freispruch des Beamten wäre es sogar gerechtfertigt, die Frist von der Erhebung der Anklage bzw. der Eröffnung von Vorermittlungen an weiterlaufen zu lassen, so daß sie u. U. sogar vor Beendigung des erneuten Straf- bzw. Disziplinarverfahrens enden könnte. Hierbei soll nur an den Fall gedacht werden, daß ein Beamter völlig haltlos denunziert worden ist; er würde trotz erwiesener Unschuld auch bei einem Freispruch benachteiligt, weil der Denunziant zumindest erreicht hat, daß die Frist des § 119 BDO nicht enden konnte. Eine fiktive Zurückdatierung ist aber angesichts des klaren Wortlauts des § 119 Abs. 3 nicht möglich. Trotzdem sollte der Dienstvorgesetzte den Beamten nach Einstellung des Verfahrens oder Freispruchs wegen erwiesener Unschuld in personalrechtlicher Hinsicht so stellen, als wäre die Frist des § 119 BDO auch vor Beendigung des Straf- oder Disziplinarverfahrens abgelaufen.

Endet das Disziplinarverfahren mit der **Verhängung einer Disziplinarmaßnahme,** so ist zu **unterscheiden, ob** die nunmehr verhängte **Disziplinarmaßnahme der Tilgungsfrist nach § 119 BDO unterliegt oder nicht.** Unterliegt die erneut ausgesprochene Disziplinarmaßnahme der Tilgungsfrist des § 119 BDO, ist gegen den Beamten ein Verweis, eine Geldbuße oder eine Gehaltskürzung verhängt worden, so ist die Frist der früher verhängten Disziplinarmaßnahme unterbrochen und beginnt mit der Unanfechtbarkeit der neuen Disziplinarmaßnahme oder der gerichtlichen Verurteilung durch das Disziplinargericht erneut zu laufen. Hat der Beamte z. B. gegen die erneute Verurteilung durch das Disziplinargericht mit einer Gehaltskürzung Berufung eingelegt, so läuft die Frist des § 119 BDO für die früher verhängte Disziplinarmaßnahme nicht von dem Tage des Erlasses der erneuten disziplinarischen Entscheidung, sondern von dem Tage der Rechtskraft desselben. Nunmehr richtet sich die Frist nach der erneut verhängten Disziplinarmaßnahme, sofern bei ihr eine längere Frist vorgesehen ist. § 119 Abs. 3 BDO stellt nämlich ausdrücklich fest, daß die Frist so lange nicht endet, wie eine andere Disziplinarmaßnahme berücksichtigt werden darf. War der Beamte z. B. mit einem Verweis bestraft worden, bei dem die Tilgungsfrist nur drei Jahre beträgt und ist er während des Laufes dieser Frist erneut zu einer Gehaltskürzung verurteilt worden, so endet die Frist für die frühere Verurteilung zu einem Verweis, bei dem eine Tilgungsfrist von drei Jahren vorgesehen ist, erst mit Ablauf der Frist für die Gehaltskürzung, also erst fünf Jahre nach Unanfechtbarkeit der disziplinargerichtlichen Entscheidung, in der auf die Gehaltskürzung erkannt worden ist.

Ist der Beamte in einem förmlichen Disziplinarverfahren, bei dem zumindest die Vorermittlungen noch vor Ablauf der Frist des § 119 BDO begonnen haben, **zu** einer **Disziplinarmaßnahme verurteilt** worden, **bei der eine Tilgung** nach § 119 BDO **nicht vorgesehen** ist, so **können an sich tilgungsfähige** frühere **Disziplinarmaßnahmen,** die im Hinblick auf § 119 Abs. 3 BDO zumindest nicht bis zum Abschluß des Disziplinarverfahrens getilgt werden dürfen, **nicht aus den Personalakten entfernt und vernichtet werden.** Sie verbleiben vielmehr für alle Zeiten in den Personalakten. Dies ist auch aus Gründen der Dienstzucht geboten. Handelt es sich z. B. um einen haltlosen Trinker, so verhängen die Disziplinargerichte die schwerste Disziplinarmaßnahme, nämlich die Entfernung aus dem Dienst, im allgemeinen erst dann, wenn ersichtlich ist, daß dem Beamten durch eine ansteigende Disziplinierung vor Augen geführt worden ist, daß sich sein Dienstherr bei einer Unbelehrbarkeit von ihm trennen muß (vgl. BDH 25. 7. 67 — III D 12/67 — in DokBer. S. 3125). Wäre der Beamte z. B. zunächst zu einer Geldbuße, dann zu einer Gehaltskürzung, später zu einer Degradierung verurteilt worden und wäre seit der letzten Verurteilung eine Frist von fünf Jahren verstrichen und wären dann die Disziplinarvorgänge, die die Verurteilung zu einer Geldbuße oder Gehaltskürzung bestrafen, getilgt worden, so könnte das Disziplinargericht bei einem weiteren erheblichen Verstoß gegen den Alkoholmißbrauch nicht ersehen, ob der Beamte durch eine steigende Disziplinierung auf die Folgen seines Tuns hingewiesen worden ist.

Ist der Beamte in einem Strafverfahren, das zunächst zu einem Aufschub der Tilgungsfrist des § 119 BDO geführt hat, **zu einer Kriminalstrafe verurteilt** worden, so ist die Frage, ob die Tilgungsfrist auch fernerhin nur aufgeschoben bleibt oder unterbrochen ist, **nach den disziplinarischen Auswirkungen der strafgerichtlichen Bestrafung zu beantworten.** Nach § 119 Abs. 3 BDO endet die Frist des § 119 Abs. 1 BDO nicht, solange gegen den Beamten ein Straf- oder ein Disziplinarverfahren schwebt. Die Folgen aus einem solchen Verfahren für den weiteren Fristablauf sind jedoch nur bei der Verhängung einer Disziplinarmaßnahme aufgezeigt, indem der Gesetzgeber feststellt, daß die Frist nicht endet, solange die Disziplinarmaßnahme zu berücksichtigen ist. Führt die strafgerichtliche Verurteilung zu keinem disziplinarischen Einschreiten, weil es sich bei der Straftat weder um ein Dienstvergehen im engeren noch im weiteren Sinne handelt, so ist der Beamte nicht anders zu behandeln, als wenn das Disziplinarverfahren eingestellt worden ist. Führt hingegen das Fehlverhalten, das zu einer strafgerichtlichen Verurteilung geführt hat, zur Verhängung einer Disziplinarmaßnahme, so beurteilt sich die Frage, ob die Tilgungsfrist nur unterbrochen ist oder ob die Disziplinarvorgänge ständig bei den Personalakten verbleiben, wiederum allein danach, ob die erneute Disziplinarmaßnahme tilgungsfähig ist oder nicht.

VII. FOLGEN EINER EINWANDFREIEN FÜHRUNG INNERHALB DER TILGUNGSFRIST

A. Entfernung der Vorgänge aus den Personalakten und Vernichtung derselben

Eintragungen in den Personalakten über die unter IV genannten **Disziplinarvorgänge** sind nach § 119 Abs. 1 BDO zunächst einmal **aus den Personalakten zu tilgen;** die über diese Disziplinarmaßnahmen entstandenen Vorgänge sind aus den Personalakten zu entfernen und zu vernichten (§ 119 Abs. 1 Satz 1 BDO). Aus den Personalakten darf nichts darauf schließen lassen, daß der Beamte einmal mit einem Verweis, einer Geldbuße oder einer Gehaltskürzung gemaßregelt oder daß einmal eine dienstliche Mißbilligung gegen ihn ausgesprochen worden ist oder gegen ihn einmal ein Vorermittlungsverfahren oder ein förmliches Disziplinarverfahren geschwebt hat, das unter den in § 119 Abs. 5 BDO genannten Voraussetzungen eingestellt oder in dem er freigesprochen worden ist.

Dem Beamten wäre nur wenig geholfen, wenn die Eintragungen über die in § 119 BDO genannten Disziplinarmaßnahmen und die Disziplinarvorgänge zu den Personalhauptakten genommen und dort laufend durchnumeriert werden würden. Würden Eintragungen durch Streichungen unkenntlich gemacht und in den Akten belassen werden, so kann man bereits aus der Streichung darauf schließen, daß der Beamte einmal früher mit einer Disziplinarmaßnahme bedacht worden ist. Würden die durchnumerierten Disziplinarvorgänge aus den Personalakten entfernt werden, so könnte ein Leser der Personalakten schon daraus, daß einzelne Blätter in den Personalakten fehlen, gleichfalls auf eine disziplinäre Maßregelung schließen. Aus diesem Grunde sieht Nr. 1 VV zu § 119 BDO vor, daß **Disziplinarvorgänge nicht in den Hauptakten, sondern in Beiakten zu den Personalakten zu führen** sind. Für jeden Disziplinarvorgang ist eine gesonderte Beiakte zu führen. Über die Beiakten und die Anzahl der in ihnen enthaltenen Blätter ist ein Verzeichnis anzufertigen und zu der ersten Beiakte zu nehmen.

Ist innerhalb der in § 119 BDO vorgesehenen Frist keine Anklage im Strafverfahren erhoben und sind keine Vorermittlungen eingeleitet worden oder ist nach Beendigung des Straf- bzw. Disziplinarverfahrens die unterbrochene Frist später abgelaufen, so sind die Eintragungen über die in § 119 Abs. 1 und 5 genannten Maßnahmen **zu tilgen.** Einmal handelt es sich um die **Disziplinarverfügung und** das **Disziplinarurteil** selbst, in denen auf die in § 119 BDO genannten Disziplinarmaßnahmen erkannt worden ist. Befinden sich in **sonstigen Schreiben,** die in den Personalakten oder in den Beiakten enthalten sind, Eintragungen über die in § 119 Abs. 1 und 4 BDO genannten Maßnahmen, so sind auch diese Schreiben zu vernichten; u. U. müssen aus ihnen Auszüge gefertigt werden, aus denen auf eine Maßregelung im Sinne des § 119 Abs. 1 und 5 BDO nicht zu schließen ist. Hinweise auf getilgte Disziplinarmaßnahmen in Beurteilungen und anderen Stellen der Personalakten sind unkenntlich zu machen (Nr. 3 Satz 2 VV zu § 119 BDO). Um zu vermeiden, daß man aus der Entfernung von Eintragungen disziplinären Inhalts aus den Hauptakten dennoch Rückschlüsse auf eine frühere disziplinarische Maßregelung ziehen kann, sollen nach Nr. 2 Satz 1 VV zu § 119 BDO **in Beurteilungen** und in allen anderen Vorgängen der Personalakten **Hinweise auf Disziplinarmaßnahmen, die der Tilgung unterliegen, nicht aufgenommen** werden. Erscheint ein Hinweis wegen der sich aus dem Dienstvergehen ergebenden Rückschlüsse auf Charakter und Gesamtverhalten des Beamten geboten, so ist nach Nr. 2 Satz 2 VV zu § 119 BDO nicht die Disziplinarmaßnahme, sondern nur das ihr zugrunde liegende Verhalten des Beamten zu kennzeichnen. Ist z. B. ein Beamter wegen unordentlicher Kassenführung, die den Verdacht einer Unterschlagung aufkommen läßt, zu einer Geldbuße durch das Disziplinargericht verurteilt worden, so soll der Dienstvorgesetzte in einem Befähigungsbericht wohl nicht auf die Disziplinarmaßnahme hinweisen, kann aber folgenden Vermerk aufnehmen: „Postoberinspektor Müller ist wegen erheblicher Verstöße gegen die Kassenvorschriften für die Führung einer Hauptkasse ungeeignet". In entsprechender Anwendung von Nr. 1 VV zu § 119 BDO wird es sich empfehlen, auf Hinweise auf Strafurteile und Strafbefehle in Beurteilung und anderen Vorgängen zu vermeiden, wenn sie eine Grundlage für eine in § 119 BDO aufgeführten Disziplinarmaßnahme gebildet haben.

Tilgung der Eintragungen über die Disziplinarmaßnahmen bedeutet nicht nur die Entfernung derselben aus den Personalakten und eine Löschung der Vermerke oder gar nur eine Einordnung in Sonderakten, sondern eine **Vernichtung.** Ist die Disziplinarmaßnahme in eine „Strafliste" eingetragen, so ist diese Strafliste zu vernichten und erforderlichenfalls eine neue Strafliste anzulegen, in der die getilgten Disziplinarmaßnahmen nicht mehr einzutragen sind. Gleiches gilt auch dann, wenn die Disziplinarmaßnahme in den Personalbogen eingetragen ist; dann ist auch dieser Personalbogen zu vernichten und ein neuer Personalbogen anzulegen, in den nur die nicht gelöschten Disziplinarmaßnahmen einzutragen sind. Um eine spätere Tilgung zu erleichtern, sind in den bei den Personalakten zu führenden Personalbogen in der Spalte „Bestrafungen" bzw. „Disziplinarmaßnahmen" die Disziplinarmaßnahmen Verweis, Geldbuße und Gehaltskürzung nicht zu vermerken; die Verhängung einer dieser Disziplinarmaßnahmen ergibt sich vielmehr aus der Beiakte mit dem Disziplinarvorgang. Gleiches hat auch für Strafurteile und Ordnungsmaßnahmen aus sachgleichen Strafverfahren oder ordnungsbehördlichen Verfahren zu gelten (vgl. Umdruckverfügung des Bundesministers für das

Post- und Fernmeldewesen III R 1 8050—0 vom 13. 10. 67 Abschn. II Nr 3).

Befinden sich entsprechend der früheren Regelung Eintragungen über **Disziplinarmaßnahmen** dennoch **in den Personalhauptakten,** so sind diese Eintragungen, sofern der Vorgang, in dem sich der Hinweis auf die Verhängung einer Disziplinarmaßnahme befindet, nicht vernichtet werden kann, der **Hinweis in geeigneter Form unkenntlich zu machen.** Tunlichst ist das Schreiben, in dem sich ein Vermerk über die Verhängung einer Disziplinarmaßnahme befindet, neu zu fertigen, wobei der Hinweis auf die Disziplinierung zu fehlen hat; dies wird dann auf Schwierigkeiten stoßen, wenn der Verfasser des Schreibens sich nicht mehr im Dienst befindet oder bereits verstorben ist.

Neben den Eintragungen über die Disziplinarmaßnahmen selbst sind **auch die sonstigen Vorgänge,** die anläßlich der Verhängung der Disziplinarmaßnahme oder der Einstellung im Disziplinarverfügungs- oder im förmlichen Disziplinarverfahren oder anläßlich des Freispruchs durch ein Disziplinargericht entstanden sind, **aus den Personalakten** bzw. den Beiakten zu den Personalakten **zu entfernen und** gleichfalls **zu vernichten.** Hierzu gehören auch die bei den Beiakten zu den Personalakten befindlichen Entscheidungen eines Strafgerichts oder einer Behörde über eine verhängte Strafe oder Ordnungsmaßnahme, wie z. B. ein Strafurteil oder ein Strafbefehl (vgl. Umdruckverfügung des Bundesministers für das Post- und Fernmeldewesen III R 1 8050—0 vom 13. 10. 67 Abschn. I Nr. 1). Die Entscheidung eines Strafgerichts oder einer Ordnungsbehörde, die einem Disziplinarvorgang zugrunde liegt, ist von der Tilgung nicht auszunehmen. Auch die im Zusammenhang mit der Disziplinarmaßnahme entstandenen Disziplinarvorgänge sind nicht nur aus den Personalakten zu entfernen und zu Sonderakten zu nehmen, sondern zu vernichten. Wenn die Entfernung der Disziplinarvorgänge der Vollständigkeit der Personalakten abträglich ist, so sind die Vorgänge insoweit bei den Personalakten zu belassen, als sie sich nicht auf die disziplinarische Maßregelung oder das sonstige Disziplinarverfahren beziehen. Wäre z. B. anläßlich der Vorermittlungen eine Auskunft des Dienstvorgesetzten über den Beamten bei seiner früheren Beschäftigungsbehörde eingeholt worden und würde sich diese Beurteilung für den Beamten in sonstiger dienstlicher Hinsicht sogar günstig auswirken, so kann diese Auskunft bei den Personalakten belassen oder mit ihnen vereinigt werden, wenn eine Bezugnahme auf den Disziplinarvorgang nicht gegeben ist. Würde es in dem Eingang der Auskunft heißen „Betr.: Disziplinarverfahren gegen den Regierungssekretär Meier", so mußte u. U. auszugsweise eine Abschrift der Auskunft gefertigt werden, in der der Betreff fehlt.

Das **Verzeichnis in den Beiakten** der Personalakten und die Anzahl der in ihnen enthaltenen Blätter, das nach Nr. 1 Satz 3 VV zu § 119 BDO zu fertigen ist, sind zu **entfernen und** nach Entfernung der Beiakte **ein neues Verzeichnis anzufertigen,** das keinen Hinweis auf die entfernten Vorgänge entfalten darf (Nr. 1 Satz 4 VV zu § 119 BDO).

Werden insbesondere bei nachgeordneten Dienststellen, wie z. B. im Bereich der Deutschen Bundespost bei den Postämtern, **besondere Personalpapiere geführt, so gelten auch hier § 119 BDO und die VV hierzu.** Auch aus den bei den nachgeordneten Dienststellen geführten Personalunterlagen darf nach Ablauf der Tilgungsfrist nichts auf eine frühere disziplinäre Maßregelung oder eine sonstige disziplinäre Anordnung schließen lassen, sofern die Voraussetzungen des § 119 Abs. 4 BDO gegeben sind.

Die **Tilgung** der Eintragungen über die in § 119 Abs. 1 und 5 BDO genannten Disziplinarmaßnahmen und sonstigen Anordnungen disziplinären Inhalts, wie z. B. Einstellungsverfügungen der Dienstvorgesetzten oder der Einleitungsbehörde oder Urteile der Disziplinargerichte, in denen auf Freispruch erkannt worden ist, geschieht **von Amts wegen.** Gleiches gilt auch für die Entfernung der über diese Disziplinarmaßnahmen entstandenen Vorgänge aus den Personalakten und die Vernichtung der Disziplinarakten. Sofern es sich um Disziplinarvorgänge handelt, die in Übereinstimmung mit Nr. 1 VV zu § 119 BDO in besonderen Beiakten zu den Personalakten gesammelt sind, bedeutet dies keine Schwierigkeit. Der die Personalakten führende Beamte hat einen **Fristenkalender** anzulegen, so daß eine Kontrolle über eine rechtzeitige Tilgung der Disziplinarvorgänge möglich ist.

Schwierigkeiten ergeben sich bei recht umfangreichen Personalakten und bei **Disziplinarmaßnahmen,** die **bereits vor vielen Jahren verhängt** worden sind. Soweit die tilgungsfähigen Vorgänge sich nicht durch vorhandene Aufzeichnungen feststellen lassen, empfiehlt z. B. der Bundesminister für das Post- und Fernmeldewesen in der Umdruck-Vf. vom 13. 10. 67 in Abschn. II unter Nr. 7,

a) die Dienstvorgesetzten und Vorgesetzten aufzufordern, die nach ihrer Sachkenntnis bei den Akten nachgeordneter Beamten befindlichen tilgungsfähigen Vorgänge zu melden und
b) den Personalsachbearbeitern aufzugeben, jeweils **auf tilgungsfähige Vorgänge zu achten, wenn** ihnen **bei irgendeinem Anlaß** die **Personalakten vorgelegt werden.**

Ebenso dürfte es sich empfehlen, daß die Dienststellen **am Schwarzen Brett auf** die **Möglichkeit der Tilgung** von Disziplinarmaßnahmen und von Disziplinarvorgängen **hinweisen** und den betreffenden Beamten anheimstellen, ein Verfahren nach § 119 BDO anzuregen.

Die **Tilgung** einer Disziplinarmaßnahme oder mißbilligenden Äußerung ist dem Beamten **schriftlich mitzuteilen** (Nr. 5 Satz 1 VV zu § 119 BDO). Über die Mitteilung ist keine Unterlage zu den Akten zu nehmen (Nr. 5 Satz 2 VV zu § 119 BDO). Die Vernichtung der Disziplinarvorgänge aus den sonstigen in § 119 Abs. 5 BDO aufgeführten Gründen ist zweckmäßigerweise gleichfalls dem Beamten mitzuteilen.

B. Nichtberücksichtigung der getilgten Disziplinarmaßnahmen

Nach Ablauf der in § 119 Abs. 1 BDO genannten Tilgungsfrist **gilt der Beamte nicht mehr als betroffen** (§ 119 Abs. 4 BDO). Es kommt nicht darauf an, ob die Eintragungen in den Personalakten über Verweis, Geldbuße und Gehaltskürzung nach Fristablauf bereits getilgt und die dazugehörigen Disziplinarakten vernichtet worden sind. Verweis und Geldbuße stehen nach § 8 BDO bei Bewährung ohnehin einer Beförderung des Beamten nicht entgegen. Bewährt sich der Beamte auch nach Ablauf der Tilgungsfrist nicht, so kann er sich im Falle einer Nichtberücksichtigung bei einer Beförderung nicht auf § 119 Abs. 5 BDO berufen; nur darf aus der früheren Verhängung eines

Verweises, einer Geldbuße oder einer Gehaltskürzung als solchen nicht auf die Nichtbewährung geschlossen werden. Ist der Beamte jedoch z. B. wegen unordentlicher Kassenführung zu einer Gehaltskürzung verurteilt worden, so kann bei einer Weiterbeschäftigung in einer Hauptkasse bei einer Beförderung insbesondere dann das in der früheren Disziplinarverfügung gerügte Verhalten zur Beurteilung einer Nichtbewährung herangezogen werden, wenn der Beamte in der Zwischenzeit keine oder nur eine geringe Besserung in seiner dienstlichen Haltung gezeigt hat.

Nach Ablauf der in § 119 Abs. 1 Satz 1 BDO genannten Frist **dürfen** die getilgten oder zu tilgenden Disziplinarmaßnahmen **bei weiteren Disziplinarmaßnahmen nicht mehr berücksichtigt werden** (§ 119 Abs. 1 Satz 2 BDO). Der Gesetzgeber hat sich hier in Gegensatz zur Rechtsprechung des Bundesdisziplinarhofs gesetzt, wonach einschlägige frühere Disziplinarmaßnahmen bei der Beurteilung des Gesamtverhaltens auch dann nicht unberücksichtigt bleiben können, wenn sie nach § 103a BDO a. F. zu tilgen waren (vgl. BDH 5. 12. 61 — I D 72/61 — in ZBR 1962 S. 195; BDH 19. 12. 61 — III D 25/61; BDH 11. 7. 62 —; BDH 04. 8. 29 — I DV 9/61 in ZBR 1963 S. 29; vgl. auch DokBer. Nr. 1537, 1621, 1625, 1699 und 1762). Nach dieser Rechtsprechung stand die Tilgungsvorschrift des § 103a BDO a. F. der Verwertung solcher tilgungsfähiger und getilgter früheren Disziplinarmaßnahmen nicht entgegen, die zur Kenntnis des erkennenden Disziplinargerichts gekommen waren. Da die Disziplinargerichte nach § 3 BDO n. F. § 3 BDO a. F. verpflichtet sind, die Gesamtpersönlichkeit des Beamten zu berücksichtigen, konnten nach der Ansicht des Bundesdisziplinarhofes die getilgten Disziplinarmaßnahmen nicht unberücksichtigt bleiben, wenn sie dem Gericht bekannt waren. Hatte z. B. die Verwaltung bei einem Beamten, der wiederholt wegen des Genusses zu reichlicher Mengen Alkohols sich disziplinarisch verantworten mußte, alles Mögliche getan, um ihn von diesem Laster zu befreien, so wäre es falsch, bei einem erneuten Verstoß gegen das Verbot des Alkoholmißbrauchs dieses Beamten an den früheren Besserungsversuchen, die sich zum Teil in einer stufenweisen Disziplinierung offenbarten, vorüberzugehen und sie nicht bei der Bemessung der Disziplinarmaßnahmen zu berücksichtigen. Lediglich die Behauptung, daß der Beamte früher wegen des gleichen Dienstvergehens einschlägig diszipliniert worden ist, reichte aber auch nach der Ansicht des Bundesdisziplinarhofs zu einer Heranziehung der früheren Disziplinarmaßnahme nicht aus (vgl. BDH 16. 4. 64 — II D 6/64 — in ZBR 1964 S. 283 = DokBer. Nr. 1996). Eine Nachprüfung dieser Behauptung läßt sich jedoch im Falle einer Vernichtung der früheren Disziplinarvorgänge nicht mehr erbringen. Deshalb stellte bereits der Bundesdisziplinarhof in seinem Urteil vom 16. 4. 64 — II D 7/64 — (BDHE Bd. 7 S. 112) fest, daß in den Fällen, in denen die Disziplinarvorgänge bereits aus den Personalakten herausgenommen und vernichtet sind, eine Heranziehung der früher erkannten Disziplinarmaßnahmen ausscheidet, weil es nunmehr an Beweismitteln fehlt, die dem Gericht eine zuverlässige Kenntnis von den früher erkannten Disziplinarmaßnahmen, ihrer zeitlichen Lage und vor allem — was für die Zumessung der Disziplinarmaßnahme von besonderer Bedeutung ist — von ihren sachlichen Hintergründen und deren wahrem Kern vermitteln könnten. Oft werden nämlich früher erkannte Disziplinarmaßnahmen als einschlägig betrachtet, während eine genaue Prüfung des Sachverhalts ergibt, daß diese Annahme gar nicht zutrifft. Das Bundesverwaltungsgericht ist daher in seinem grundlegenden Urteil vom 18. 4. 61 — II D 2. 68 — (DokBer. S. 3285) von der o. a. Rechtsprechung abgerückt und läßt z. B. bei der Prüfung der Voraussetzungen des § 14 BDO die Berücksichtigung einer früheren einschlägigen Maßnahme nicht zu, selbst wenn diese noch aktenkundig sein, aber der Tilgung nach § 119 BDO unterworfen sein sollte. Eine nochmalige Ermittlung der früheren Vorgänge, die s. Z. zu einer disziplinarischen Verfolgung geführt hatten, scheitert oft an dem Aussageverweigerungsrecht des beschuldigten Beamten, dem Zeitablauf und der Trübung des Erinnerungsvermögens. Eine Heranziehung früherer Disziplinarvorgänge, die an sich zu tilgen waren, scheidet selbst dann aus, wenn der Beamte hierzu seine Zustimmung erteilen würde. Der Gesetzgeber hat daher mit Recht jede Heranziehung von den in § 119 Abs. 1 Satz 1 BDO genannten Disziplinarmaßnahmen bei weiteren Disziplinarmaßnahmen untersagt. Würde man dies dem Disziplinargericht entsprechend der o. a. Rechtsprechung gestatten, so würde es einmal von dem Zufall, wonach tilgungsfähige Vorgänge in einem erneuten Disziplinarverfahren dennoch an das Tageslicht gebracht werden, und u. U. von dem bösen Willen der Einleitungsbehörde abhängen, die entgegen der ausdrücklichen Regelung des § 119 BDO — § 103a a. F. — tilgungsfähige Vorgänge zu den Sonderakten gebracht hat. Neben dem Disziplinargericht müßte es dann aber auch dem Dienstvorgesetzten im Disziplinarverfügungsverfahren gestattet sein, bereits getilgte oder tilgungsfähige Disziplinarmaßnahmen bei der Festsetzung der Art und Höhe der Disziplinarmaßnahme heranzuziehen; der Dienstvorgesetzte wird aber selbst bei getilgten Disziplinarmaßnahmen noch Kenntnis von den Einzelheiten der Tatsachen haben, die zur Verhängung einer Disziplinarmaßnahme geführt haben.

Handelt es sich um ein **Trunkenheitsdelikt,** so kann unabhängig von etwaigen früher gegen den Beamten erkannten Disziplinarmaßnahmen eine **allgemeine Alkoholanfälligkeit** des Beamten zu seinen Ungunsten **berücksichtigt** werden. Dies würde keine Umgehung des § 119 BDO bedeuten, vor allem dann nicht, wenn sich eine Alkoholanfälligkeit auf den dienstlichen Bereich auswirkt. Bei der Festsetzung der Disziplinarmaßnahme kommt es wesentlich auf das Persönlichkeitsbild des Beamten an, insbesondere auf sein allgemeines dienstliches Verhalten, seine Eingliederung in den Dienstbetrieb, seine dienstliche Verwendbarkeit und seine Leistungen. Dies gilt vor allem für solche Beamte, die durch Alkoholanfälligkeit auffallen. § 119 BDO steht vor allem dann nicht entgegen, wenn die Alkoholanfälligkeit nach Zuerkennung der letzten Disziplinarmaßnahme eingetreten ist. Durch die Tilgungsvorschrift des § 119 BDO wird weder eine länger zurückliegende, noch nicht getilgte Kriminalstrafe weggeräumt, noch wird die Berücksichtigung des allgemeinen Persönlichkeitsbildes des beschuldigten Beamten in den zurückliegenden Jahren ausgeschlossen (vgl. BDH 13. 4. 65 — II D 6/65 — (BDHE Bd. 7 S. 117).

Ist die Tilgungsfrist abgelaufen, so **darf** der **Beamte jede Auskunft** über die Tat und über die in § 119 Abs. 1 Satz 1 BDO genannte Disziplinarmaßnahme **verweigern.** Es kommt hierbei nicht darauf an, ob die Eintragungen und die Disziplinarvorgänge bereits getilgt sind. Gibt jedoch der Beamte Auskunft über die Disziplinarmaßnahme und das ihr zugrunde liegende Verhalten, so muß sie wahrheitsgemäß sein;

andernfalls kann er wegen Verletzung der Wahrheitspflicht disziplinär belangt werden, wobei u. U. von einer Disziplinierung im Hinblick darauf abgesehen werden kann, daß eine Erkundung über bereits getilgte Disziplinarmaßnahmen und das ihr zugrunde liegende Verhalten rechtsstaatlichen Grundsätzen widerspricht (vgl. BDH in DokBer. Nr. 1882, wonach eine Disziplinierung dann entfiel, wenn ein Beamter in der Zeit zwischen 1933 und 1945 die Frage nach seiner früheren Zugehörigkeit zur SPD falsch beantwortet hatte). Ein Beamter kann disziplinarisch nicht zur Rechenschaft gezogen werden, wenn er in einem Fragebogen die Spalte, in der nach Vorstrafen gefragt wird, mit einem Strich versieht oder das Wort „entfällt" einsetzt.

VIII. KRITISCHE WÜRDIGUNG DES § 119 BDO

Bei § 119 BDO handelt es sich um eine äußerst umstrittene Bestimmung. Rechtslehre und Rechtsprechung gehen von dem **Grundsatz der Vollständigkeit der Personalakten** aus (vgl. BVerwG 30. 8. 63 — II C 16/60 — in NJW 1963 S. 123, Hess. VGH 4. 2. 64 — OS I 17/63). Es ist nicht einzusehen, warum dieser Grundsatz zugunsten der Beamten durchbrochen wird, die gegen die Dienstzucht in einem so erheblichen Maße verstoßen haben, daß sie disziplinarisch zur Rechenschaft gezogen werden mußten. Hier stellt § 119 BDO nur ein Torso dar. Wenn es schon gerechtfertigt erscheint, solche Vorgänge aus den Personalakten zu entfernen und zu tilgen, die auf ein disziplinäres Fehlverhalten zurückzuführen sind, so wäre es noch mehr **gerechtfertigt, auch sonstige Vorgänge** aus den Personalakten **zu entfernen, die dem Beamten nachteilig werden können und die an sich nicht in die Personalakten hineingehören,** wobei z. B. nur an Scheidungsurteile mit Gründen oder an haltlose Beschwerden gedacht werden soll, die sich zuweilen gar nicht einmal auf den Beamten selbst, sondern auf seine Ehefrau oder seine Kinder beziehen. Gleiches gilt für unrichtige Beurteilungen, bei denen der Dienstvorgesetzte offensichtlich voreingenommen gehandelt hat (vgl. meinen Aufsatz „Sind unrichtig dargestellte Vorgänge und unrichtige Beurteilungen aus den Personalakten zu entfernen?" in RiA 1967 S. 23ff.). Aus diesem Grunde wäre es zu begrüßen gewesen, wenn die Novelle zum Bundesdisziplinarrecht in Art. 2 § 2 dem § 90 BBG einen Zusatz beigefügt hätte, wonach aus den Personalakten sämtliche diskriminierenden Vorgänge zu entfernen wären, wobei lediglich bei einer disziplinären Verfolgung die Entfernung aus den Personalakten und Tilgung an eine bestimmte Frist gebunden wäre, in der sich der Beamte bewährt haben müßte. Ganz allgemein wären aus den Personalakten solche Eintragungen zu entfernen, die auf falschen Angaben beruhen oder die an sich überhaupt nicht in die Personalakten gehören.

Die Tilgung von Disziplinarvorgängen kann sich für den Beamten als zweischneidiges Schwert erweisen. Wenn auch die Disziplinarvorgänge und die Disziplinarvermerke ganz allgemein getilgt sind, so verfolgt oft die Tat den Beamten während seiner gesamten dienstlichen Laufbahn. So kommt es häufig vor, daß durch die Weitergabe von Gerüchten die an sich harmlose Tat erheblich aufgebauscht wird. **Nach Vernichtung der Disziplinarvorgänge** hat der Beamte **keine Möglichkeit mehr, solchen haltlosen Gerüchten wirksam entgegenzutreten.** So ist es bereits häufig vorgekommen, daß Beamte gerade bei einer Bestrafung durch die Strafgerichte wegen

Verstößen gegen die Straßenverkehrsvorschriften den größten Wert darauf gelegt haben, daß das Strafurteil mit Gründen zu den Personalakten genommen wird und auch dort ständig verbleibt, damit sich der Leser der Personalakte von der Harmlosikgeit der Straftat überzeugen kann. Gleiches müßte auch für eine disziplinarische Verfolgung eines geringfügigen Fehlverhaltens des Beamten gelten. Zumindest sollte man dem Beamten die Möglichkeit einräumen, den Antrag zu stellen, die Disziplinarvorgänge auch nach Ablauf der Tilgungsfrist bei den Personalakten zu belassen.

Hat der Beamte **durch** sein **disziplinäres Verhalten** zugleich der öffentlichen Hand einen **Vermögensschaden zugefügt,** so kann der Verbleib auch der dem Disziplinarverfahren zugrunde liegenden Akten für ein Erstattungsverfahren von Bedeutung sein, das sich im Falle eines Verwaltungsstreitverfahrens oft auf Jahre, auch über den Ablauf der Tilgungsfrist hinaus erstrecken kann.

Nr. 121 **S. 341**

Nach Zeile 12 folgenden Absatz einfügen:

Einmal setzt sich der **Pflichtenkreis** des Beamten **aus ausdrücklichen Geboten** zusammen, die durch Rechts- und Verwaltungsvorschriften, allgemeinen und besonderen Dienstanweisungen sowie Dienstbefehlen dem Beamten unmittelbar und konkret aufgegeben sind. Durch die Rechtsprechung der Disziplinargerichte konkretisierte Pflichten werden oft dem Beamten im Erlaß- und Verordnungswege bekanntgegeben. **Neben** die **schriftlich festgelegten Pflichten** treten **diejenigen, die sich aus der „Natur des öffentlich-rechtlichen Dienst- und Treueverhältnisses“** oder der „ungeschriebenen Dienstpragmatik“ **ergeben**[2a], wobei § 54 Satz 3 BBG zur Richtschnur dient. Was hier als Dienstvergehen zu bewerten ist, kann im Einzelfalle oft zu großen Schwierigkeiten führen. Ob das Verhalten des Beamten der Achtung und dem Vertrauen gerecht werden, die sein Dienst erfordert, läßt sich nicht allein aus dem Urteil der Allgemeinheit, den Moralanschauungen und allgemeinen sittlichen Wertmaßstäben bestimmen; hier kommt es auch auf die sich **aus dem konkreten Staatsamt ergebenden Anforderungen** an. Soweit es sich um ein Verhalten außerhalb des Dienstes handelt, müssen die in § 77 Abs. 1 Satz 2 BBG genannten Tatbestandsvoraussetzungen hinzutreten, d. h. das Verhalten des Beamten außerhalb des Dienstes ist nur dann ein Dienstvergehen, wenn es nach den Umständen des Einzelfalles im besonderen Maße geeignet ist, Achtung und Vertrauen in einer für sein Amt oder das Ansehen des Beamtentums bedeutsamen Weise zu beeinträchtigen.

Nr. 122 **S. 341**

Bei Fußnote 1 einfügen:

Dau „Der Begriff des Dienstvergehens und sein Verhältnis zum Straftatbestand“ in DVBl. 1968 S. 62.

Nr. 123 **S. 341**

Folgende Fußnote einfügen:

[2a] Vgl. Schütz, Disziplinarrecht S. 83; Auert „Die Generalklausel im öffentlichen Recht“, Dissertation Köln, 1960 S. 22; BDHE Bd. 1 S. 61; PrOVG Bd. 66 S. 445.

Nr. 124 **S. 349**

Dem Zeile 13 endenden Satz folgende Sätze anfügen:

Es ist prinzipiell verfehlt, bei der Zumessung einer Disziplinarmaßnahme unmittelbare Folgerungen aus einem Straftatbestand zu ziehen. Zweck der Disziplinarmaßnahme ist weder die Vergeltung für strafrechtliches Unrecht noch ein Ausgleich der Interessen des dadurch Verletzten. Vielmehr geht es allein um die Frage, ob ein Beamter, der sich derartiger strafrechtlicher Verfehlungen schuldig gemacht hat, noch Vertrauen verdient und als Beamter ansehensmäßig tragbar ist[6a].

Nr. 125 **S. 349**

Folgende Fußnote einfügen:

[6a] BDH 23. 5. 65 — III D 32/64 — ZBR 1966 S. 319.

Nr. 126 **S. 350**

Nach Zeile 5 folgende Absätze einfügen:

Hat der Beamte in dienstlicher Hinsicht oder außerhalb des Dienstes in seiner Privatsphäre gegen eine strafrechtliche Norm verstoßen und ist er **durch ein Strafgericht zu einer Kriminalstrafe verurteilt** worden, so ist nach Inkrafttreten des Gesetzes zur Änderung des Bundesdisziplinarrechts vom 20. 7. 67 zu prüfen, ob es sich um eine Straftat handelt, die im gegenstandsgleichen Disziplinarverfahren mit der Entfernung aus dem Dienst, der Aberkennung des Ruhegehalts, der Degradierung oder mit einer leichteren Disziplinarmaßnahme, nämlich mit einem Verweis, einer Geldbuße, einer Gehalts- oder Ruhegehaltskürzung, zu ahnden ist. Wäre nur ein **Verweis** angebracht, so darf dieser **überhaupt nicht ausgesprochen** werden, wenn das Strafgericht wegen der gegenstandsgleichen Tat eine Strafe verhängt hat; hier dürfte die Kriminalstrafe allein ausreichen, um den Beamten zur Erfüllung seiner Pflichten anzuhalten (vgl. § 14 Halbsatz 1 BDO). **Geldbuße, Gehaltskürzung oder Kürzung des Ruhegehalts** dürfen in den Fällen, in denen das Gericht eine Kriminalstrafe verhängt hat, wegen der gegenstandsgleichen Tat **nur** dann **verhängt** werden, **wenn** dies **erforderlich** ist, **um** den Beamten oder Ruhestandsbeamten **zur Erfüllung seiner Pflichten anzuhalten und das Ansehen des Beamtentums zu wahren** (vgl. § 14 Halbsatz 2 BDO). Hier ist es einmal auf die Art der Straftat abzustellen: hat der Beamte durch sie das Ansehen des Beamtentums geschädigt, so kann dann eine disziplinarische Verfolgung angebracht sein. Das wäre z. B. der Fall, wenn ein Post- oder Eisenbahnbeamter die Straftat in Uniform begangen hat. Aber auch dann ist eine disziplinarische Verfolgung nur zulässig, wenn hierdurch das Ansehen des Beamtentums gewahrt werden kann und die gegen den Beamten verhängte Disziplinarmaßnahme geeignet ist, ihn zur Erfüllung seiner Pflichten anzuhalten. Versieht bereits die Kriminalstrafe diesen Zweck, so kann daneben keine Geldbuße, Gehaltskürzung oder Kürzung des Ruhegehalts verhängt werden. Ist der Beamte, der gegen die Straßenverkehrsvorschriften in strafrechtlicher Hinsicht vom Strafgericht deshalb mit einer besonders schweren Strafe belegt worden, weil er als Beamter zu einer besonderen Gesetzestreue verpflichtet ist, und ist im Hinblick auf die Höhe der ausgebrachten Strafe damit zu rechnen, daß er nicht nochmals fehlen sollte, so dürfte die Kriminalstrafe allein geeignet sein, den Beamten oder Ruhestandsbeamten zur Erfüllung seiner Pflichten anzuhalten. Eine disziplinarische Verfolgung muß in einem solchen Falle ausscheiden, sofern voraussichtlich nur mit einer Ahndung durch eine Geldbuße, Gehaltskürzung oder Ruhegehaltskürzung zu rechnen ist. Dies wird vor allem für die durch die Strafgerichte gesühnten Verstöße gegen die Straßenverkehrsvorschriften gelten, weil gerade der Verkehrsstrafe ein besonderer Erziehungszweck innewohnt. Allerdings braucht diese noch nicht immer dazu geeignet zu sein, den Beamten zur Erfüllung auch seiner dienstlichen und außerdienstlichen Pflichten anzuhalten. So kann die Begründung in einem Strafurteil, daß der Angeklagte durch die Kriminalstrafe angehalten werden soll, künftig die strafrechtlichen Normen genauestens zu beachten, noch nicht allein dazu dienen, von einer disziplinarischen Maßregelung mit einer Geldbuße, einer Gehalts- oder Ruhegehaltskürzung abzusehen.

Ist gegen den Beamten wegen einer gegenstandsgleichen Straftat bereits durch ein Disziplinarorgan ein Verweis, eine Geldbuße, eine Gehaltskürzung oder Kürzung des Ruhegehalts verhängt worden und wird er **nachher durch ein Gericht zu einer Kriminalstrafe bestraft,** so ist die **Disziplinarmaßnahme auf Antrag des Beamten** oder Ruhestandsbeamten **aufzuheben,** wenn die Voraussetzungen des § 14 BDO vorliegen (§ 123 Abs. 1 BDO). Im einzelnen hierzu siehe Band 2 § 124 S. 1069ff.

Nr. 127 S. 352/3

In Abschnitt III den 1. Absatz streichen und durch folgenden Absatz ersetzen:

Eine **Ordnungswidrigkeit** ist eine **rechtswidrige und verwerfbare Handlung, die** den **Tatbestand eines Gesetzes verwirklicht, das** die Ahndung mit einer **Geldbuße zuläßt** (§ 1 Abs. 1 des **Gesetzes über Ordnungswidrigkeiten — OWiG — vom 24. 5. 68** (BGBl. I S. 481). Eine mit Geldbuße bedrohte Handlung ist eine rechtswidrige Handlung, die den Tatbestand eines Gesetzes im Sinne des § 1 Abs. 1 a. a. O. verwirklicht, auch wenn sie nicht vorwerfbar begangen ist (§ 1 Abs. 2 a. a. O.). Das OWiG gilt für Ordnungswidrigkeiten nach Bundes- und nach Landesrecht (§ 2 a. a. O.). Eine Handlung kann als Ordnungswidrigkeit nur geahndet werden, wenn die Möglichkeit der Ahndung gesetzlich bestimmt war, bevor die Handlung begangen wurde (§ 3 Abs. 1 a. a. O.). Die Geldbuße bestimmt sich nach dem Gesetz, das zur Zeit der Handlung gilt (§ 3 Abs. 2 Satz 1 a. a. O.). Als Ordnungswidrigkeit kann nur vorsätzliches Handeln geahndet werden, außer wenn das Gesetz fahrlässiges Handeln ausdrücklich mit Geldbuße bedroht (§ 5 a. a. O.). Die Geldbuße beträgt mindestens 5 DM und, wenn das Gesetz nichts anderes bestimmt, höchstens 1000 DM (§ 13 Abs. 1 a. a. O.). Ist eine Handlung gleichzeitig Straftat und Ordnungswidrigkeit, so wird nur das Strafgesetz angewendet (§ 17 Abs. 1 Satz 1 a. a. O.). Auf die in dem anderen Gesetz angedrohten Nebenfolgen kann erkannt werden (§ 17 Abs. 1 Satz 2 a. a. O.). Im Falle des § 17 Abs. 1 a. a. O. kann die Handlung jedoch als Ordnungswidrigkeit geahndet werden, wenn eine Strafe nicht verhängt wird (§ 17 Abs. 2 a. a. O.). In §§ 31 bis 33 sind als Ordnungswidrigkeiten, die unmittelbar sich aus dem OWiG ergeben, Vollrausch, Verletzung der Aufsichtspflicht gegenüber Kindern und Jugendlichen sowie die Verletzung der Aufsichtspflicht in Betrieben und Unternehmungen angeführt.

Nr. 128 **S. 353**

Nach der letzten Zeile folgenden Absatz einfügen:

Ist durch ein Gericht oder eine Behörde eine **Ordnungsmaßnahme verhängt** worden, so **darf** wegen des gegenstandsgleichen Sachverhalts ein **Verweis nicht ausgesprochen werden** (§ 14 Halbsatz 1 BDO). Hier dürfte die Ordnungsmaßnahme allein ausreichen, um den Beamten zur Erfüllung seiner Pflichten anzuhalten und das Ansehen des Beamtentums zu wahren.

Geldbuße, Gehaltskürzung und Kürzung des Ruhegehalts dürfen wohl auch dann ausgesprochen werden, wenn gegen den Beamten oder Ruhestandsbeamten wegen des gleichen Sachverhalts durch ein Gericht oder eine Behörde eine Ordnungsmaßnahme verhängt worden ist; in einem solchen Falle kommt eine Disziplinierung mit einer der eben genannten Disziplinarmaßnahmen nach § 14 Halbsatz 2 BDO nur dann in Betracht, **wenn** dies **zusätzlich erforderlich** ist, um den **Beamten oder Ruhestandsbeamten zur Erfüllung seiner Pflichten anzuhalten und das Ansehen des Beamtentums zu wahren.** Im einzelnen siehe Nr. 110d der Berichtigungen und Ergänzungen. Wird das Verhalten des Beamten oder Ruhestandsbeamten nach Abschluß des Disziplinarverfahrens durch ein Gericht oder eine Behörde geahndet, so ist die Disziplinarmaßnahme auf Antrag aufzuheben, wenn die Voraussetzungen des § 14 BDO vorliegen. Im einzelnen siehe Band 2 § 124 S. 1069ff.

Nr. 129 **S. 355**

In der 13. und 14. letzten Zeile im Text die Worte und Zahlen „Strafverbots wegen Zeitablaufs (vgl. § 3 Abs. 2 BDO, 3a BDO i. d. F. der Novelle)" streichen; dafür einfügen: „durch Zeitablauf begründeten Verfolgungsverbots des § 4 BDO und des Bestrafungsverbots des § 14 BDO".

Nr. 130 **S. 355**

Dem in der 4.letzten Zeile endenden Satz folgenden Satz anfügen:

Es darf also kein innerer und äußerer Zusammenhang zwischen den einzelnen Verfehlungen bestehen; ein solcher Zusammenhang würde z. B. bei einem außerdienstlichen Trunkenheitsdelikt im Straßenverkehr und einer dienstlichen Verfehlung im Schalterdienst nicht bestehen[8o].

Nr. 131 **S. 355**

Nach Fußnote 8 einfügen:

[8o] Vgl. BVerwG 23. 2. 68 — II D 37/67 — DokBer. S. 3269.

Nr. 132 **S. 361**

Dem die zehntletzte Zeile endenden Satz folgenden Satz anfügen:

Der Beamte muß fernerhin voraussehen können, daß durch sein pflichtwidriges Verhalten bei einem Dritten ein weitergehender Tatverdacht erweckt werden kann[5a].

Nr. 133 **S. 361**

Folgende Fußnote einfügen:

[5a] BDH 13. 12. 63 — II D 41/63 — BDHE Bd. 7 S. 49; vgl. auch BDH 21. 5. 60 — II D 91/59 — und 16. 1. 62 — II D 12/61.

Nr. 134 **S. 368**

Vorletzte Zeile hinter „Ziegler[6]" einfügen: „Lochbrunner[6a]".

Nr. 135 **S. 368**

Folgende Fußnote einfügen:

[6a] Kommentar zur BDO, RandNr. 24 S. 69.

Nr. 136 **S. 382**

Dem Zeile 4 endenden Satz folgenden Satz beifügen:

Ein durch Trunksucht bedingtes tage- und nächtelanges Herumirren spricht für eine echte Dipsomanie, die als echte Geistesstörung i. S. des § 51 StGB anzusehen ist[4a].

Nr. 137 **S. 382**

Folgende Fußnote einfügen:

[4a] BDH 24. 5. 67 — II D 4/67 — DokBer. S. 3079.

Nr. 138 **S. 391**

In Zeile 9 hinter das Wort „anordnen" einfügen: (§ 67 Abs. 5 BDO n. F.)

Nr. 139 **S. 403**

Hinter den die viertletzte Zeile endenden Satz folgende Sätze einfügen:

Die Fahrlässigkeit setzt die Kenntnis der konkreten Gefährlichkeit des eigenen Verhaltens oder aber die Möglichkeit voraus, bei Anwendung der gebotenen Sorgfalt diese Gefährlichkeit zu erkennen. Die bloße abstrakte Gefährlichkeit, sich der Gefahr eigenen Verhaltens im Hinblick auf mögliche schädliche Folgen bewußt zu wissen, genügt nicht[4a].

Nr. 140 **S. 403**

Nach Fußnote 4 folgende Fußnote einfügen:

[4a] OLG Schleswig 29. 7. 66 — 5 U 204/65 — VersR 1967 S. 91.

Nr. 141 **S. 405**

Der in Abschn. II beginnende Satz endet „verstößt[8a]."

Nr. 142 **S. 405**

Zwischen Fußnoten 8 und 9 folgende Fußnote einfügen:

[8a] Vgl. hierzu Hans-Joachim Wahner „Fahrlässigkeit ein Dienstvergehen? — Gedanken zur Reform des Disziplinarrechts" in DBB 1966 S. 107.

Nr. 143 **S. 411**

In Abschnitt II „Rechtslage in der Bundesrepublik bis zum Inkrafttreten des BBG“ als letzten Absatz anfügen:

Der **Kabinettsbeschluß vom 19. 9. 50** konnte jedoch **keine Grundlage für eine disziplinarische Verfolgung** eines Beamten bilden. Bis zur Entscheidung des Bundesverfassungsgerichts konnte niemand die Verfassungswidrigkeit einer Partei geltend machen; dessen Entscheidung kam konstitutive Wirkung zu. Das in erster Linie die Parteiorganisation schützende Privileg des Art. 21 Abs. 2 GG erstreckt sich auch auf die mit allgemein erlaubten Mitteln arbeitende parteioffizielle Tätigkeit der Funktionäre und Anhänger einer Partei; ihre Tätigkeit ist durch das Parteienprivileg auch dann geschützt, wenn ihre Partei durch eine spätere Entscheidung des Bundesverfassungsgerichts für rechtswidrig erklärt wird[11a]. Die Rechtsordnung kann nicht ohne Verstoß gegen den Grundsatz der Rechtsstaatlichkeit die verfassungsrechtlich eingeräumte Freiheit, eine Partei zu gründen und für sie im Verfassungsleben zu wirken, nachträglich als rechtswidrig behandeln. Wer also Anhänger oder Funktionär einer solchen Partei ist, handelt im Rahmen einer verfassungsmäßig verbürgten Toleranz, wenn er für die Ziele der Partei wirbt und sie fördert, dieser Partei in den Wahlen seine Stimme gibt oder für sie kandidiert, Spenden sammelt und im Parteiapparat tätig ist.

Nr. 144 **S. 411**

Folgende Fußnote einfügen:

[11a] So Schmidt auf der 35. Staatswissenschaftlichen Tagung der Hochschule für Verwaltungsrechtswissenschaften in Speyer im April 1967 (siehe Tagungsbericht von Scholler in BayrVBl. 1967 S. 192 und Tagungsbericht von Noll in DVBl. 1967 S. 653f.), Scholler in BayrVBl. 1967 S. 193, Rudolph in DVBl. 1967 S. 647 und Wilhelm in „Die politische Meinungsfreiheit des Beamten“ in ZBR 1968 S. 1 (2), a. M. Grewe, „Politische Treuepflicht im öffentlichen Dienst, 1951 S. 54, Koellreutter in DöV 1951 S. 471, Maunz in Staatsrecht, 15. Aufl. 1966 S. 285, Fischbach in DBG Fußnote 4 zu § 7 S. 174, Plog-Wiedow in Kommentar zum BBG RdNr. 52 zu § 52. Im einzelnen siehe BVerfG 21. 3. 61 — 2 BvR 27/60 — in NJW 1961 S. 723; vgl. auch OVG Lüneburg 3. 11. 53 — II OVG B 89/53 und B 106/53 in OVGE Bd. 7 S. 360 (363).

Nr. 145 **S. 414**

Auf Zeile 23 ist nach dem Worte „steht“ die Ziffer „20“ zu streichen.

Nr. 146 **S. 414**

Nach dem Zeile 25 endenden Satz folgende Sätze einfügen:

Eine Betätigung gegen die demokratische Grundordnung braucht nicht nur die in §§ 88ff. StGB vom 15. 5. 1871 normierten Straftatbestände zu erfassen. Durch § 52 Abs. 2 BBG ist nach der herrschenden Disziplinarrechtsprechung der **Beamte verpflichtet, sich zur demokratischen Grundordnung zu bekennen.** Gibt er nunmehr durch sein Verhalten zu Zweifeln Anlaß, daß er sich zur demokratischen Grundordnung bekennt, betätigt er sich nunmehr für eine Partei, die die Ziele der freiheitlichen demokratischen Grundordnung, wie sie in der o. a. Entscheidung des Bundesverfassungsgerichts vom 23. 10. 52 umrissen sind, nicht voll anerkennt, so kann er auf Grund der herrschenden Disziplinarrechtsprechung **nach Inkrafttreten des**

Bundesbeamtengesetzes disziplinarisch auch dann **verfolgt** werden, **wenn die Verfassungswidrigkeit der Partei noch nicht vom Bundesverfassungsgericht nach Art. 21 Abs. 2 GG festgestellt ist.** Die Feststellung, eine Partei setze sich nicht für die demokratische Staatsauffassung ein, ist anderen Inhalts als die vom Bundesverfassungsgericht nach Art. 21 Abs. 2 Satz 2 GG zu treffende Feststellung, eine Partei gehe nach ihren Zielen oder nach dem Verhalten ihrer Anhänger darauf aus, die freiheitliche demokratische Grundordnung zu beeinträchtigen oder zu beseitigen oder den Bestand der Bundesrepublik zu gefährden. Bei der Frage, ob ein Beamter wegen Zugehörigkeit zu einer Partei disziplinarisch verfolgt werden kann, **kommt es vielmehr auf die Feststellung an, ob sich die Partei nicht für die im Grundgesetz verankerte demokratische Grundordnung einsetzt.** Grundlage für das disziplinarische Einschreiten ist die aus der politischen Betätigung des Beamten hergeleitete Besorgnis, daß dieser künftig die ihm nach § 52 Abs. 2 BBG obliegenden Pflichten nicht erfüllen wird. Um einen Beamten wegen einer Betätigung für eine linksradikale Partei disziplinarisch zu verfolgen, bedurfte es demnach nicht erst des Urteils des Bundesverfassungsgerichts vom 17. 8. 56[20].

Die **Auffassung der herrschenden Disziplinarrechtsprechung** kann **nicht geteilt** werden[20a]. Es ist nicht einzusehen, warum die Rechtsprechung des Bundesverfassungsgerichts nicht auch für das Beamtenrecht Geltung beanspruchen soll, zumal bereits nach Art. 130 Abs. 2 WeimVerf. auch für die Beamten die Freiheit der politischen Gesinnung und Vereinigungsfreiheit gewährleistet war. Hieran ändert auch nichts der Art. 33 Abs. 5 GG, da auch § 52 Abs. 2 BBG dem durch das Bundesverfassungsgericht garantierten Parteienprivileg unterzuordnen ist. Letzten Endes würde die Entscheidung, ob eine Partei die freiheitliche demokratische Grundordnung untergräbt, bereits in die Hände des Dienstvorgesetzten und der Einleitungsbehörde gelegt werden, die den Beamten in aller Öffentlichkeit durch die Einleitung von Vorermittlungen, die Einleitung des förmlichen Disziplinarverfahrens, die Dienstenthebung und vorläufige Einbehaltung von Dienstbezügen, die sich auf eine angebliche verfassungswidrige Betätigung stützen, beeinträchtigen und schädigen können. Durch eine solche Ausschaltung der Beamtenschaft aus einer Partei könnte deren Privileg beeinträchtigt werden. Hieran ändert nichts, daß der Beamte bei der Ausübung seiner Betätigung für eine Partei die erforderliche Zurückhaltung und Mäßigung beachten muß. Wie der Dienstvorgesetzte den Beamten nicht verpflichten kann, sich für eine bestimmte Partei zu betätigen, so kann er ihm auch nicht verbieten, seine politische Willensbetätigung durch den Beitritt zu einer anderen Partei zu bekunden, solange diese noch nicht durch das Bundesverfassungsgericht für verfassungswidrig erklärt worden ist. Die dieser Auffassung entgegengesetzte **Rechtsprechung der Disziplinargerichte dient nicht der Rechtssicherheit** und ist dazu angetan, den Staat mit der jeweiligen Regierungspartei gleichzusetzen.

Nr. 147 S. 414

Folgende Fußnoten einfügen:

[19a] BVerwG 10. 3. 60 — BVerwG II C 51. 56 — in BVerwGE Bd. 10 S. 213 (217); OVG Koblenz 23. 1. 63 — 2 A 69/62 — in ZBR 1963 S. 144; vgl. auch Messerschmid,

Staatslexikon Bd. 6, 1961 Sp. 355ff. und BayrVGH 30. 12. 55 — Nr. 104 III 53 in NJW 1956 S. 767.

[20a] Beachte Wilhelm wie Fußnote 11a und Ule in Bettermann-Nipperdey, Die Grundrechte, Bd. IV/2 S. 604, J. Frowein „Die politische Betätigung der Beamten" in Heft 341/2 der Reihe „Recht und Staat", 1967 S. 33; vgl. jedoch Böttcher in „Die politische Treuepflicht der Beamten und Soldaten und die Grundrechte der Kommunikation", Berlin 1967 S. 86ff.

Nr. 148 S. 415—416

Ab dem 2. Zeile von unten mit „Zu den ——" beginnenden Satz bis Seite 416 (einschließlich) streichen und dafür folgendes einfügen:

Zu den **hoch- und landesverräterischen Handlungen** rechnen nach dem 8. Strafrechtsänderungsgesetz vom 26. 6. 68 (BGBl. I S. 741) die Vorbereitung eines Angriffskrieges (§ 80 StGB), die Aufstachelung zum Angriffskrieg (§ 80a StGB), Hochverrat gegenüber der Bundesrepublik (§ 81 StGB), Hochverrat gegenüber einem Land im Bereiche der Bundesrepublik (§ 82 StGB), die Vorbereitung eines hochverräterischen Unternehmens (§ 83 StGB), Aufrechterhaltung einer für verfassungswidrig erklärten Partei oder Ersatzorganisation (§ 84 StGB), Aufrechterhaltung des organisatorischen Zusammenhalts einer Partei oder Vereinigung, von der im Verfahren nach § 33 Abs. 3 des Parteiengesetzes unanfechtbar festgestellt ist, daß sie Ersatzorganisation einer verbotenen Partei ist (§ 85 StGB), Verbreitung von Propagandamitteln u. a. für eine vom Bundesverfassungsgericht für verfassungswidrig erklärten Partei (vgl. § 86 StGB), Verwendung oder Verbreitung von Kennzeichen einer der in § 86 Abs. 1 Nr. 1, 2 und 4 StGB bezeichneten Partei (§ 86a StGB), Befolgung des Auftrages zur Vorbereitung von Sabotagehandlungen (§ 87 StGB), Störhandlungen gegenüber Post, Fernmeldeanlagen, öffentlichen Versorgungseinrichtungen und Dienststellen der öffentlichen Sicherheit und Ordnung (§ 88 StGB), Untergrabung der Einsatzbereitschaft der Angehörigen der Bundeswehr oder eines öffentlichen Sicherheitsorgans (§ 89 StGB), Verunglimpfung des Bundespräsidenten (§ 90 StGB), Verunglimpfung der Bundesrepublik, der Farben, der Flagge, des Wappens oder der Hymne der Bundesrepublik (§ 90a StGB), Verunglimpfung eines Gesetzgebungsorgans, der Regierung, eines Verfassungsgerichts oder eines ihrer Mitglieder (§ 90b StGB), Verrat eines Staatsgeheimnisses an eine fremde Macht oder an einen sonstigen Unbefugten (§ 94 StGB), Offenbaren von Staatsgeheimnissen (§ 95 StGB), landesverräterische Ausspähung (§ 96 StGB), fahrlässige Gefährdung der Bundesrepublik durch Verrat von Staatsgeheimnissen (§ 97 StGB), Verrat von sonstigen Geheimnissen und hierdurch bedingter Gefährdung der Sicherheit der Bundesrepublik (§ 97a StGB), Spionagetätigkeit (§ 99 StGB), Aufnahme von Beziehungen zu einer fremden Macht zwecks Herbeiführung eines Krieges oder bewaffneten Unternehmens gegen die Bundesrepublik (§ 100 StGB), Zuspielen von gefälschten oder verfälschten Gegenständen, Nachrichten oder unwahren Behauptungen tatsächlicher Art zweck Beeinträchtigung der äußeren Sicherheit oder der Beziehungen der Bundesrepublik zu einer fremden Macht an andere oder öffentliche Bekanntmachung derselben (§ 100a Abs. 1 StGB) und Herstellen oder Verschaffen solcher Gegenstände durch Fälschung oder Verfälschung (§ 100a Abs. 2 StGB).

Nr. 149 **S. 417**

Bei Fußnote 1 hinzufügen:

Reinhold Böttcher „Die politische Treuepflicht der Beamten und Soldaten und die Grundrechte der Kommunikation" (Diss. München) bei Dunker und Humblot Berlin, 1967, 179 S.

Nr. 150 **S. 420**

Bei Fußnote 19 hinzufügen:

Reuß „Arbeitskampf im Bereich der öffentlichen Verwaltung" in DVBl. 1968 S. 57.

Nr. 151 **S. 449**

Dem auf Zeile 20 endenden Satz folgenden Satz anfügen:

Bei der Entwendung von Beförderungsgut im geringen Umfange könnte u. U. Übermüdung mildernd berücksichtigt werden, wenn sie zu einem Zustand geführt hat, daß hier die Voraussetzungen des § 51 Abs. 2 StGB gegeben sind[242a].

Nr. 152 **S. 449**

Nach Fußnote 242 einfügen:

[242a] Vgl. BVerwG 28. 11. 67 — III D 17/67 — DokBer. S. 3265.

Nr. 153 **S. 451**

Dem Zeile 2 endenden Satz folgenden Satz anfügen:

Vergreift sich ein Beamter am amtlichen Geld eines Postkollegen, so ist das bei der Zuerkennung einer Disziplinarmaßnahme nicht anders zu bewerten, als wenn sich der Täter an ihm selbst anvertrautem amtlichen Geld vergehen würde[250a].

Nr. 154 **S. 451**

Folgende Fußnote einfügen:

[250a] BDH 8. 1. 65 — I D 23/64 — BDHE Bd. 7 S. 91.

Nr. 155 **S. 451**

Bei Fußnote 251 folgendes anfügen:

Vgl. auch BDH 26. 4. 55 — III D 75/54 —, 7. 3. 56 — I D 104/54 —, 5. 10. 57 — II D 21/57 —, 6. 7. 60 — I D 43/59 — und 13. 4. 65 — II D 51/64 — BDHE Bd. 7 S. 106.

Nr. 156 **S. 452**

Dem die drittletzte Zeile endenden Satz folgenden Satz anfügen:

Besonders schwer würde es wiegen, wenn sich ein Beamter zu einer Fundunterschlagung hinreißen lassen würde, der als Stellenvorsteher in der Nachforschungs- und Ersatzstelle eines Postamtes eingesetzt ist, wobei er nicht nur eine Vertrauens-, sondern auch eine Vorgesetztenstellung innehat[259a].

Nr. 157 **S. 452**

Folgende Fußnote einfügen:

[259a] BVerwG 16. 11. 67 — II D 8/67 — DokBer. S. 3276.

Nr. 158 **S. 466**

In Abschnitt G dem 1. Absatz folgenden Absatz anfügen:

Außerordentlich schwer wiegt es, wenn **Bahn- oder Postbeamte** einen **außerdienstlichen Diebstahl auf** dem **Bahngelände oder in** einem **Postamt** begehen. Umstände, die die Integrität des Beamten erheblich erschüttern, sind deshalb gegeben, weil die außerdienstlich begangene Verfehlung den dienstlichen Bereich wesentlich berührt. Wenn Beamte, die mit der Beförderung oder der Überwachung von Beförderungsgut Befassung haben, außerhalb des Dienstes im dienstlichen Gelände sich an fremdem Gut vergreifen, so handeln sie der Treuepflicht, die ihnen dem Dienstherrn gegenüber obliegt, zuwider und schädigen das Ansehen der Beamtenschaft in besonders schwerer Weise[341a].

Nr. 159 **S. 466**

Folgende Fußnote einfügen:

[341a] BDH 2. 6. 65 — I D 12/65 — BDHE Bd. 7 S. 104.

Nr. 160 **S. 467**

Dem Zeile 2 endenden Satz folgenden Satz anfügen.

Auch nach Inkrafttreten des Änderungsgesetzes vom 20. 7. 67 muß ein Beamter bei einem Warenhausdiebstahl mit der schwersten Disziplinarmaßnahme rechnen, wenn er unter Ausnutzung der besonderen Verhältnisse in den Warenhäusern am gleichen Tage in mehreren Kaufhäusern insbesondere solche Gegenstände, wie z. B. Spirituosen, entwendet, die für eine Steuerung einer eventuellen Notlage ungeeignet sind[346a].

Nr. 161 **S. 467**

Nach dem Zeile 27 endenden Absatz folgenden Satz anfügen:

Auf die schwerste Disziplinarmaßnahme kann auch dann erkannt werden, wenn die **Waren** wohl nur einen **unbedeutenden Wert** haben, wenn der Beamte jedoch eine Reihe von Gegenständen entwendet, hierbei mit Überlegung gehandelt, also nicht wahllos zugegriffen und den Diebstahl in einem Selbstbedienungsladen in Gegenwart seines Sohnes ausgeführt hatte, wobei nur bei der Bewilligung eines Unterhaltsbeitrages mildernd zu berücksichtigen ist, wenn die Tat bereits vor mehreren Jahren begangen und der Beamte einer augenblicklichen Versuchung erlegen war[351a].

Nr. 162 **S. 467**

Dem im letzten Absatz auf Zeile 3 endenden Satz folgende Sätze beifügen:

Auch bei einem Warenhausdiebstahl kann von der schwersten Disziplinarmaßnahme, der Entfernung aus dem Dienst, abgesehen werden, wenn der Beamte nicht aus Habgier oder Eigennutz gehandelt, die Tat nicht vorher geplant, sondern vielmehr eine Kurzschlußhandlung vorgelegen hat und der Täter nicht raffiniert vorgegangen ist. Trotz § 14 BDO muß auch hier eine disziplinarische Ahndung erfolgen, weil ein Warenhausdiebstahl, der von einem Beamten ausgeführt wird, trotz Ahndung durch ein ordentliches Strafgericht, eine zusätzliche disziplinare Ahndung erforderlich macht, um den Beamten zur Erfüllung seiner Pflichten anzuhalten und das Ansehen des Beamtentums zu wahren[351]. Ein Beamter, der sich außerhalb des Dienstes an fremdem Eigentum vergreift, tut durch sein Handeln dem Ansehen des Beamtentums erheblichen Abbruch, so daß zwecks Wahrung dieses Ansehens durch eine Disziplinarmaßnahme zum Ausdruck gebracht werden muß, daß ein solches Verhalten nicht nur durch ein Strafgericht, sondern auch durch ein Disziplinarorgan mißbilligt wird. Eine derartige außerdienstliche Pflichtverletzung läßt fernerhin die Vermutung aufkommen, daß sich die von dem Beamten gezeigte Labilität wegen der besonderen Art seiner Verwendung auch auf den eigentlichen dienstlichen Bereich auswirkt, was z. B. bei einem Warenhausdiebstahl durch einen Post- oder Eisenbahnbeamten der Fall ist.

Nr. 163 **S. 467**

Folgende Fußnoten einfügen:

[346a] BVerwG 28. 2. 68 — III D 39/67 — Der Beamtenbund 1968 Nr. 8 S. 6.

[351a] BDH 10. 5. 66 — I D 50/56 — DokBer. S. 2893 — (der Wert der gestohlenen Waren betrug 22,94 DM; die Tat war 10 Jahre vor der Verurteilung begangen worden).

[351b] BVerwG 16. 1. 68 — II D 14/67 — ZBR 1968 S. 159 — DokBer. S. 3247.

Nr. 164 **S. 468**

Dem 1. Absatz folgenden Satz anfügen:

Der Bundesdisziplinarhof stellte neuerdings fest, daß der Grundsatz, die **Höchststrafe** zu verhängen, sich nur auf die Fälle der Amtsunterschlagung, **nicht** jedoch **auf die Unterschlagung außerhalb des Dienstes bezieht**; hier müssen besondere Erschwernisgründe, wie z. B. der fehlende Wille zur Zurückgabe des unterschlagenen Gegenstandes, der sich als ein halsstarriges, unbelehrbares Festhalten an unrechtem Gut darstellt, hinzutreten, um die schwerste Disziplinarmaßnahme zu verhängen[358a].

Nr. 165 **S. 468**

Folgende Fußnote einfügen:

[358a] BDH 16. 3. 67 — II D 1/67 — DokBer. S. 3040 (hier hatte ein Postbeamter für einen Bekannten Geld zum Einzahlen beim Schalter mitgenommen und den Betrag unterschlagen; der BDH beließ es bei der von der 1. Instanz verhängten Laufbahnstrafe).

Nr. 166 **S. 474**

Dem Zeile 4 endenden Satz folgenden Satz anfügen:

Käme es bei dem Anstellungsbetrug auf die Verjährung an, so beginnt diese mit dem Zeitpunkt des Erschleichens der Anstellung; die Hoffnung auf künftige Gehaltszahlungen ohne neuerliches Hinzutun ist nur ein zusätzliches Motiv, das im gesetzlichen Tatbestand des § 263 StGB keine objektive Grundlage findet[388c].

Nr. 167 **S. 474**

Folgende Fußnote 388 einfügen:

388a Vgl. BGH 9. 1. 68 — 5 StR 603/67 — JZ 1968 S. 395.

Nr. 168 **S. 475**

Bei Fußnote 394 folgendes anfügen:

BDH 3. 10. 63 — I D 11/63 — BDHE Bd. 7 S. 98 (hier hatte der Beamte bereits benutzte Blankoscheine in 11 Fällen ein zweites Mal verwendet, indem er die von ihm gemachten Eintragungen über Fahrstrecke und Reisetag geändert hatte; der BDH erkannte auch hier auf Dienstentfernung).

Nr. 169 **S. 479**

Dem Zeile 4 endenden Satz folgenden Satz anfügen:

Ein Dienstvergehen stellt es auch dar, wenn ein Beamter Schreibkräfte mit privaten Schreibarbeiten beschäftigt und hierbei behördeneigenes Büromaterial verwendet, wobei er sich nicht damit entlasten kann, daß die Schreibkräfte dienstlich nicht ausgelastet waren[409c].

Nr. 170 **S. 479**

Der Fußnote 409b folgende Fußnote anfügen:

409c Bundesdisziplinargericht 1. 2. 68 — VII BK 2/68 — DokBer. S. 3261 (hier hatte das Disziplinargericht den vom Dienstvorgesetzten verhängten Verweis als berechtigt anerkannt).

Nr. 171 **S. 480**

Dem Zeile 6 endenden Satz folgenden Satz anfügen:

Gleiches gilt, wenn ein Zollbeamter sich der Vorteilsbeihilfe zu fortgesetzter gewerbsmäßiger Steuer- und Zollhinterziehung und hierbei noch einer schweren Bestechung schuldig macht, indem er von den Schmugglern selbst nur geringfügige Vorteile annimmt[414a].

Nr. 172 **S. 480**

Folgende Fußnote einfügen:

414a BVerwG 7. 11. 67 — I D 21/67 — DokBer. S. 3253.

Nr. 173 **S. 506**

Bei Fußnote 83 folgenes anfügen:

BVerwG 30. 1. 68 — III D 26/67 — (Hier betrugen die in 5 Fällen erlangten Vorteile insgesamt 470,— DM; trotz des schlechten Beispiels des Dienstvorgesetzten wurde hier auf Dienstentfernung erkannt).

Nr. 174 **S. 507**

Bei Fußnote 95 folgendes anfügen:

BDH 7. 5. 66 — I D 36/65 — APF 1967 S. 543 (LS).

Nr. 175 **S. 511**

Dem Zeile 18 endenden Satz folgende Sätze anfügen:

Für die Annahme der Amtsbezogenheit einer Belohnung im Sinne des § 70 BBG **genügt** schon **eine mitkausale Beziehung zwischen der Amtsstellung des Empfängers und dem gewährten Vorteil**[114a]. Das Amt im Rahmen des § 70 BBG umfaßt nicht nur das engere Gebiet der Amtshandlungen, sondern den weiteren Bereich der Amtsstellung des Beamten. Für die Amtsbezogenheit einer Zuwendung reicht auch eine nur mittelbare Beziehung zum Amt aus. Während Geschenke im allgemeinen nicht ein Äquivalent für eine vorgenommene Tätigkeit darstellen, ist dies zwar bei Belohnungen regelmäßig der Fall, doch genügt es bei § 70 BBG, daß sich diese auf ganz außerhalb von amtlichen Geschäften abspielende Handlungen beziehen, wenn nur neben dem Gedanken an ein privates Entgelt zugleich der Gesichtspunkt der Amtsstellung des Empfängers eine mitkausale Bedeutung hat.

Nr. 176 **S. 511**

Folgende Fußnote einfügen:

[114a] BDH 20. 3. 64 — II D 49/61 — BDHE Bd. 7 S. 67.

Nr. 177 **S. 522**

Dem Zeile 17 endenden Satz folgenden Satz anfügen:

Die prozessualen Rechte des beschuldigten Beamten zur Aussageverweigerung und zur Verweigerung seiner Selbstüberführung haben gegenüber der Gehorsamspflicht nach § 55 BBG den Vorrang[7a].

Nr. 178 **S. 522**

Folgende Fußnote einfügen:

[7a] BDH 11. 6. 64 — I I D 5/63 — BDHE Bd. 7 S. 75.

Nr. 179 **S. 532**

Nach Zeile 11 folgenden Absatz einfügen:

Die **Verletzung der Wahrheitspflicht** wird **nicht** dadurch **beseitigt, daß** der beschuldigte **Beamte** seine zunächst unwahren **Angaben** im Vorermittlungs- und im Untersuchungsverfahren **später** nach Durchführung einer ihn belastenden Beweisaufnahme **berichtigt**[51a]. Das gilt auch dann, wenn der beschuldigte Beamte im gleichen Verfahrensabschnitt verschiedene voneinander abweichende Angaben macht. So wird die Verletzung der Wahrheitspflicht nicht dadurch ausgeräumt, daß der beschuldigte Beamte im Vorermittlungsverfahren nach Ablauf mehrerer Wochen eine wahrheitsgemäße Darstellung gibt, während er anfangs die Unwahrheit gesagt hatte[51b].

Nr. 180 **S. 532**

Folgende Fußnoten einfügen:

[51a] BDH 16. 1. 64 — II D 57/63 — BDHE Bd. 7 D. 70; vgl. auch BHDE Bd. 6 S. 151 (154).
[51b] BHDE Bd. 4 S. 62.

Nr. 181 **S. 542**

Dem Zeile 16 endenden Satz folgenden Satz anfügen:

Eine Anordnung oder ein **Dienstbefehl, Beamte mit ihrer Amtsbezeichnung** und Angestellte mit ihren Funktionsbezeichnungen **anzureden ist unzulässig;** dies gilt selbst für Zivilbedienstete der Bundeswehrverwaltung, wo kein Gewohnheitsrecht besteht, daß deren Beamte und Angestellte verpflichtet sind, ihren einen militärischen Dienstgrad führenden Vorgesetzten entsprechend anzureden, während andererseits ein Gewohnheitsrecht besteht, daß ein dienstranghöherer Soldat von anderen Soldaten mit seinem Dienstgrad angeredet wird[110a].

Nr. 182 **S. 542**

Folgende Fußnote einfügen:

[110a] VG Münster (Fachkammer) — 11. 9. 67 — PVB 3/67 — (rechtskräftig) in ZBR 1967 S. 382.

Nr. 183 **S. 581**

In Abschnitt B 3 nach 2. Absatz folgenden Schlußabsatz anfügen:

Von der **Dienstentfernung** kann ausnahmsweise **abgesehen** werden, **wenn** der Beamte **Briefsendungen, in denen** er auf Grund der Absenderangabe **Zeitschriften** mit Nacktbildern **vermutet, öffnet und** nach Kenntnisnahme ihres Inhalts **alsbald dem Versand zuführt.** In einem solchen Falle ist mildernd zu berücksichtigen, daß der Beamte den eigentlichen Postablauf durch seine Handlungsweise nicht behindert und daß er Kenntnis nur von solchen Zeitungen genommen hat, die auch käuflich zu erwerben sind und früher offen versandt worden waren. Würde hier nur eine Gehaltskürzung angebracht sein, so kann u. U. eine Einstellung des Verfahrens nach § 14 BDO n. F. in Frage kommen, da diese Bestimmung auch bei innerdienstlichen Verfehlungen anzuwenden ist. Wenn auch ein Beamter im Falle des Bruches des Postgeheimnisses dem Ansehen des Beamtentums schweren Schaden zufügt, so kann jedoch bei einer vorausgehenden strafgerichtlichen Ahndung der Tat eine zusätzlich disziplinarrechtliche Pflichtenmahnung nicht am Platze sein. Bei einer strafgerichtlichen Ahndung der Tat muß im Einzelfalle geprüft werden, ob die vom Strafrichter verhängte Strafe zugleich den disziplinaren Erfordernissen Rechnung trägt, oder ob eine zusätzliche disziplinäre Pflichtenmahnung für den Beamten am Platze ist. Bei dieser Prüfung sind insbesondere die Persönlichkeit des Beamten, seine allgemeine Haltung und Bewährung im Dienst, die Versagensursachen und seine innere Einstellung zu der Verfehlung zu beachten[52a]. Ist der Beamte günstig beurteilt, und gewinnt das Disziplinargericht in der Hauptverhandlung die Überzeugung, daß er im Grunde genommen eine sittlich gereifte, charakterlich einwandfreie und gefestigte Persönlichkeit darstellt und hat er die Verfehlungen selbst sehr ernst genommen und bereut, so kann von einer Disziplinierung ausnahmsweise auch bei einem Bruche des Postgeheimnisses Abstand genommen werden, sofern die vorausgehende Bestrafung durch ein Strafgericht geeignet war, den Beamten zur Erfüllung seiner Pflichten anzuhalten.

Nr. 184 **S. 581**

Folgende Fußnote einfügen:

[52a] BVerwG 27. 3. 68 — I D 43/67 — DokBer. S. 3273.

Nr. 185 **S. 588**

Dem Zeile 14 endenden Satz folgenden Satz anfügen:

Fehlerhafte und nachlässige Arbeitsweise eines Beamten ist jedoch nur dann ein Dienstvergehen, wenn eine Vielzahl von Mängeln erwiesen sind, die über das normale Versagen eines durchschnittlichen Beamten eindeutig hinausgehen und nicht Unvermögen, sondern echte Schuld vorliegt[10].

Nr. 186 **S. 588**

Folgende Fußnote einfügen:

[10] BDH 12. 7. 66 — III DV 1/66 — BHDE Bd. 7 S. 97.

Nr. 187 **S. 592**

Fußnote 11a lautet wie folgt:

BDH 25. 9. 64 — III D 64/61 — BDHE Bd. 7 S. 83 = DokBer. Nr. 1913.

Nr. 188 **S. 593**

Auf Zeilen 15 und 16 statt „20. 12. 63 (BGBl. I S. 1022)“ muß es lauten „31. 7. 67 (BGBl. I S. 806)“.

Nr. 189 **S. 593**

Auf Zeile 23 zwischen „(GVBl. S. 910),“ und „in“ einfügen:

„und VO über Urlaub der Beamten und Richter aus besonderen Anlässen vom 14. 11. 66 (GVBl. S. 1634.)“.

Nr. 190 **S. 593**

Auf Zeile 25 zwischen „(GVBl. S. 5),“ und „in“ einfügen:

„1. VO zur Änderung der UrlaubsVO für die Beamten im Lande Hessen vom 24. 10. 67 (GVBl. S. 105),“.

Nr. 191 **S. 593**

Auf Zeile 27 nach „S. 338)“ einfügen:

„und Neufassung der VO über den Sonderurlaub der Beamten und Richter im Lande Nordrhein-Westfalen vom 2. 1. 67 (GVBl. S. 13)“.

Nr. 192 **S. 598**

Auf Zeile 21 ist hinter das Wort „vorlegt“ die Ziffer „19aa“ zu setzen.

Nr. 193 **S. 598**

Folgende Fußnote einfügen:

[19aa] Weimar „Rechtsfolgen bei Krankmeldung eines Beamten auf Grund eines Gefälligkeitsattestes“ in RiA 1968 S. 3.

Nr. 194 **S. 602**

Nach dem 2. Absatz folgenden Absatz anfügen:

Entscheidend ist, daß der Beamte zum Dienst nicht erschienen ist. Wenn er **zu Hause** oder anderweitig **dienstliche Angelegenheiten erledigt** hat, so bleibt er trotzdem schuldhaft dem Dienst fern. Hat z. B. der Beamte, der als Untersuchungsführer eingesetzt ist, einen Abschlußbericht zu fertigen, so kann er ohne Erlaubnis seines Vorgesetzten denselben nicht während der Dienstzeit in seiner Wohnung erstellen. Der Beamte hat nämlich den Dienst an seinem Arbeitsplatz zu leisten, wie sich dies aus den dienstlichen Anordnungen ergibt[44a].

Nr. 195 **S. 602**

Dem letzten Absatz folgenden Absatz anfügen:

4. Schuldhaftes Fernbleiben vom Dienst

Der Beamte muß, um disziplinarisch belangt zu werden, dem **Dienst schuldhaft ferngeblieben** sein. Er muß sich bewußt gewesen sein, am Dienstort zu erscheinen. In der Disziplinarentscheidung müssen Feststellungen zum subjektiven Tatbestand getroffen werden; ansonsten ist die Disziplinarverfügung bzw. das erstinstanzliche Disziplinarurteil wegen eines schweren Verfahrensmangels aufzuheben[45a]. Der Ausdruck in den Entscheidungsgründen, daß der Beamte „schuldhaft" gehandelt hat, allein genügt nicht.

Nr. 196 **S. 602**

Folgende Fußnoten anfügen:

[44a] OVG Münster 4. 8. 67 — Y 2/67 — DöD 1968 S. 19.

[45a] BDH 24. 4. 67 — III D 8/67 — DokBer. S. 3015; BDHE Bd. 2 S. 108; BDH 19. 2. 60 — III D 57/59 —; 31. 5. 63 — III D 21/63 —; 25. 4. 66 — III D 14/66 —; vgl. auch DokBer. Nr. 1709 und S. 2836.

Nr. 197 **S. 607**

Dem auf Zeile 32 endenden Satz folgende Sätze anfügen:

Selbst wenn es auf Bundesebene bisher streitig sein sollte, ob **der Rechtsweg** statt vor den allgemeinen Verwaltungsgerichten **vor den Disziplinargerichten** gegeben war, so sind **alle Zweifel nunmehr durch § 121 BDO ausgeräumt,** der klarstellt, daß die Disziplinargerichte auch in den Fällen des § 73 Abs. 2 BBG zuständig sind. Selbst wenn eine dem § 121 BDO entsprechende Bestimmung im Bundes- oder Länderbeamtenrecht nicht bestehen sollte, würde der Rechtsweg vor den allgemeinen Verwaltungsgerichten verschlossen sein[70e]. Das Bundesverwaltungsgericht stellt hierzu fest:

„Die Feststellung des Dienstvorgesetzten über den Verlust der Dienstbezüge ist zwar ein beamtenrechtlicher Verwaltungsakt ohne den Charakter einer Disziplinarmaßnahme. Voraussetzung dieser Feststellung ist aber, daß der Beamte schuldhaft dem Dienst ferngeblieben ist, also schuldhaft eine Dienstpflicht verletzt und damit ein Dienstvergehen begangen hat. Bei der rechtlichen Prüfung, ob die Feststellung zu Recht ergangen ist, liegt der Schwerpunkt in aller Regel nicht in der Bestimmung der Rechtsfolgen, sondern in der Beurteilung des Fernbleibens vom Dienst als einer schuldhaften Dienstpflichtverletzung. Es erscheint deshalb nicht abwegig, die gerichtliche Nachprüfung derjenigen Gerichtsbarkeit zuzuweisen, der die Entscheidung über das Vorliegen einer schuldhaften Dienstpflichtverletzung allgemein zugewiesen ist. Hierfür sprechen auch Gründe der Rechtssicherheit und der Prozeßökonomie: Da die Disziplinargerichte ohnehin für die durch § 73 Abs. 2 Satz 3 BBG vorbehaltene disziplinargerichtliche Verfolgung derselben Dienstpflichtverletzung zuständig sind, wird dadurch, daß die gerichtliche Prüfung insgesamt den Disziplinargerichten zugewiesen wird, doppelte Arbeit erspart und werden voneinander abweichende gerichtliche Beurteilungen desselben Sachverhalts vermieden."

Nr. 198 **S. 607**

Folgende Fußnote einfügen:

[70e] BVerwG 27. 1. 66 — II B 221/62 — in „Die Bundesverwaltung" 1966 S. 72 (EU-Archiv Pf 3/67).

Nr. 199 **S. 610**

Zeile 19 nach „§ 36 LBG Bln" einfügen:

und die VO über die Arbeitszeit der Beamten vom 4. 12. 67 (GVBl. S. 1682).

Nr. 200 **S. 610**

Auf Zeilen 19 und 20 die Worte „(Rechtsverordnung hierzu liegt erst im Entwurf vor; bis dahin gilt der Beschluß des Senats vom 20. 3. 64 [GBl. I S. 100])" streichen.

Nr. 201 **S. 610**

Auf Zeile 25 Komma streichen; an seine Stelle folgendes einfügen:

und ÄndVO vom 31. 1. 68 (GVBl. S. 33),

Nr. 202 **S. 610**

Zeile 29 nach „GVBl. S. 69)" einfügen:

und ÄndVO vom 29. 3. 66 (GVBl. S. 136),

Nr. 203 **S. 614**

Nach dem im 1. Absatz auf Zeile 5 endenden Satz folgende Sätze einfügen:

Bei einem Amt des Beamten im funktionellen Sinne ist zwischen einem abstrakten und konkreten Bereich in der Weise zu unterscheiden, daß jener den generellen Aufgabenkreis des Beamten und dieser seine speziellen Dienstgeschäfte umfaßt. Wohl steht dem Beamten das Recht auf das konkrete Amt im funktionellen Sinne, also ein Anspruch auf Beibehaltung der ihm einmal zugewiesenen konkreten Dienstgeschäfte, nicht zu. **Der Beamte hat aber ein Recht am abstrakten Amt im funktionellen Sinne, er hat also einen Anspruch darauf, in einer seiner Laufbahm und seinem Ausbildungsstand entsprechenden Weise verwendet zu werden.** Deshalb ist es beamtenrechtlich unzulässig, ihm einseitig eine unterwertige Beschäftigung, insbesondere eine solche auf einem Arbeiterdienstposten, zuzuweisen[86a]. Demnach bleibt der Beamte nicht schuldhaft dem Dienst fern, wenn er der Anordnung, unterwertig auf einem Arbeiterdienstposten Dienst zu tun, keine Folge leistet. Anderes würde z. B. dann gelten, wenn eine unterwertige Beschäftigung infolge eines zeitweilige auftretenden, dringenden Bedürfnisses nur für eine vorübergehende Zeit erfolgt. Würde z. B. durch einen Großbrand ein Postamtsgebäude zerstört werden, so kann selbst ein Beamter des gehobenen Dienstes vorübergehend zu Aufräumearbeiten eingesetzt werden.

Nr. 204 **S. 614**

Folgende Fußnote einfügen:

[86a] BDH 24. 3. 66 — II D 2/66 — in „Der Beamtenbund" 1967 Nr. 1 S. 9; vgl. auch VGH Baden-Württemberg, Beschluß vom 12. 9. 68 — IV 513/68 — in „Der Beamtenbund" 1968 Nr. 11 S. 7.

Nr. 205 **S. 614**

Bei Fußnote 86 folgendes anfügen:

BDH 24. 3. 66 — II D 2/66 — BDHE Bd. 7 S. 88; Fischbach Anm. III 1 zu § 60 BBG; Plog-Wiedow RandNr. 2 und 3 zu § 60 BBG; Thiele in DöD 1958 S. 163; Grabendorff Anm. 5 zu § 60 BBG; Schillen in ZBR 1956 S. 109; Rasch in ZBR 1959 S. 111; Schütz in DöD 1957 S. 26 und 1965 S. 61; Wolff in JZ 1953 S. 88; RGZ Bd. 92 S. 431 und Bd. 134 S. 1; PrOVG Bd. 49 S. 408 (413), Bd. 52 S. 434, Bd. 61 S. 433, Bd. 77 S. 523; VGH Württemb. Hohenzollern in JZ 1953 S. 87; OVG Hamburg in DVBl. 1956 S. 417; OVG Münster in ZBR 1957 S. 211; Hess. VGH in ZBR 1957 S. 136; BVerwG in DöD 1962 S. 155 = DVBl. 1962 S. 523.

Nr. 206 **S. 617**

Dem im 1. Absatz des Abschnitts VII auf Zeile 10 endenden Satz folgenden Satz anfügen:

Fehlerhafte und nachlässige Arbeitsweise eines Beamten ist nur dann ein Dienstvergehen, wenn eine Vielzahl von Mängeln erwiesen ist, die über das normale Versagen eines durchschnittlichen Beamten eindeutig hinausgehen und nicht Unvermögen, sondern echte Schuld vorliegt[100o].

Nr. 207 **S. 617**

Folgende Fußnote einfügen:

[100o] BDH 12. 7. 66 — III DV 1/66 — BDHE Bd. 7 S. 97.

Nr. 208 **S. 620**

Nach Zeile 1 folgenden Absatz einfügen:

Eine **fehlerhafte und nachlässige Arbeitsweise** ist **nicht ohne weiteres ein Dienstvergehen**[118a]. Hierzu stellte der Bundesdisziplinarhof folgendes fest:

„Die Pflicht zur ordnungsgemäßen Ausübung des Dienstes hat eine im ganzen durchschnittliche Leistung zum Gegenstand, ob sie nun auf allgemeinen Grundsätzen (§ 54 BBG) oder auf konkreten Anordnungen (§ 55 Satz 2 BBG) beruht. Das schließt allerlei Mängel der Arbeitsweise ein, die als Ganzes zu beachten ist.

Auch der fähigste und zuverlässigste Beamte macht gelegentlich Fehler und ist Schwankungen seiner Arbeitskraft unterworfen. Es wäre willkürlich, solche Mängel aus dem Zusammenhang einer andauernden Tätigkeit herauszugreifen und isoliert zu beurteilen. Das kann allenfalls bei vorsätzlichem Verhalten geschehen, also bei ausgesprochener Widersätzlichkeit oder bewußter Gleichgültigkeit gegenüber ganz konkreten Anordnungen oder auch bei grober Nachlässigkeit, die im gegebenen Einzelfall voraussehbar zu erheblichen Nachteilen geführt hat.

Um ein nachlässiges Gesamtverhalten schon als schuldhaftes Dienstvergehen zu kennzeichnen, wird es unter diesen Umständen jedoch des Nachweises einer Vielzahl von Mängeln in der Arbeitsweise von einigem Gewicht bedürfen, die insgesamt über das normale Versagen eines durchschnittlichen Beamten eindeutig hinausgehen."

Nr. 209 **S. 620**

Folgende Fußnote einfügen:

[118a] BDH 12. 7. 66 — 3 DV 1/66 — in Personalvertretung 1967 S. 166.

Nr. 210 **S. 630**

Dem die elftletzte Zeile endenden Satz die Fußnote 160a beifügen.

Nr. 211 **S. 630**

Folgende Fußnote einfügen:

[160a] BVerwG 8. 11. 67 — I D 24/67 — DokBer. S. 3255 (in diesem Falle erkannte das Bundesverwaltungsgericht auf eine Gehaltskürzung von einem Dreißigstel auf die Dauer von drei Jahren).

Nr. 212 **S. 631**

Hinter den Zeilen 21 endenden Satz folgende Sätze einfügen:

Demnach ist Eisenbahnbeamten im Gegensatz zu Bediensteten anderer Verwaltungen der Alkoholgenuß während des Dienstes schlechthin verboten. Ist ein Eisenbahnbeamter bereits einschlägig mit Disziplinarmaßnahmen bedacht worden, waren diese ansteigend, handelt es sich um einen Betriebsbeamten, der infolge des Alkoholgenusses keinen Dienst verrichten konnte, so kann die schwerste Disziplinarmaßnahme in Betracht kommen[162aa].

Nr. 213 **S. 631**

Folgende Fußnote einfügen:

[162aa] BDH 25. 7. 67 — III D 12/67 — DokBer. S. 3125.

Nr. 214 **S. 647**

Dem die siebentletzte Zeile endenden Satz folgende Sätze anfügen:

Bei einer Rauschtat wird die Ansehens- und Vertrauenseinbuße als Voraussetzung für die Würdigung eines Fehlverhaltens als Dienstvergehen von anderen Faktoren bestimmt als bei der Tat eines Zurechnungsfähigen. Das wirkt sich auch auf Art und Höhe der disziplinären Reaktion aus[249a].

Nr. 215 **S. 647**

Folgende Fußnote einfügen:

[249a] BDH 26. 4. 67 — III D 1/67 — ZBR 1967 S. 279.

Nr. 216 **S. 649**

Bei Fußnote 1 nachtragen:

Gerhardt „Die Genehmigungs- und Ablieferungspflicht bei einer Nebentätigkeit der Beamten" in ZBR 1967 S. 303.

Nr. 217 **S. 666**

Nach Zeile 12 einfügen:

Die VO über die Nebentätigkeit der Beamten vom 13. 12. 66 (GVBl. S. 486) gilt entsprechend auch für Richter.

Nr. 218 **S. 667**

Nach Zeile 5 einfügen:

Die VO über die Nebentätigkeit der hamburgischen Beamten vom 5. 12. 67 (GVBl. S. 330) entspricht weitgehend der Bundesregelung.

Nr. 219 **S. 668**

Nach der drittletzten Zeile einfügen:

Die VO über die Nebentätigkeit der Beamten und Richter im Lande Nordrhein-Westfalen — NebentätigkeitsVO — vom 9. 5. 67 (GVBl. S. 64) entspricht weitgehend der Bundesregelung.

Nr. 220 **S. 672**

Dem Zeile 14 endenden Satz folgenden Absatz anfügen:

Die prozessualen **Rechte** eines beschuldigten Beamten **zur Aussageverweigerung** und zur Verweigerung seiner Selbstüberführung haben den **Vorrang gegenüber der Gehorsamspflicht** nach § 55 BBG[9a].

Nr. 221 **S. 672**

Folgende Fußnote einfügen:

[9a] BDH 11. 6. 64 — II D 5/63 — BDHE Bd. 7 S. 75.

Nr. 222 **S. 674**

Dem Zeile 31 endenden Satz folgenden Satz anfügen:

Eine die Nichtbefolgung dienstlicher Anordnungen rechtfertigende Remonstration im Sinne des § 56Abs. 2 BBG liegt nur dann vor, wenn der Beamte erkennbar macht, daß er die Befolgung der Anordnung von der Entscheidung des nächsthöheren Dienstvorgesetzten abhängig machen will[19a].

Nr. 223 **S. 674**

Folgende Fußnote einfügen:

[19a] BDH 11. 6. 64 — II D 5/63 — BDHE Bd. 7 S. 75.

Nr. 224 **S. 690**

Bei Fußnote 66 folgendes einfügen:

ebenso BDH 11. 6. 64 — II D 5/63 — BDHE Bd. 7 S. 75.

Nr. 225 **S. 691**

Dem Zeile 13 endenden Satz folgende Sätze anfügen:

Der Beamte bleibt jedoch nicht rechtswidrig dem Dienst fern, wenn er der von ihm angefochtenen Versetzungs- bzw. Abordnungsverfügung, deren sofortige Vollziehung nicht angeordnet ist, nicht Folge leistet[71a]. Das Fernbleiben vom Dienst ist jedoch dann rechtswidrig, wenn der Beamte die Abordnungsverfügung unter bewußtem Mißbrauch seiner formalen Rechtsstellung anficht[71b].

Nr. 226 **S. 691**

Folgende Fußnoten einfügen:

[71a] BDH 25. 9. 64 — III D 64/61 — BDHE Bd. 7 S. 83.
[71b] Wie Fußnote 71[a].

Nr. 227 **S. 699**

Dem § 55 Abschnitt XI sind unter P) folgende Absätze nachzutragen:

P. Verpflichtung der Beamten der Bereitschaftsschutzpolizei zur Beantragung der Erlaubnis zur Eheschließung

Die Länderpolizeibehörden sehen in wenigen Ländern in der vorläufigen Durchführungsverordnung zu § 5 des Deutschen Polizeibeamtengesetzes vom 26. 7. 37 (RGBl. I S. 858) — DVOPBG — eine Rechtsgrundlage dafür, daß die **Wachtmeister der kasernierten Einheiten der Schutzpolizei der Heiratserlaubnis bedürfen** und daß diese vor Vollendung des 25. Lebensjahres nicht erteilt werden darf. Die Mehrzahl der Bundesländer hat eine entsprechende Regelung für Polizeibeamten vermieden oder eine solche beseitigt. Auch das **Bundespolizeibeamtengesetz** vom 19. 7. 60 (BGBl. I S. 569) hat die **„Zölibatsklausel" nicht mehr aufgenommen.** Die ständige Einsatzbereitschaft von Polizeieinheiten auch ohne Kasernierung wird weitgehend durch die Schaffung von Familienwohnungen in unmittelbarer Nähe der Unterkunft sichergestellt. Wo diese Möglichkeit nicht gegeben ist, wird zuweilen von der Möglichkeit Gebrauch gemacht, die Eheschließung von einer Erlaubnis abhängig zu machen.

Die **Regelung der Heiratserlaubnis** ist deshalb **nicht** rechtlich **unzulässig,** weil es keinen hergebrachten Grundsatz des Berufsbeamtentums i. S. des Art. 33 Abs. 5 GG gibt, daß Polizeibeamte zur Eingehung der Ehe eine Erlaubnis einzuholen haben. Es müßte vielmehr ein hergebrachter Grundsatz dahin gehen, daß die Auferlegung einer Pflicht zur Einholung der Heiratserlaubnis im Beamtenrecht nicht vorgesehen ist. Man muß davon ausgehen, daß es ein hergebrachter Grundsatz des Beamtenrechts ist, daß der Beamte seine ganze Persönlichkeit in den Dienst des Amtes zu stellen und alles zu vermeiden hat, was die dienstlichen Interessen schädigen könnte; hierbei kann dem Beamten gegenüber sogar die Einschränkung bestimmter Grundrechtsnormen in Frage kommen.

Durch die Verpflichtung zur Einholung der Heiratserlaubnis wird auch **nicht die Würde des Menschen i. S. des Art. 1 Abs. 1 GG angetastet.** Dem Polizeibeamten ist es nicht schlechthin verboten, eine Ehe einzugehen. In einem solchen Falle muß er eben aus dem Polizeibeamtenverhältnis ausscheiden. Hier kann nichts anderes gelten als bei dem Zölibatsgelübde der katholischen Priester und Ordensleute, die gleichfalls heiraten können, wenn sie ihren kirchlichen Status aufgeben. Somit verstößt eine angeordnete Heiratsbeschränkung auch nicht gegen den Art. 12 der Konvention zum Schutz der Menschenrechte und Grundfreiheiten vom 4. 11. 50 (BGBl. 1952 II S. 686).

An sich **könnte** in der dem Polizeibeamten aufgegebenen Verpflichtung, eine Heiratserlaubnis einzuholen und in der Beschränkung der Erteilung einer solchen auf ganz besonders dringende Fälle im Hinblick auf die drohende Beendigung des Beamtenverhältnisses für den Fall der Zuwiderhandlung eine **Einschränkung des durch Art. 6 Abs. 1 GG geschützten Grundrechts,** eine Ehe einzugehen und eine Familie zu gründen, **gesehen werden,** wobei auch Art. 2 Abs. 1 GG heranzuziehen wäre, der das Recht auf freie Entfaltung der Persönlichkeit sichern soll; hier **müssen aber** die Interessen des Beamten an der Eingehung einer Heirat, die der Privatautonomie zuzurechnen sind, den **öffentlich-rechtlichen Belangen gegenübergestellt werden, denen der Vorzug gebührt.** Dabei ist zu berücksichtigen, daß ohne eine Kasernierung der Polizeibereitschaftsbeamten eine ständige Einsatzbereitschaft nicht gewährleistet ist, was insbesondere dann der Fall ist, wenn nicht Familienwohnungen in der Nähe der Unterkunft der Bereitschaftspolizei vorhanden sind[105].

Beantragt der Beamte der Bereitschaftspolizei die Heiratserlaubnis mit der Begründung, daß die **Braut bereits schwanger** sei, so **darf die Erlaubnis nicht versagt werden.** Das gemäß Art. 6 Abs. 1 GG gewährleistete Recht auf Eheschließung und Familiengründung hat gegenüber einer dieses Recht einschränkenden, weil dienstlich unbedingt gebotenen und daher durch Art. 2 Abs. 1 GG gedeckten Selbstbindung dann den Vorrang, wenn die Selbstbindung über den zeitweiligen Ausschluß der Eheschließung hinaus die eheliche Geburt eines zu erwartenden Kindes verhindern würde. Das öffentliche Interesse daran, daß jedes Kind, wenn eben möglich, in die eheliche Familie hineingeboren wird und als Glied einer solchen Lebensgemeinschaft aufwächst und sich entwickelt, muß gegenüber dienstlichen Notwendigkeiten den Vorrang haben; dienstliche Notwendigkeiten ermächtigen nicht zu der Beschränkung der durch Art. 6 GG geschützten Stellung des — ungeborenen — Kindes. Damit erweist sich, unabhängig davon, ob die Regelung der Heiratserlaubnis als solche mit dem Grundgesetz in Einklang zu bringen ist, die Versagung der von dem Beamten beantragten Erlaubnis als rechtswidrig. Der Beamte der Bereitschaftspolizei, der ohne Erlaubnis die Ehe eingeht, befolgt wohl pflichtwidrig nicht eine dienstliche Anordnung und handelt auch schuldhaft, weil die Pflichtenkollision zwischen dem Sittengesetz, das ihm die alsbaldige Eheschließung mit der von ihm geschwängerten Frau gebietet, und der in der Versagung der Heiratserlaubnis liegenden dienstlichen Weisung, diese Eheschließung zu unterlassen, sich — schon wegen des freiwilligen Ausscheidens — keineswegs zu einer echten Notstandssituation steigert, die unter dem Gesichtspunkt der Güterabwägung das Verschulden ausschließen könnte. Der Polizeibeamte verstößt jedoch nicht gröblich gegen seine Dienstpflichten, so daß hier die schwerste der Disziplinarmaßnahmen, nämlich die Entfernung aus dem Dienst, oder bei einem Polizeivollzugsbeamten auf Widerruf die Entlassung, nicht in Frage kommen kann[106].

Nr. 228 S. 699

Folgende Fußnoten einfügen:

[105] BVerwG 22. 2. 62 — BVerwG II C 145/59 — BVerwGE Bd. 14 S. 21; ebenso auch OVG Rheinland Pfalz 19. 4. 55 in AS Bd. 4 S. 115.

[106] Siehe Fußnote 105. Das OVG Rheinland Pfalz bejaht im Gegensatz zum BVerwG auch in einem solchen Falle die fristlose Entlassung.

Nr. 229 **S. 706**

Dem Abschnitt III, 1. Absatz auf Zeile 13 endenden Satz folgende Sätze anfügen:

Der Gebrauch des Götz-Zitats stellt auch ohne ausdrückliche Benennung des Vorgesetzten eine Achtungspflichtverletzung dar, sofern es sich bei der gegebenen Situation nur auf den Vorgesetzten beziehen konnte. Die Verwendung dieses Zitats bezüglich einen Vorgesetzten ist zweifelsohne ungehörig. Wenn auch einem Beamten gewisse Unmutsäußerungen nicht verwehrt sind, so geht jedoch das Götz-Zitat über eine einfache Unmutsäußerung hinaus und verletzt die Pflicht zu achtungswürdigem Verhalten[40d].

Nr. 230 **S. 706**

Dem die sechstletzte Zeile endenden Satz folgenden Satz anfügen:

Hat sich der Beamte aus Ärger und Enttäuschung über die Nichtberücksichtigung der Bewerbung um einen begehrten Dienstposten und hierdurch bedingte Depressionszustände zu einer Achtungsverletzung seines Vorgesetzten hinreißen lassen, so kann dies mildernd berücksichtigt werden[41a].

Nr. 231 **S. 706**

Folgende Fußnoten einfügen:

[40d] BDH 2. 5. 67 — I DV 9/66 — DokBer. S. 3086.

[41a] BVerwG 12. 12. 67 — II D 22/67 — DokBer. S. 3281.

Nr. 232 **S. 707**

Nach dem letzten Wort in Zeile 6 folgende Sätze einfügen:

Eine unter Duzfreunden am Stammtisch gemachte Äußerung ist im allgemeinen nicht im besonderen Maße geeignet, Achtung und Vertrauen des Beamten in einer für sein Amt und das Ansehen des Beamtentums bedeutsamen Weise i. S. des § 77 Abs. 1 Satz 2 BBG zu beeinträchtigen. Hierzu führte die Bundesdisziplinarkammer[45a] folgendes aus:

„Es ist allgemein bekannt, daß Stammtischgespräche und besonders unter Duzfreunden ihrem Inhalt nach nicht auf die Goldwaage gelegt werden können und daß gerade am Stammtisch eine gewisse Selbstgefälligkeit und mitunter auch Großmannssucht von allen Teilnehmern zum Ausdruck gebracht wird, die weder von ihnen selbst noch von den anderen Teilnehmern besonders ernst genommen zu werden pflegen. Eine disziplinäre Ahndung scheidet in einem solchen Falle besonders dann aus, wenn der daselbst beleidigte Vorgesetzte nicht bald etwas unternommen hat, um in seiner Ehre rehabilitiert zu werden. Dies gilt selbst dann, wenn hierbei Ausdrücke, wie „komischer Vogel“ oder „großes A....loch“ gefallen sind.“

Nr. 233 **S. 707**

Folgende Fußnote einfügen:

[45a] BDiszK 8. 3. 68 — XI BK 10/67 — DokBer. S. 3271.

Nr. 234 **S. 710**

Dem Zeile 21 endenden Satz folgenden Satz anfügen:

Ganz allgemein darf ein Beamter gegen einen Dienstvorgesetzten Strafanzeige erst erstatten, wenn alle anderen Möglichkeiten, zu seinem vermeintlichen Recht zu gelangen, erschöpft sind und ihm nicht zugemutet werden kann, eine Klärung durch eine Zivil- oder Verwaltungsklage herbeizuführen[69a].

Nr. 235 **S. 710**

Dem Zeile 29 endenden Satz folgenden Satz anfügen:

Eine Dienstpflichtverletzung liegt jedenfalls dann vor, wenn in der Strafanzeige unsachliche und kränkende Vorwürfe erhoben werden[72a].

Nr. 236 **S. 710**

Folgende Fußnoten einfügen:

[69a] BDH 9. 12. 63 — I D 8/63 — BDHE Bd. 7 S. 65.

[72a] BDH 9112/63 — I D 8/63 — BDHE Bd. 7 S. 65.

Nr. 237 **S. 713**

Dem Zeile 12 endenden Satz folgende Sätze anfügen:

Weder das Grundrecht des Art. 5 GG noch das Beschwerderecht des § 171 BGB berechtigen einen Beamten zu beleidigenden und herabsetzenden Äußerungen gegenüber Vorgesetzten. Der Beamte ist mehr noch als jeder andere Staatsbürger gehalten, sich bei der Kritik von Vorgesetzten in den durch das Strafgesetz und die beamtenrechtlichen Vorschriften gezogenen Grenzen zu halten und darf nicht schrankenlos seinen „eigenen Stil" praktizieren. Hier geht auch die Berufung auf §§ 56 bis 59 PersVG fehl. Der Bundesdisziplinarhof hat wiederholt entschieden, daß ein Beamter auch bei Ausübung der ihm als Mitglied des Personalrats übertragenen Aufgaben seine allgemeine Beamtenpflichten zu beachten hat und keinen Kollegen oder Vorgesetzten kränken oder beleidigen darf[81a]. Wohl ist nicht jede Kritik des Vorgesetzten ein Dienstvergehen[81b]. Sie ist es vielmehr nur dann, wenn sie unsachlich und unbegründet oder in der Form herabsetzend ist[81c].

Nr. 238 **S. 713**

Folgende Fußnoten einfügen:

[81a] BDH 31. 8. 67 — II DV 6/66 — DokBer. S. 3145; BDH 21. 2. 58 — I DV 7/57; BDHE Bd. 4 S. 69 und 20. 12. 55 — III D 147/54 — BDHE Bd. 2 S. 170.

[81b] BDH 31. 8. 67 — II DV 6/66 — DokBer. S. 3145.

[81c] BDH 29. 5. 63 — I DV 2/63; 26. 1. 66 — III D 50/65; 24. 3. 66 — II D 2/66 — DokBer. S. 2867; 31. 8. 67 — II DV 6/66 — DokBer. S. 3145.

Nr. 239 **S. 738**

Dem vorletzte Zeile endenden Satz folgende Sätze anfügen:

So stellt es ein nicht leichtzunehmendes Dienstvergehen dar, wenn ein Beamter es mit einer Reinemachefrau in seinem Dienstzimmer zu intimen

Beziehungen kommen läßt, da in einer Dienststelle Frauen schlechthin das sichere Gefühl haben müssen, im Dienst keinen sexuellen Übergriffen männlicher Behördenangehöriger ausgesetzt zu sein[8a]. Der Dienst muß schlechthin von sexuellen Bindungen und Spannungen freigehalten werden.

Nr. 240 **S. 738**

Nach Fußnote 8 folgende Fußnote anfügen:

[8a] BVerwG 15. 11. 67 — II D 16/67 — DokBer. S. 3245 (in diesem Falle erschien eine Gehaltskürzung von einem Zwanzigstel auf die Dauer eines Jahres als angebracht, weil es sich um ein erstmaliges Fehlverhalten gehandelt, der Beamte keinen ernsthaften Versuch unternommen hatte, den Widerstand der Frau gewaltsam zu überwinden und bei derselben keine körperliche oder seelische Schäden eingetreten waren).

Nr. 241 **S. 742**

Nach Zeile 6 folgende Absätze einfügen:

Darauf kommt es nicht an, ob es sich bei der einzelnen Pflichtverletzung um eine strafbare Tat handelt und bejahendenfalls ob sie von einem Strafgericht geahndet worden ist oder nicht und wie das Strafgericht sie würdigt. Hierzu führte der Bundesdisziplinarhof[70] folgendes aus:

Ob ein außerdienstliches Verhalten eines Beamten als Dienstvergehen zu würdigen ist, hängt nicht entscheidend davon ab, ob der Beamte wegen dieses Verhaltens vom Strafrichter zur Verantwortung gezogen worden ist oder nicht. Maßgebend ist vielmehr allein, ob dieses Verhalten achtungs- und vertrauenswidrig ist (§ 54 BBG). Dies wird weder durch die Tatsache der gerichtlichen Bestrafung noch durch die Höhe der gerichtlichen Strafe entscheidend bestimmt. So ist es durchaus möglich, daß ein Beamter trotz verhältnismäßig hoher Strafe noch tragbar erscheint, während ein anderer strafgerichtlich nur geringfügig oder gar nicht vorbestrafter Beamter für seinen Dienstherrn nicht mehr vertrauenswürdig ist. Die vom Verteidiger als unzulässig gerügte anderweitige Beurteilung einer Straftat durch das Disziplinargericht ist in Wahrheit keine „anderweitige" Beurteilung, sondern die Beurteilung ein und desselben Sachverhalts unter anderen Gesichtspunkten. Während für das Strafgericht im Vordergrund der Gedanke der Sühne und Abschreckung wegen der Verletzung der für die Allgemeinheit verbindlichen Rechtsordnung steht, ist für den Disziplinarrichter jedenfalls im Falle der völligen Vertrauenseinbuße des Beamten die Frage nach dem Strafzweck irrelevant. Der vertrauensunwürdige Beamte soll weder für sein Verhalten sühnen noch sollen durch die Verhängung der Höchststrafe andere Beamte von ähnlichem Fehlverhalten abgeschreckt werden. Vielmehr wird durch den Ausspruch der disziplinarischen Höchststrafe das ganze Dienstverhältnis und damit das gegenseitige Vertrauensverhältnis zwischen Staat und Beamten gelöst. Das ist keine Verschärfung einer kriminellen Strafe, sondern eine Maßnahme, zu der jede Institution, sei es des öffentlichen, sei es des privaten Rechts, hinsichtlich der ihr angehörenden Personen berechtigt ist."

Die Auffassung, daß dem Beamten gegenüber den sonstigen Staatsbürgern erhöhte Pflichten obliegen, führte dazu, daß Dienstvorgesetzte und Einleitungsbehörde insbesondere bei Verstößen gegen die Straßenverkehrsvorschriften gegen die durch die Strafgerichte verurteilten Beamten auch unterschiedslos einschritten, was im Kreise der Beamtenschaft kein Verständnis fand. Wenn auch bei einer Verhängung einer Disziplinarmaßnahme wegen einer Tat, die in einem gegenstandsgleichen Strafverfahren geahndet worden war, der Grundsatz ne bis in idem nicht unmittelbar verletzt ist, so stellte die Disziplinierung in den Fällen, in denen die Kriminalstrafe einen erzieherischen Zweck erfüllen sollte, wie dies vor allem bei den Verkehrsdelikten gegeben ist, zumindest einen Verstoß gegen den Grundgedanken des ne bis in idem dar. Aus diesem Grunde wies der **Bundesdisziplinaranwalt** bereits in seinem **Rundschreiben vom 19. 2. 65** — Az.: 7041 — darauf hin, daß **nicht sämtliche Verstöße gegen die Straßenverkehrsvorschriften als Dienstvergehen zu werten sind,** daß sich jedoch bei einem fahrlässigen Verhalten im Straßenverkehr, das sich strafrechtlich als Vergehen darstellt, wohl regelmäßig tatbestandsmäßig auch ein Dienstvergehen vorliegt, wenngleich auch in diesen Fällen eine disziplinäre Ahndung nicht die Regel sein soll.

Der **Bundesdisziplinarhof setzte sich in** seinem bemerkenswerten **Beschluß vom 31. 12. 65** — II DV 1/65[7aa] — (sog. Sylvester-Beschluß) eingehend **mit der Frage auseinander, wie** ein außerhalb des Dienstes **im Straßenverkehr begangenet Vergehen** der fahrlässigen Körperverletzung im Sinne des § 230 StGB **in disziplinarrechtlicher Hinsicht zu bewerten sei.** Der Beschluß erlangte nicht nur für die außerhalb des Dienstes begangenen Verstöße gegen die Straßenverkehrsvorschriften, sondern ganz allgemein für sämtliche außerdienstlichen Pflichtverletzungen Bedeutung. In dem vom Bundesdisziplinarhof zu beurteilenden Falle hatte der Beamte die Vorfahrt verletzt und war hierdurch mit einem vorfahrtsberechtigten Personenkraftwagen zusammengestoßen, wobei dessen Fahrer verletzt worden war und der Schaden an beiden Fahrzeugen insgesamt 1500 DM betragen hatte. Der Bundesdisziplinarhof hob die Disziplinarverfügung des Dienstvorgesetzten, wonach dem Beamten eine Geldbuße zuerkannt worden war, u. a. mit folgender Begründung auf:

„Nach alledem muß davon ausgegangen werden, daß es sich um einen Verstoß gegen die Verkehrsvorschriften mit durchschnittlicher Fahrlässigkeit und leichten Folgen gehandelt hat.

Es ist zunächst klarzustellen, daß der vorliegende Fall nicht zu vergleichen ist mit den zahlenmäßig weit überwiegenden, zur disziplinarrechtlichen Entscheidung beim Bundesdisziplinarhof gelangten Fällen, bei denen das verkehrswidrige Verhalten eines Beamten wegen alkoholbedingter Fahruntüchtigkeit oder wegen nachfolgender Verkehrsunfallflucht von vornherein ein besonderes Gewicht erhält und die deswegen vom Bundesdisziplinarhof als Dienstvergehen angesehen worden sind. In vergleichsweise wenigen Fällen, in denen auch ohne die genannten besonderen Momente über das Vorliegen eines Dienstvergehens zu entscheiden war und ein solches bejaht worden ist, handelte es sich entweder um Verkehrsdelikte, die zudem meist innerhalb des dienstlichen Aufgabenbereiches liegend durch grobfahrlässiges, an Rücksichtslosigkeit grenzendes Verhalten oder durch die Verbindung mit fahrlässiger Tötung oder fahrlässiger Körperverletzung schwerer Art gekennzeichnet waren (vgl. Entscheidungen vom 12. 1. 60 — II D 72/59 —, 31. 1. 63 — II D 51/62 —, 24. 6. 59 — III D 31/58 —, 10. 6. 63 — II DV 4/83).

Nur unter derartigen Voraussetzungen läßt sich die gelegentliche Bemerkung verstehen, daß grundsätzlich auch fahrlässig begangene strafbare Verkehrsverstöße ein Dienstvergehen darstellen (vgl. außer den vorgenannten Urteilen II D 72/59, III D 31/58 auch die Urteile vom 3. 1. 62 — I D 68/61 — und 4. 10. 62 — I D 7/62). Der Verteidiger hat daher recht, wenn er darauf hingewiesen hat, daß sich aus den bisher entschiedenen Fällen nicht der Schluß ziehen lasse, daß alle Verkehrsdelikte als Dienstvergehen gewertet werden müßten.

In der Tat hatte der Senat noch über keinen Fall zu entscheiden, der — wie es sich hier bei dem Beschuldigten verhält — keines der erwähnten Merkmale aufgewiesen hätte. Von den übrigen Senaten ist lediglich in einem vergleichbaren Falle ein Dienstvergehen bejaht worden (Beschluß vom 21. 2. 61 — III DV 5/60), wobei es sich allerdings um einen von mehreren Punkten handelte. Der Senat steht damit vor der Frage, ob er sich dieser Rechtsprechung anschließen soll oder nicht.

Nach § 77 Abs. 1 i. V. m. § 54 BBG ist ein außerdienstliches Verhalten — und nur ein solches steht in Rede — dann ein Dienstvergehen, wenn es nicht der Achtung und dem

Vertrauen entspricht, die der Beruf eines Beamten erfordert. Diese Generalklausel gibt dem Disziplinarrichter fraglos einen breiten Beurteilungsspielraum. Er muß diesen weiten Bereich um so sorgfältiger abgrenzen, als es — entgegen gelegentlicher anderer Auffassungen — nicht zum Begriff des Dienstvergehens gehört, daß der Beamte durch sein Verhalten eine tatsächliche Ansehensschädigung und Vertrauenseinbuße erfahren hat, sondern daß es lediglich geeignet war, solche Folgen nach sich zu ziehen. Eine entsprechende Feststellung bietet allerdings nur so lange keine Schwierigkeiten, als der Unrechtsgehalt der Verfehlung offen zutage liegt. Je weniger dies der Fall ist, desto größer wird die Gefahr, sich, ohne tiefgreifende Veränderungen unserer Gesellschaftsstruktur in Betracht zu ziehen, mit abstrakten Feststellungen über das Beamtenunwürdige eines Verhaltens zu begnügen und es an einem Ideal zu messen, dem die Wirklichkeit nicht entspricht. Der Senat hat bereits an anderer Stelle zum Ausdruck gebracht (Urteil vom 18. 11. 65 — II D 35/63 —), daß es nicht Aufgabe des Disziplinarrechts ist, einen Beamten in moralischer und ethischer Hinsicht zu einem Mustermenschen zu erziehen. Je kritischer also die Frage wird, ob ein bestimmtes Verhalten noch den in § 54 BBG genannten Voraussetzungen entspricht, um so vorsichtiger muß geprüft werden, ob es wirklich geeignet war, eine Ansehens- oder Vertrauensschädigung herbeizuführen. Die Prüfung ist aus der Sicht eines den jeweiligen Lebensverhältnissen gegenüber aufgeschlossenen, unvoreingenommenen denkenden Betrachters vorzunehmen. Dies gilt gerade auch für die außerdienstlichen Verkehrsdelikte. Der moderne Massenverkehr kostet — so sehr man das bedauern mag — unvermeidlich Opfer. Soweit dies auf menschliches Versagen zurückgeht, hat es seinen einfachen Grund darin, daß niemand gegen gelegentliche Unaufmerksamkeit und Ungeschicklichkeit gefeit ist. Das ist sicherlich kein Grund, deswegen eine strafgerichtliche Ahndung auszuschließen. Bei der disziplinarischen Beurteilung hingegen spielt es eine Rolle, daß ein Verkehrssünder, solange er — wie der Beschuldigte — nicht grobfahrlässig oder gar bewußt rücksichtslos Verkehrsregeln zuwiderhandelt und er nicht dadurch mehr als leichte Körperverletzungen verschuldet, an seinem Ansehen und seiner Vertrauenswürdigkeit hinsichtlich seiner auf anderem Gebiete liegenden Amtsaufgaben keine wägbare Einbuße erleidet. Wenn ein derartig fahrlässiges, selbst strafbares Mißverhalten mit geringen Folgen nicht Ausfluß einer laxen oder rücksichtslosen Persönlichkeitshaltung, einer schlechten Gesinnung oder charakterlichen Fehlhaltung ist, sondern einem allgemein tadelfreien Beamten in rein privater Sphäre und im normalen menschlichen Versagensbereich unterläuft, wird kein vorurteilsfrei Denkender in einer für die Amtsstellung bedeutsamen Weise Anstoß nehmen. In der bisherigen Rechtsprechung des Bundesdisziplinarhofs ist schon gelegentlich betont worden, daß es fahrlässige Verhaltensweisen gibt, die nicht als Dienstvergehen zu werten sind (Urteile vom 16. 1. 62 — II D 12/61 —, 4. 10. 62 — I D 7/62 —), und daß bei der disziplinaren Beurteilung eines Verhaltens den Änderungen in den Lebenserscheinungen Rechnung zu tragen ist (BDH 3, 125/128).

Der Senat ist daher zu der Überzeugung gelangt, daß der Beschuldigte kein Dienstvergehen begangen hat. Einer Entscheidung des Großen Senats wegen der bereits erwähnten Entscheidung III DV 5/60 bedurfte es nicht, da der Dritte Senat der Abweichung zugestimmt hat."

In Ausführung des Beschlusses des Bundesdisziplinarhofs vom 31. 12. 65 stellte der **Bundesdisziplinaranwalt** in seinem **Rundschreiben vom 31. 1. 66** — Az.: 7041 — fest, daß eine von einem dienstlich nicht als Kraftfahrer tätigen Beamten **außerhalb des Dienstes im Straßenverkehr begangene fahrlässige Körperverletzung nicht als Dienstvergehen zu werten** ist, wenn

a) keine alkoholbedingte Beeinträchtigung der Fahrtüchtigkeit vorgelegen hat,

b) Rücksichtslosigkeit, Leichtfertigkeit oder ein sonstiges Verhalten des Beamten, das auf schlechter Gesinnung oder charakterlicher Fehlhaltung beruht, nicht festzustellen ist,

c) das Verschulden im Bereich des normalen, nicht stets vermeidbaren menschlichen Versagens liegt und nicht über durchschnittliche Fahrlässigkeit hinausgeht, also nicht als grobfahrlässig bezeichnet werden kann,

d) die verursachte Körperverletzung leicht und auch der gleichzeitig angerichtete Sachschaden nicht von besonders schwerwiegender Bedeutung ist, wobei dieser Begriff hier weiter auszulegen ist als im Zusmamenhang mit einem Vergehen der Unfallflucht im Sinne des § 142 StGB.

In Fortführung der höchstrichterlichen Rechtsprechung hat der **Innenausschuß des Bundestages** bei der Beratung des Entwurfs der Novelle zur Bundesdisziplinarordnung — Bundestagsdrucksache V/325 — das brennende Problem der Verfolgung des außerdienstlichen Fehlverhaltens aufgegriffen und eine Lösung angestrebt, die den Bedürfnissen eines zeitnahen Beamtentums gerecht werden soll. Während der Innenausschuß den § 54 Satz 2 BBG unberührt ließ, der festgestellt, daß der Beamte auch außerhalb des Dienstes durch sein Verhalten der Achtung und dem Vertrauen gerecht werden muß, die sein Beruf erfordert, **fügte** er in Art. II § 2 Nr. 3 der Novelle zum Bundesdisziplinarrecht **dem § 77 Abs. 1 BBG,** wonach ein Beamter ein Dienstvergehen begeht, wenn er schuldhaft die ihm obliegenden Pflichten verletzt, **folgenden Satz 2 hinzu:**

„Ein Verhalten außerhalb des Dienstes ist ein Dienstvergehen, wenn es **nach den Umständen des Einzelfalles in besonderem Maße geeignet ist, Achtung und Vertrauen in einer für sein Amt oder das Ansehen des Beamtentums bedeutsamen Weise zu beeinträchtigen.**"

Der Innenausschuß **stellt** es einmal **auf das jeweilige Amt** des **Beamten und** fernerhin auf eine **bedeutsame Beeinträchtigung des Ansehens des Berufsbeamtentums ab.** Ist gegen den Beamten wegen desselben Sachverhaltes bereits **durch ein Gericht oder** eine **Behörde eine Strafe oder eine Ordnungsmaßnahme verhängt** worden, so ist außerdem **§ 14 BDO zu beachten,** wonach ein Verweis überhaupt nicht sowie eine Geldbuße und eine Gehaltskürzung dann nicht verhängt werden können, wenn durch die Strafe oder Ordnungsmaßnahme auch der Disziplinarzweck erreicht wird. Es kommen also nur solche außerdienstlichen Verfehlungen für eine disziplinarische Ahndung in Betracht, die in einem ganz erheblichem Umfange die Achtung und das Vertrauen in das jeweilige Amt beeinträchtigen.

Verletzt der Beamte außerdienstlich fremdes Eigentum, so kommt eine disziplinarische Verfolgung dann in Betracht, wenn er dienstlich mit der Wahrung fremder Vermögensinteressen oder mit der Verfolgung von Eigentumsdelikten beauftragt ist. Ein Polizeibeamter, der mit der Verhütung und Aufklärung strafbarer Handlung Befassung hat, wird für sämtliche außerdienstlichen Straftaten disziplinarisch zur Verantwortung gezogen werden können, sofern sie nur in einem besonderen Maße geeignet sind, die Achtung und das Vertrauen in sein Amt zu beeinträchtigen. Die **ehewidrigen Verfehlungen,** wie Ehebruch oder Vernachlässigung der Unterhaltspflicht, werden ebenfalls nur für einen kleinen Kreis von Beamten in disziplinarrechtlicher Hinsicht von Bedeutung sein, etwa für Lehrer, Erzieher oder solche Beamte, denen weibliche Beamte, Angestellte oder Arbeiter unterstellt sind. Dies gilt weniger für die **gröberen Verstöße gegen die Sittlichkeit,** wie Kuppelei, Notzucht und widernatürliche Unzucht, weil sie zu einer erheblichen Ansehensschädigung des Beamten und des Beamtentums führen. Ob der Beamte sich im letzteren Falle disziplinarisch zu verantworten hat, entscheidet sich vor allem danach, ob er bei seiner derzeitigen Amtsausübung gefährdet ist, Opfer von Erpressungen zu werden. Ein **leichtsin-**

niges Schuldenmachen wird nach wie vor disziplinarisch beachtlich sein, weil es wohl in gleicher Weise bei allen Beamten die Achtung und das Vertrauen in ihr Amt erheblich beeinträchtigt. **Verstöße gegen die Straßenverkehrsbestimmungen** außerhalb des Dienstes sind zunächst einmal bei solchen Beamten in disziplinarrechtlicher Hinsicht von Bedeutung, die im Fahrdienst eingesetzt sind oder die mit der Aufklärung von Verkehrsverstößen Befassung haben, weil gerade bei solchen Beamten erwartet werden muß, daß sie die Straßenverkehrsvorschriften beachten. Im Hinblick auf den erzieherischen Zweck der Strafen, die bei Verstößen gegen die Straßenverkehrsvorschriften verhängt werden, wird ferner gemäß § 14 BDO eine disziplinarische Ahndung im allgemeinen dann in Frage kommen, wenn die Höchst- oder zweithöchste Disziplinarmaßnahme zu erwarten ist, was wohl in den seltensten Fällen vorkommen wird. Zusammenfassend läßt sich feststellen, daß **nach Inkrafttreten der Novelle zur BDO für eine disziplinarische Ahndung von außerdienstlichen Verfehlungen nur noch ein sehr geringer Spielraum** sein wird.

Nr. 242 **S. 742**

Bei Fußnote 7a folgendes einfügen:

Faust „Der Begriff der Doppelbestrafung im deutschen Recht" in ZBR 1967 S. 74; Lochbrunner in ZBR 1963 S. 286ff.; Wiese in VerwArch. Bd. 56 S. 203ff. und S. 354f.

Nr. 243 **S. 742**

Folgende Fußnoten einfügen:

[70o] BDH 30. 6. 65 — III D 9/65.

[7aa] BDH 31. 12. 65 — II DV 1/65 — BDHE Bd. 7 S. 94 = DRiZ 1966 S. 157 = NJW 1966 S. 688 = DVBl. 1966 S. 144 = ZBR 1966 S. 95 mit Anm. Wilhelm S. 192 = DöD 1966 S. 72 = DDB 1966 S. 75 = VerwArch. Bd. 57 S. 273 = APF 1966 S. 447.

Nr. 244 **S. 744**

Nach Zeile 16 folgende Absätze einfügen:

Das **Bundesverfassungsgericht befaßte sich** in seinem Beschluß vom 2. 5. 67[100] **mit dem Verhältnis von Disziplinarstrafe zur Kriminalstrafe,** wobei es die Frage bejahte, daß neben der Kriminalstrafe im Wehrdisziplinarrecht auch eine Laufbahnstrafe verhängt werden kann. Mit der Formulierung „Allgemeine Strafgesetze" in Art. 103 Abs. 3 GG ist nach der Ansicht des Bundesverfassungsgerichts der Gegensatz zum Dienst-, Ordnungs- und Polizeistrafrecht herausgestellt. Bei der Herausarbeitung des Unterschiedes zwischen Kriminal- und Laufbahnstrafe kommt das Bundesverfassungsgericht zu dem Ergebnis, daß es sich bei der Laufbahnstrafe nicht um eine Strafe im eigentlichen Sinne, sondern lediglich um eine „Maßnahme des Disziplinarrechts" handelt, während es die Kriminalstrafe als „Auferlegung eines Übels wegen und nach dem Maß einer schuldhaft begangenen Übeltat" bestimmt, wobei diese Strafe abzuschrecken und zu resozialisieren hat. Die Disziplinarmaßnahme zielt auf die Gewährleistung von Ordnung und Integrität innerhalb eines Berufsstandes ab und bezweckt, den durch die Betroffenen zur korrekten Erfüllung seiner Berufspflichten anzuhalten oder ihn aus seiner Berufsstelle zu entfernen, wenn er für den Dienstbetrieb nicht mehr tragbar ist. Ähnlich soll es sich nach Auffassung des Bundesverfassungsgerichts auch bei den Disziplinarmaßnahmen handeln, die die WDO vorsieht. Insbesondere greifen die Laufbahnstrafen ausschließlich in seine Rechte ein, die ihm aus einem besonderen Rechtsverhältnis austehen, in dem er steht, indem sie nur seine Dienstbezüge, nicht jedoch sein sonstiges Vermögen berühren. Da die Laufbahnstrafen der §§ 6, 43 WDO keine Strafen, sondern nur Disziplinarmaßnahmen sind, greift das Verbot der Doppelbestrafung des Art. 103 Abs. 3 GG hier nicht durch. Zu diesem Urteil des Bundesverfassungsgerichts bemerken von Menger-Erichsen[10oo] kritisch, daß gleichfalls das Verlangen nach individueller Sühne, wie sie das Strafrecht vorsieht, zumindest auch seine Rechtfertigung aus einem überindividuellen Ordnungszweck empfängt, auf den die Disziplinarmaßnahme ausgerichtet ist, und die Störung der dienstlichen Ordnung auch einem allgemeinen Rechtsgut dient, wie dies im Strafrecht der Fall ist. Zudem mindert die Disziplinarmaßnahme nicht nur das Gehalt des Beamten bzw. des Soldaten, sondern zeigt auch Auswirkungen für seine Familie.

In einem weiteren Beschluß vom 2. 5. 67[10ooo] setzt sich das Bundesverfassungsgericht mit dem **Verhältnis von Kriminalstrafe zur Arreststrafe** auseinander. Das Gericht erkennt bei der Arreststrafe an, daß sie nicht allein auf die Aufrechterhaltung eines geordneten Dienstbetriebes ausgerichtet ist. Bei ihr wird der Soldat nicht nur in seiner dienstrechtlichen, sondern auch in seinem „allgemeinen Status" betroffen und ihm wird durch den Arrest die persönliche Freiheit entzogen. Hiermit erkennt das Bundesverfassungsgericht an, daß die Arreststrafe als Freiheitsentzug auch Strafcharakter hat. Die hieraus notwendigen Konsequenzen, die zu einer Anwendung des Art. 103 Abs. 3 GG führen müßten, zieht aber das Bundesverfassungsgericht nicht. Es hält es aber andererseits mit rechtsstaatlichen Grundsätzen nicht für vereinbar, wenn ein Soldat nach Verhängung einer Freiheitsstrafe im Disziplinarwege wegen desselben Tatkomplexes noch einmal zusätzlich und ohne Berücksichtigung dieser Disziplinarmaßnahme mit einer Freiheitsstrafe des Kriminalgerichts belegt wird.

Durch § 14 BDO hat der Gesetzgeber **sichergestellt, daß** die Verhängung einer **Disziplinarmaßnahme auch neben** einer **Kriminalstrafe zulässig ist,** wobei lediglich die gegenstandsgleiche Tat im Falle der Verhängung einer Kriminalstrafe mit einem Verweis überhaupt nicht und mit einer Geldbuße, Gehaltskürzung oder Kürzung des Ruhegehalts nur dann geahndet werden kann, wenn dies zusätzlich erforderlich ist, um den Beamten oder Ruhestandsbeamten zur Erfüllung seiner Pflichten anzuhalten und das Ansehen des Beamtentums zu wahren. Hier schränkt der Gesetzgeber in Bagatellfällen nur die Möglichkeit der disziplinarischen Verfolgung ein, wenn der Beamte wegen der gleichen Tat von einem Gericht mit einer Kriminalstrafe bestraft worden ist.

Nr. 245 S. 744

Folgende Fußnoten einfügen:

[10o] BVerfG 2. 5. 67 — 2 BvL 1/66 — in DVBl. 1967 S. 722 = DöV 1967 S. 679 (Ls) = NJW 1967 S. 1654 mit Anm. von Rupp = JuS 1967 S. 520.

[10oo] In VerwArch. 1968 S. 75ff.

[10ooo] 2. 5. 67 — 2 BvR 391/64, 263/66 — in DVBl. 1967 S. 724 = NJW 1967 S. 1651.

Nr. 246 **S. 749**

Bei Fußnote 20 einfügen:

Vgl. hierzu Wilhelm „Verfassungswidrige Tendenzen im Recht des öffentlichen Dienstes" in ZBR 1966 S. 357 (359); gegen die Rechtsprechung des BDH wenden sich auch Wenzel „Das Dienststrafrecht in Bayern, 2. Aufl. 1963 S. 68 unter 2c dd, Hefele-Schmidt, Kommentar zum BayerBG, Anm. 3 zu Art. 64 und der Bayerische Dienststrafhof in seinem Urteil vom 15. 12. 55 (VGHE Bd. 8 Teil III S. 27).

Nr. 247 **S. 747**

Dem die sechstletzte Zeile endenden Satz folgenden Absatz einfügen:

Bei außerdienstlichem Fehlverhalten eines Beamten ist die **schwerste Disziplinarmaßnahme,** nämlich die Entfernung aus dem Dienst, **nur** dann **vertretbar, wenn** sich das Dienstvergehen auf den dienstlichen Bereich derart auswirkt, daß der **Beamte** dadurch dienstlich **vertrauensunwürdig** erscheint **oder wegen völligen Ansehensverlustes** als **untragbar** für den öffentlichen Dienst angesehen werden muß[16b].

Nr. 248 **S. 747**

Folgende Fußnote einfügen:

[16b] BDH 27. 10. 64 — III D 29/63 — BDHE Bd. 7 S. 100.

Nr. 249 **S. 754**

Dem in Abschnitt B, Absatz 1, Zeile 1 endenden Satz folgenden Satz anfügen:

Der Schuldspruch zu Lasten des Beamten im Ehescheidungsurteil ist eine „Tatsache", die den Verdacht eines Dienstvergehens rechtfertigt[10o].

Nr. 250 **S. 754**

Bei Fußnote 10 folgendes einfügen:

Müller, Beamtenehebruch, BayrBZ 1967 S. 42.

Nr. 251 **S. 754**

Folgende Fußnote einfügen:

[10o] DiszSenat OVG Münster 8. 1. 65 — Y 23/64 — OVGE Bd. 21 S. 59.

Nr. 252 **S. 761**

Im Text nach der letzten Zeile folgenden Absatz einfügen:

Gerade im Falle der disziplinarischen Verfolgung eines Ehebruchs, der außerhalb des Dienstes begangen worden ist, ist **nach Inkrafttreten des Gesetzes zur Neuordnung des Bundesdisziplinarrechts vom 20. 7. 67** zu prüfen, ob die Voraussetzungen des § 77 Abs. 1 Satz 2 BBG gegeben sind, ob also das Verhalten des Beamten nach den Umständen des Einzelfalles in besonderem Maße geeignet ist, Achtung und Vertrauen in einer für sein Amt oder das Ansehen des Beamtentums bedeutsamen Weise zu beeinträchtigen. Hat ein Beamter Ehebruch mit einer Kollegin nicht in den Diensträumen, sondern anderswo begangen, so stellt auch dies ein Dienstvergehen dar, das mit dem Dienst im Zusammenhang steht, so daß hier nicht geprüft zu werden braucht, ob die Voraussetzungen des § 77 Abs. 1 Satz 2 BBG gegeben sind. Selbst wenn man einen solchen Ehebruch als außerhalb des Dienstes begangen ansehen wollte, müßte eine disziplinarische Verfolgung der Tat in Frage kommen, da gerade der Ehebruch mit einer Kollegin das Ansehen des Beamtentums in einer erheblichen Weise beeinträchtigt. Handelt es sich um sonstige Fälle des Ehebruchs, so wird geprüft werden müssen, ob das Verhalten des Beamten in der Öffentlichkeit bekannt geworden ist und dort einen erheblichen Anstoß erregt hat; dann dürften die Voraussetzungen des § 77 Abs. 1 Satz 2 BBG gegeben sein, zumal nach Art. 6 Abs. 1 GG die Ehe und Familie unter dem besonderen Schutz der staatlichen Ordnung stehen. Gleiches würde bei einem Ehebruch eines Beamten gelten, an den die Öffentlichkeit im Hinblick auf sein Amt bezüglich seines sittlichen Verhaltens besonders strenge Anforderungen stellt, wie dies z. B. bei Erziehern der Fall ist; hier wird die Tat die Achtung und das Vertrauen in einer für das Amt des Beamten bedeutsamen Weise beeinträchtigen. Ebenso wird man es beim Ehebruch, der außerhalb des Dienstes begangen worden ist, auf die örtlichen Gegebenheiten abstellen müssen, in denen der Beamte lebt. So können bei einem Ehebruch eines in einer Kleinstadt lebenden Beamten die Voraussetzungen des § 77 Abs. 1 Satz 2 BBG gegeben sein, während bei der Begehung der Tat durch einen in einer Großstadt lebenden Beamten das Ansehen des Beamtentums noch nicht geschädigt ist. Lebt der Beamte bereits viele Jahre von seiner Familie getrennt und täuscht er ein seit längerer Zeit bestehendes eheähnliches Verhältnis eines nichtgeschiedenen Beamten mit einer anderen Frau vor, so erleidet wohl ein solches Verhalten grundsätzlich in dienstlicher Hinsicht eine Einbuße an Achtung und Vertrauen. Im Einzelfalle ist aber zu berücksichtigen, daß Eheleute, die mehr als 10 Jahre voneinander getrennt leben, sich offensichtlich einander völlig entfremdet sind, der Beamte zu den Kindern, die aus einer außerehelichen Bindung hervorgegangen sind, eine echte gefühlsmäßige Bindung haben kann, während zu den bereits herangewachsenen Kindern aus der faktisch nicht mehr bestehenden Ehe eine solche Bindung im allgemeinen nicht mehr besteht. In einem solchen Falle kann unter Berücksichtigung des § 77 Abs. 1 Satz 2 BBG von einem Dienstvergehen keine Rede sein, wenn weder die Kollegen des Beamten noch die Mitbewohner des Hauses des Beamten an seinem Verhalten einen Anstoß genommen haben (vgl. BVerwG 29. 11. 67 — III D 19/67 — DokBer. S. 3279).

Nr. 253 S. 762

Im Text nach der letzten Zeile folgenden Absatz einfügen:

Auch **nach Inkrafttreten des Gesetzes zur Neuordnung des Bundesdisziplinarrechts vom 20. 7. 67** ändert sich durch § 77 Abs. 1 Satz 2 BBG in der disziplinarrechtlichen Beurteilung der Bigamie nichts, weil es sich hier um eine Verhaltensweise handelt, die an sich mit Zuchthaus zu ahnden ist, so daß der Beamte hier Achtung und Vertrauen in einer für sein Amt oder das Ansehen des Beamtentums bedeutsamen Weise beeinträchtigt.

Nr. 254 **S. 765**

Nach dem Zeile 18 endenden Satz folgenden Absatz einfügen:

Bei der Beurteilung solcher sittlichen Verfehlungen, die keinen Ehebruch darstellen, ist **nach Inkrafttreten des Gesetzes vom 20. 7. 67** besonders darauf zu achten, ob die Voraussetzungen des § 77 Abs. 1 Satz 2 BBG gegeben sind, ob also der Beamte durch sein Verhalten in einem besonderen Maße Achtung und Vertrauen in einer für sein Amt oder das Ansehen des Beamtentums bedeutsamen Weise beeinträchtigt hat. Sofern der Beamte gegen keine strafrechtliche Norm verstoßen hat, wird eine disziplinarische Verfolgung hier nur in den seltensten Fällen in Betracht kommen.

Nr. 255 **S. 766**

Nach Zeile 13 folgenden Absatz einfügen:

Für sonstige eheliche Zerrüttungen, die **nach Inkrafttreten des Gesetzes zur Neuordnung des Bundesdisziplinarrechts vom 20. 7. 67** in disziplinarrechtlicher Hinsicht zu beurteilen sind, gilt das unter Nr. 252 Gesagte entsprechend.

Nr. 256 **S. 768**

Nach Zeile 21 folgenden Absatz einfügen:

Für die Verletzung der Unterhaltspflicht, die **nach Inkrafttreten des Gesetzes zur Neuordnung des Bundesdisziplinarrechts vom 20. 7. 67** in disziplinarrechtlicher Hinsicht zu beurteilen ist, gilt das unter Nr. 252 Gesagte entsprechend.

Nr. 257 **Art. 770**

Nach Zeile 24 folgenden Absatz einfügen:

Für die Dienstvergehen, die in strafrechtlicher Hinsicht als Kuppelei zu beurteilen sind, hat sich, soweit es sich um schwerere Fälle handelt, in ihrer disziplinarrechtlichen Beurteilung auch **nach Inkrafttreten des Gesetzes zur Neuordnung des Bundesdisziplinarrechts vom 20. 7. 67** trotz § 77 Abs. 1 Satz 2 BBG und § 14 BDO nichts geändert, weil in solchen Fällen das Verhalten des Beamten in einem besonderen Maße geeignet ist, Achtung und Vertrauen in einer für sein Amt oder das Ansehen des Beamtentums bedeutsamen Weise zu beeinträchtigen und im allgemeinen die schwerste Disziplinarmaßnahme oder die Degradierung in Betracht kommen wird, so daß nicht geprüft zu werden braucht, ob die Voraussetzungen des § 14 BDO vorliegen. In den leichteren Fällen, wenn z. B. der Beamte den Beischlaf seiner erwachsenen Tochter in seiner Wohnung duldet, wird eine disziplinarische Ahndung der Tat nicht in Frage kommen.

Nr. 258 **Art. 773**

Nach Zeile 23 folgenden Absatz einfügen:

Für die Dienstvergehen, die in strafrechtlicher Hinsicht als Abtreibungen zu beurteilen sind, hat sich zumindest in den Fällen, in denen der Beamte bereits strafgerichtlich zur Verantwortung gezogen worden ist, **nach Inkrafttreten des Gesetzes zur Neuordnung des Bundesdisziplinarrechts vom 20.7.67** trotz § 77 Abs. 1 Satz 2 BBG und § 14 BDO in disziplinarrechtlicher Hinsicht nichts geändert, weil hier das Verhalten des Beamten in einem besonderen Maße geeignet ist, Achtung und Vertrauen in einer für sein Amt oder das Ansehen der Beamtentums bedeutsamen Weise zu beeinträchtigen. In leichteren Fällen, wenn z. B. die Frau ohnehin zur Abtreibung entschlossen war oder wenn schlechte wirtschaftliche Verhältnisse das Motiv der Tat bildeten, kann von einer disziplinarischen Ahndung der Tat abgesehen werden, selbst wenn der Beamte bereits durch ein Strafgericht zu einer Kriminalstrafe verurteilt worden war, weil dann bereits diese geeignet sein dürfte, künftig den Beamten zur Erfüllung auch seiner außerdienstlichen Pflichten anzuhalten.

Nr. 259 **S. 774**

Nach Zeile 26 folgenden Absatz einfügen:

Für die Dienstvorgehen, die in strafrechtlicher Hinsicht als Blutschande zu beurteilen sind, hat sich in ihrer disziplinarrechtlichen Beurteilung auch **nach Inkrafttreten des Gesetzes zur Neuordnung des Bundesdisziplinarrechts vom 20. 7. 67** trotz § 77 Abs. 1 Satz 2 BBG und § 14 BDO nichts geändert, weil hier die Tat in einem besonderen Maße geeignet ist, Achtung und Vertrauen in einer für das Amt des Beamten oder das Ansehen des Beamtentums bedeutsamen Weise zu beeinträchtigen. In derartigen Fällen werden die Disziplinargerichte im allgemeinen die schwerste Disziplinarmaßnahme verhängen oder zumindest den Beamten in ein Amt derselben Laufbahn mit geringerem Endgrundgehalt versetzen, so daß nicht geprüft zu werden braucht, ob die Voraussetzungen des § 14 BDO vorliegen.

Nr. 260 **S. 777**

Nach Zeile 36 folgenden Absatz einfügen:

Für das Fehlverhalten des Beamten, das in strafrechtlicher Hinsicht als Unzucht mit Abhängigen zu beurteilen ist, hat sich in disziplinarrechtlicher Hinsicht auch **nach Inkrafttreten des Gesetzes zur Neuordnung des Bundesdisziplinarrechts vom 20. 7. 67** trotz § 77 Abs. 1 Satz 2 BBG und § 14 BDO nichts geändert, weil das Verhalten des Beamten in einem solchen Falle in einem besonderen Maße geeignet ist, Achtung und Vertrauen in einer für sein Amt oder das Ansehen des Beamtentums bedeutsamen Weise zu beeinträchtigen, wobei sogar die schwerste Disziplinarmaßnahme oder zumindest die Versetzung in ein Amt derselben Laufbahn mit geringerem Endgrundgehalt angebracht ist, so daß nicht geprüft zu werden braucht, ob die Voraussetzungen des § 14 BDO vorliegen.

Nr. 261 **S. 778**

In Abschnitt „B. Disziplinarrechtliche Beurteilung“ folgenden Schlußabsatz einfügen:

Für die Beurteilungen solcher Verfehlungen, die sich in strafrechtlicher Hinsicht als Notzucht beurteilen, hat sich in disziplinarrechtlicher Hinsicht auch **nach Inkrafttreten des Gesetzes zur Neuordnung des Bundesdisziplinarrechts vom 20. 7. 67** nichts geändert, weil das Verhalten des Beamten hier in einem besonderen Maße geeignet ist, Achtung und Vertrauen in einer für sein Amt oder das Ansehen des Beamtentums bedeutsamen Weise zu beeinträchtigen und im allgemeinen die schwerste Disziplinarmaßnahme in Frage kommen wird, so daß sich eine Prüfung, ob die Voraussetzungen des § 14 BDO vorliegen, erübrigt.

Nr. 262 **S. 783**

Nach Zeile 31 folgenden Absatz einfügen:

Auch **nach Inkrafttreten des Gesetzes zur Neuordnung des Bundesdisziplinarrechts vom 20. 7. 67** hat sich bei den Verfehlungen eines Beamten, die in strafrechtlicher Hinsicht als schwere Unzucht zu beurteilen sind, in disziplinarrechtlicher Hinsicht trotz § 77 Abs. 1 Satz 2 BBG und § 14 BDO nichts geändert, weil das Verhalten des Beamten in einem besonderem Maße geeignet ist, Achtung und Vertrauen in einer für sein Amt oder das Ansehen des Beamtentums bedeutsamen Weise zu beeinträchtigen und die Disziplinargerichte auf die schwerste Disziplinarmaßnahme oder zumindest auf Versetzung in ein Amt derselben Laufbahn mit geringerem Endgrundgehalt erkennen werden, so daß sich eine Prüfung, ob die Voraussetzungen des § 14 BDO gegeben sind, erübrigt.

Nr. 263 **S. 786**

S. 783 4. letzte Zeile **bis** S. 786 Zeile 32 streichen und dafür folgenden Absatz einfügen:

Ist die einfache gleichgeschlechtliche Unzucht nach der Strafrechtsreform nicht mehr strafbar, so entfällt damit auch die disziplinarische Verantwortlichkeit. Etwas anderes gilt nur dann, wenn Arbeitskollegen untereinander oder gar Vorgesetzte mit Nachgeordneten gleichgeschlechtlich verkehren. Von einer Disziplinarmaßnahme kann dann **abgesehen** werden, **wenn der Beamte keine wirkliche Gefahr für den Dienst darstellt.** Es genügt im Einzelfalle nicht, die Gefahren, die von Homosexuellen für den öffentlichen Dienst ausgehen können, rein abstrakt festzustellen. Je geringer der dienstliche Einfluß eines Beamten auf Grund seiner Dienststellung ist, um so geringer wird auch die potentielle Gefahr dieser Art sein. Befindet sich z. B. der beschuldigte Beamte im unteren Dienst, so kann von einer echten Gefahr dieser Art allenfalls im Umgang mit jugendlichen Arbeitskollegen gesprochen werden, doch ist auch diese Gefahr nicht zu überschätzen[269a].

Nr. 264 **S. 786**

Nach Zeile 32 folgenden Absatz einfügen:

Für die Verfehlungen eines Beamten, die in strafrechtlicher Hinsicht als schwere gleichgeschlechtliche Unzucht zu beurteilen sind, ist bei der disziplinarrechtlichen Betrachtungsweise auch **nach Inkrafttreten des Gesetzes zur Neuordnung des Bundesdisziplinarrechts vom 20. 7. 67** trotz § 77 Abs. 1 Satz 2 BBG und § 14 BDO keine Änderung eingetreten, weil homosexuelle

Beamte in einem solchen Falle Verführungen und Versuchungen ausgesetzt sind, ständig ein Objekt von Erpressungen zu bilden. Das Verhalten des Beamten ist hier schon deshalb in einem besonderen Maße geeignet, Achtung und Vertrauen in einer für das Amt des Beamten oder das Ansehen des Beamtentums bedeutsamen Weise zu beeinträchtigen, und es wird auch künftig die schwerste Disziplinarmaßnahme oder zumindest die Versetzung in ein Amt derselben Laufbahn mit geringerem Endgrundgehalt verhängt werden, so daß sich die Prüfung der Frage, ob die Voraussetzungen des § 14 BDO vorliegen, erübrigt.

Nr. 265 **S. 786**

Folgende Fußnote einfügen:

[269a] BDH 4. 1. 66 — I D 35/65 — BDHE Bd. 7 S. 111.

Nr. 266 **S. 780**

Bei Fußnote 221 folgendes einfügen:

BDH 4. 1. 66 — I D 35/65 — APF 1967 S. 226 (LS).

Nr. 267 **S. 787**

In Abschnitt „B. Disziplinarrechtliche Beurteilung" folgenden Schlußabsatz einfügen:

Auch **nach Inkrafttreten des Gesetzes zur Neuordnung des Bundesdisziplinarrechts vom 20. 7. 67** hat sich bei den Verfehlungen des Beamten, die sich in strafrechtlicher Hinsicht als Erregung des öffentlichen Ärgernisses beurteilen, in disziplinarrechtlicher Hinsicht nichts geändert, weil auch hier das Verhalten des Beamten in einem besonderen Maße geeignet ist, Achtung und Vertrauen in einer für sein Amt oder das Ansehen des Beamtentums bedeutsamen Weise zu beeinträchtigen und im allgemeinen zumindest die Versetzung in ein Amt derselben Laufbahn mit geringerem Endgrundgehalt in Frage kommen wird, so daß dann die Frage, ob die Voraussetzungen des § 14 BDO gegeben sind, nicht gestellt zu werden braucht.

Nr. 268 **S. 788**

In Abschnitt „B. Disziplinarrechtliche Beurteilung" folgenden Schlußabsatz einfügen:

Bei solchen Verfehlungen eines Beamten, die sich in strafrechtlicher Hinsicht als Verbreitung unzüchtiger Schriften darstellen, hat sich auch **nach Inkrafttreten des Gesetzes zur Neuordnung des Bundesdisziplinarrechts vom 20. 7. 67** trotz § 77 Abs. 1 Satz 2 BBG und § 14 BDO in disziplinarrechtlicher Hinsicht nichts geändert, sofern es sich um schwerere Fälle handelt, weil hier das Verhalten des Beamten in einem besonderen Maße geeignet ist, Achtung und Vertrauen in einer für sein Amt oder das Ansehen des Beamtentums bedeutsamen Weise zu beeinträchtigen. In leichteren Fällen, selbst wenn der Beamte durch ein Gericht zu einer Kriminalstrafe bestraft worden ist, kann eine disziplinarische Ahndung entfallen, weil dann bereits diese Strafe geeignet sein wird, den Beamten künftighin zur Erfüllung seiner Pflichten anzuhalten.

Nr. 269 **S. 789**

Nach Zeile 13 folgenden Absatz einfügen:

Nach Inkrafttreten des Gesetzes zur Neuordnung des Bundesdisziplinarrechts vom 20. 7. 67 ist in den Fällen, in denen der Beamte sich wegen Umgangs mit unehrenhaften Personen disziplinarisch verantworten soll, zu prüfen, ob die Voraussetzungen des § 77 Abs. 1 Satz 2 BBG vorliegen, ob also das Verhalten nach den Umständen des Einzelfalles in einem besonderen Maße geeignet ist, Achtung und Vertrauen in einer für das Amt des Beamten oder das Ansehen des Beamtentums bedeutsamen Weise zu beeinträchtigen. Verkehrt eine Beamter fortlaufend in einer anstößigen Weise mit Prostituierten, so kann auch fernerhin eine disziplinarische Ahndung in Frage kommen.

Nr. 270 **S. 789**

Bei § 62 nach Absatz 1 folgenden Absatz einfügen:

Beamte, die der Verpflichtung zu einer geordneten Wirtschaftsführung nicht nachkommen, sondern infolge einer von ihnen verschuldeten Notlage leichtfertig Schulden machen, wobei sie sich u. U. auf betrügerische Manipulationen einlassen, stellen auch in dienstlicher Hinsicht eine große Gefahr dar, da sie allzu oft Opfer von Erpressungen werden oder ihre finanzielle Notlage durch die unerlaubte Annahme von Geschenken und Vorteilen zu verbessern suchen. Deshalb ändert sich an der disziplinarrechtlichen Beurteilung des leichtfertigen Schuldenmachens auch **nach Inkrafttreten des Gesetzes zur Neuordnung des Bundesdisziplinarrechts vom 20. 7. 67** nur wenig, weil ein Beamter, der leichtfertig Schulden aufnimmt und sich hierbei u. U. sogar eines Kreditbetruges schuldig macht, durch sein Verhalten ein Dienstvergehen begeht, das nach den Umständen des Einzelfalles in einem besonderen Maße geeignet ist, Achtung und Vertrauen in einer für sein Amt oder das Ansehen des Beamtentums bedeutsamen Weise zu beeinträchtigen. Hierbei wird es immer auf den Einzelfall ankommen, wobei bei einer gerichtlichen Bestrafung durch ein Strafgericht zu prüfen ist, ob die Voraussetzungen des § 14 BDO vorliegen, wenn nicht die schwerste oder zweitschwerste Disziplinarmaßnahme angebracht ist.

Nr. 271 **S. 791**

Dem Zeile 2 endenden Satz folgende Sätze anfügen:

Besonders verwerflich ist es, wenn der Beamte seine Gläubiger etwa durch unrichtige Angaben über seine wirtschaftlichen Verhältnisse und die vorhandenen Sicherheiten oder durch Zusicherung nicht einhaltbarer Zahlungsfristen zu den Krediten veranlaßt und sich dabei möglicherweise eines Betruges schuldig macht. Anders wäre es, wenn der Beamte ohne sein Verschulden infolge Eintritts unvorhergesehener Umstände zur Zahlung nicht in der Lage ist oder ein Gläubiger ihm ohne weiteres Stundung gewährt und nichts gegen ihn veranlaßt; in solchen Fällen fehlt es an der für jedes Dienstvergehen erforderlichen Ansehensschädigung[8d].

Nr. 272 **S. 791**

Folgende Fußnote einfügen:

[8d] BDH 18. 11. 65 — II D 35/63 — BDHE Bd. 7 S. 92.

Nr. 273 **S. 791**

Dem Zeile 8 endenden Satz folgenden Satz anfügen:

Die schwerste Disziplinarmaßnahme ist insbesondere dann angebracht, wenn die infolge leichtsinnigen Schuldenmachens aufgenommenen Verbindlichkeiten einen sehr hohen Betrag ausmachen[9a].

Nr. 274 **S. 791**

Folgende Fußnote einfügen:

[9a] BVerwG 9. 11. 67 — I D 20/67 — DokBer. S. 3257 — (Hier hatte der beschuldigte Beamte Schuldverbindlichkeiten in Höhe von 31 000,— DM aufgenommen, wobei er einen Darlehnsgeber, der selbst in bescheidenen Verhältnissen lebte, um seine Ersparnisse gebracht hatte; in Anbetracht der Vielzahl der Fälle und der Höhe der Schuldverbindlichkeiten erschien hier die Dienstentfernung am Platze).

Nr. 275

Bei Fußnote 1 nachtragen:

Lindgen „Stellt die Auffassung des BDH, daß ein außerdienstlicher Verkehrsunfall nur dann ein Dienstvergehen darstellt, wenn die Fahrlässigkeit das Durchschnittsmaß übersteigt, ein Novum in der Disziplinarrechtspflege dar?" in DöD 1966 S. 201; Wagner „Verkehrsdelikte und Disziplinarrecht" in DDB 1966 S. 76; Schwagerl „Der außerdienstliche Verkehrsunfall als Dienstvergehen" in NJW 1966 S. 1743.

Nr. 276 **S. 802**

Nach Zeile 26 folgenden Absatz einfügen:

Welcher **Wandel bei der Beurteilung von außerdienstlichen Verkehrsverstößen** insbesondere durch den Beschluß des BDH vom 31. 12. 65 — II DV 1/65 — C (BDHE Bd. 7 S. 94) und durch § 77 Abs. 1 Satz 2 BBG und im Falle einer strafgerichtlichen Ahndung nach § 14 BDO eingetreten ist, ist bereits in Nr. 110 der Berichtigungen und Ergänzungen zu Band 1 S. 35 eingehend dargestellt. Im Ergebnis kann festgestellt werden, daß grundsätzlich eine von einem Beamten bei einem außerdienstlichen Verkehrsunfall verschuldete Körperverletzung oder ein Sachschaden leichter Art dann kein Dienstvergehen darstellt, wenn die Fahrlässigkeit das Durchschnittsmaß nicht übersteigt und keine erschwerenden Umstände hinzutreten. Beamte, die infolge Alkoholeinflusses oder infolge rücksichtslosen Fahrens einen Verkehrsunfall verursachen oder die sich der Verantwortung durch Fahrerflucht entziehen, lassen erhebliche charakterliche Mängel erkennen, so daß in solchen Fällen auch nach Inkrafttreten des Gesetzes zur Neuordnung des Bundesdisziplinarrechts vom 20. 7. 67 eine disziplinarische Verfolgung in Frage kommen wird. Ist der Beamte bereits durch ein Gericht oder eine Behörde wegen des Verkehrsverstoßes mit einer Kriminalstrafe bedacht worden, so ist gerade im Hinblick darauf, daß der Kriminalstrafe gerade bei der Verletzung von Verkehrsbestimmungen in einem erheblichen Maße der Charakter einer Erziehungsstrafe zukommt, hier eingehend zu prüfen ist, ob die Voraussetzungen des § 14 BDO vorliegen, wonach dann ein Verweis überhaupt nicht ausgesprochen und eine Geldbuße oder Gehaltskürzung oder Ruhegehaltskürzung nur dann verhängt werden darf, wenn dies zusätzlich erforderlich ist, um den Beamten oder Ruhestandsbeamten zur Erfüllung seiner Pflichten anzuhalten und das Ansehen des Beamtentums zu wahren. Hier wird oft die Kriminalstrafe allein ausreichen, um den Beamten vor einem

Rückfall zu bewahren. So wird eine zusätzliche Disziplinarmaßnahme nicht erforderlich sein z. B. bei Trunkenheit am Steuer außerhalb des Dienstes ohne erschwerende Umstände, d. h. bei einer erstmaligen Tat oder bei unerheblichen Folgen, einem leichten Fall von Unfallflucht außerhalb des Dienstes, bei fahrlässiger Körperverletzung im Straßenverkehr ohne Trunkenheit, sofern man hier überhaupt von einem Dienstvergehen sprechen kann, und bei fahrlässiger Tötung im Straßenverkehr in besonders leichten Fällen ohne Trunkenheit (vgl. Umdruck-Vf. BPM III R 1 8050—0 vom 10. 8. 67 unter I A Nr. 1 bis 4). Selbst bei einem Berufsfahrer der Deutschen Bundespost, der strafgerichtlich wegen Vergehen und Übertretung nach §§ 316 Abs. 1 und 242n StGB § 3 StVO und § 21 StVG zu einer Gefängnisstrafe von zwei Wochen verurteilt und dem die Fahrerlaubnis vorübergehend entzogen worden ist, weil er mit einem Alkoholgehalt von 1,5‰ einen Verkehrsunfall verursacht hat, wird eine disziplinäre Maßregelung ausscheiden, obgleich an sich hier eine Gehaltskürzung angebracht wäre, wenn es sich um ein erstmaliges Versagen des Beamten gehandelt hat, kein fremder Sachschaden eingetreten ist und eine verkehrsmäßige Ausnahmesituation vorgelegen hat, weil hier nach § 14 BDO eine Disziplinarmaßnahme zur Wahrung des Ansehens der Beamtenschaft nicht erforderlich ist (vgl. BVerwG 27. 2. 68 — III D 33/67 — DokBer. S. 3267). Ansonsten ist aber **auch eine außerdienstliche Trunkenheitsfahrt eines beamteten Kraftfahrers trotz § 77 Abs. 1 Satz 2 BBG und § 14 BDO mit einer Disziplinarmaßnahme** — im allgemeinen mit einer Gehaltskürzung — **zu ahnden,** insbesondere, wenn die Blutalkoholkonzentration z. Z. des Unfalles erheblich, wie z. B. 2,3‰, und beim Unfall ein Fremdschaden eingetreten war (vgl. BVerwG 7. 12. 67 — I D 31/67 — in ZBR 1968 S. 157). Auch eine außerdienstliche Trunkenheitsfahrt eines Beamten ist jedenfalls dann, wenn der Beamte innerhalb des Dienstes mit der Führung eines Kraftwagens betraut ist und überdies einen Unfall verursacht hat, „in besonderem Maße" geeignet, Achtung und Vertrauen in einer für sein Amt und auch das Ansehen des Beamtentums bedeutsamen Weise zu beeinträchtigen. Durch eine solche Verfehlung wird das Vertrauen in die dienstliche Zuverlässigkeit des Beamten erheblich erschüttert. Sie ist dazu angetan, das Ansehen des Beamtentums in den Augen der Bevölkerung zu schädigen. Auch in der arbeitsgerichtlichen Rechtsprechung wird bei einem im Postomnibusdienst beschäftigten Arbeiter die Trunkenheit am Steuer als Grund zur fristlosen Kündigung angesehen (BArbG in NJW 1964 S. 74). Nur eine im förmlichen Disziplinarverfahren zu verhängende Maßnahme ist auch nach dem Neuregelungsgesetz vom 20. 7. 67 angebracht, weil sich das Fehlverhalten des beamteten Kraftwagenfahrers auf das Vertrauen des Dienstherrn in seine dienstliche Zuverlässigkeit schädigend auswirkt und auch in der Regel die Umsetzung auf einen anderen Dienstposten zur Folge hat. Im allgemeinen reicht bei einem beamteten Kraftwagenfahrer die strafgerichtliche Verurteilung zu einer Freiheitsstrafe allein nicht erzieherisch aus, wenn er sich trotz wiederholter dienstlicher Belehrungen über die Folgen des Alkohols in einem erheblichen trunkenen Zustande wiederum an das Steuer gesetzt hat, wobei erschwerend zu berücksichtigen ist, wenn er absolut fahruntüchtig war. Eine zusätzliche Disziplinarmaßnahme ist auch erforderlich, um das Ansehen des Beamtentums zu wahren. Sowohl der Öffentlichkeit als auch den Berufskollegen muß gezeigt werden, daß Verfehlungen dieser Art, noch dazu wenn der Täter ein Beamter ist, der beruflich ein Kraftfahrzeug zu führen hat, neben der strafgerichtlichen Verurteilung eine disziplinare Ahndung erfahren; nur so kann das Ansehen des Beamtentums gewahrt bleiben. Eine zusätzliche Disziplinarmaßnahme, die im Zuständigkeitsbereich des Dienstvorgesetzten liegt, kann erforderlich sein z. B. bei Trunkenheit am Steuer außerhalb des Dienstes unter erschwerenden Umständen, wie bei einem Berufskraftfahrer oder im Wiederholungsfall oder bei schweren Unfallfolgen (vgl. Umdruck-Vf. BPM III R 1 8050—0 vom 10. 8. 67 unter I B Nr. 1), während eine zusätzliche Disziplinarmaßnahme, die nur im förmlichen Disziplinarverfahren verhängt werden kann, bei Trunkenheit am Steuer im Dienst allgemein und bei Trunkenheit am Steuer außerhalb des Dienstes unter erschwerenden Umständen, bei einem schweren Fall von Fahrerflucht und bei fahrlässiger Tötung außerhalb des Dienstes unter erschwerenden Umständen erforderlich sein wird (vgl. BPM-Umdruck-Vf. III R 8050—0 vom 10. 8. 67 unter I C Nr. 1 bis 3).

Nr. 277 S. 803

Dem 9. Zeile endenden Satz folgende Sätze anfügen:

Die außerdienstliche Teilnahme am Straßenverkehr nach Alkoholgenuß ist nur dann ein Dienstvergehen, wenn sich der Beamte unter dem Einfluß des Alkohols im Verkehr unangemessen verhält und wenn er wegen seines Zustandes eine Gefahr für die Verkehrssicherheit darstellt. An der Feststellung eines solchen Dienstvergehens sind die Disziplinarbehörden infolge der Sperrwirkung des § 17 Abs. 2 BDO gehindert, wenn der Beamte im sachgleichen Strafverfahren von dem Vorwurf der Trunkenheit am Steuer i. S. des § 2 StVZO freigesprochen worden ist[16a].

Nr. 278 S. 803

Folgende Fußnote einfügen:

[16a] BDH 6. 10. 65 — III DV 4/65 — APF 1967 S. 226 (LS).

Nr. 279 S. 806

In Abschnitt B) dem letzten Satz im 1. Absatz folgenden Satz anfügen:

Wenn auch nach Ansicht des 2. Senats des BDH im Beschluß vom 31. 12. 65 der Beamte das Ansehen und die Vertrauenswürdigkeit i. S. des § 54 BBG nicht beeinträchtigt, wenn er nicht grobfahrlässig oder gar bewußt rücksichtslos den Verkehrsregeln zuwiderläuft, so gilt dies dann nicht, wenn der Fahrteilnehmer einem Verkehrsunfall infolge von zwei abgefahrenen Reifen verursacht, insbesondere wenn er bereits einschlägig vorbestraft ist und als höherer Beamter einen überdurchschnittlichen Bildungsgrad erreicht hat; dann handelt es sich um einen Persönlichkeitsmangel, der die Vertrauenswürdigkeit des Beamten unmittelbar berührt, wobei es nicht darauf ankommt, ob tatsächlich eine Ansehensschädigung eingetreten ist, da ein Beamter sich bereits dann disziplinarisch verantwortlich macht, wenn sein Verhalten geeignet ist, ansehensschädigende Folgen nach sich zu ziehen[37a].

Nr. 280 S. 806

Folgende Fußnoten einfügen:

[37a] BDH 28. 7. 67 — III DV 2/67 — DokBer. S. 3220.

Nr. 281 **S. 807**

Nach dem Zeile 5 endenden Satz folgende Sätze einfügen:

Es geht nicht an, in den Fällen durchschnittlichen Verschuldens das **Dienstvergehen der fahrlässigen Tötung** auf eine Stufe mit Verfehlungen geringfügiger Art zu stellen, die üblicherweise mit Disziplinarmaßnahmen im nichtförmlichen Disziplinarverfahren geahndet werden, zumal auch der Disziplinarmaßnahme eine gewisse Einstufungsfunktion zukommt. Die Achtung vor dem menschlichen Leben läßt eine derartige Herabwertung im allgemeinen nicht zu. Es kann jedoch Todesfälle geben, in denen das Verschulden des Beamten sehr geringfügig gewesen ist oder ein beträchtliches Selbstverschulden des Verunglückten eine Rolle gespielt hat. Dann mag die Disziplinarmaßnahme einer Gehaltskürzung zu hoch erscheinen und für den Dienstvorgesetzten die Folgerung naheliegen, bei einem sonst einwandfreien Beamten auf Grund des Opportunitätsprinzips (§ 3 BDO) von einer Disziplinarmaßnahme sogar überhaupt abzusehen[38a].

Nr. 282 **S. 807**

Nach Zeile 20 folgenden Absatz einfügen:

Bezüglich der disziplinarischen Beurteilung der Unfälle mit Personen- und Sachschaden nach Inkrafttreten des Gesetzes zur Neuordnung des Bundesdisziplinarrechts vom 20. 7. 67 siehe Nr. 276 der Berichtigungen und Ergänzungen zum 1. Band.

Nr. 283 **S. 807**

Folgende Fußnote einfügen:

[38a] BDH 28. 9. 65 — II D 32/65 — in ZBR 1966 S. 129.

Nr. 284 **S. 809**

Dem in Abschnitt 2 im 1. Absatz auf Zeile 3 endenden Satz folgenden Satz anfügen:

Verkehrsunfallflucht eines Beamten erfordert wegen ihrer ansehensschädigenden Wirkung in der Regel eine im förmlichen Verfahren zu verhängende Disziplinarmaßnahme, sofern nicht eine Disziplinierung auf Grund von § 14 BDO n. F. ausscheidet[63b].

Nr. 285 **S. 809**

Folgende Fußnote anfügen:

[63b] Vgl. BDH 1. 12. 65 — I D 27/65 — BDHE Bd. 7 S. 102.

Nr. 286 **S. 811**

Nach der letzten Zeile im Text folgenden Absatz einfügen:

Bezüglich der disziplinarrechtlichen Beurteilung der sonstigen Verkehrsdelikte, die einen erheblichen Charaktermangel offenbaren, nach Inkrafttreten des Gesetzes zur Neuordnung des Bundesdisziplinarrechts vom 20. 7. 67 siehe

Nr. 276 der Berichtigungen und Ergänzungen zu Band 1. So stellt die außerdienstlich mit einem Privatfahrzeug begangene Verkehrsunfallflucht auch nach Inkrafttreten des Neuregelungsgesetzes vom 20. 7. 67 und der Neufassung des § 77 Abs. 1 BBG in der Regel ein Dienstvergehen dar, das nach den Tatumständen in einem besonderen Maße geeignet ist, Achtung und Vertrauen in einer für das Amt des Beamten oder das Ansehen des Beamtentums bedeutsamen Weise zu beeinträchtigen (vgl. BVerwG 6. 2. 68 — I D 37/67 — ZBR 1968 S. 161). Im allgemeinen reicht bei einem derartigen Dienstvergehen nicht eine vom Dienstvorgesetzten zu verhängende Disziplinarmaßnahme, sondern nur eine solche aus, auf die allein die Disziplinargerichte erkennen können. Ist eine Bestrafung durch ein Strafgericht erfolgt, so scheidet jedoch im allgemeinen eine zusätzliche disziplinarische Ahndung infolge des Bestrafungsverbots des § 14 BDO aus, weil bereits die erste der in § 14 Halbsatz 2 BDO genannten Voraussetzungen, nämlich das Erfordernis einer zusätzlichen disziplinaren Pflichtenmahnung, entfällt; der weiteren Prüfung, ob eine solche zusätzliche Disziplinarmaßnahme zur Ansehung des Beamtentums erforderlich ist, bedarf es dann nicht (vgl. BVerwG a. a. O.).

Nr. 287 **S. 815**

Dem Zeile 18 endenden Absatz folgenden Absatz anfügen:

Gewerbsmäßige Steuerverkürzung ist nunmehr im Hinblick auf § 14 BDO disziplinarisch selbst dann **nicht zu ahnden,** wenn der Beamte zu einer Gefängnis- und einer Geldstrafe bestraft worden ist. Eine disziplinarische Maßnahme ist in einem solchen Falle nicht zusätzlich erforderlich, um das Ansehen des Beamtentums zu wahren[28a]. Der Gesetzgeber wollte durch § 14 BDO soweit wie möglich eine Doppelbestrafung vermeiden. Hierdurch wird das 2. Erfordernis des § 14 BDO erst sinnvoll. Wenn nämlich im Einzelfalle eine zusätzliche Pflichtenmahnung auch für den dienstlichen Bereich erforderlich sein mag, so kann doch andererseits die Pflichtverletzung im Ansehen der Öffentlichkeit ein so geringes Gewicht haben, daß ein echtes Interesse an der Vollziehung einer zusätzlichen Maßnahme nicht mehr erkennbar ist. In solchen Fällen wird man der Verwaltung zumuten und auch der Öffentlichkeit gegenüber vertreten können, die erzieherische Einwirkung der Kriminalstrafe auch auf den disziplinären Bereich abzuwarten.

Nr. 288 **S. 815**

Folgende Fußnote 28 einfügen:

[28a] BVerwG 17. 1. 68. II D 30/67 — DokBer. S. 3217 = ZBR 1968 S. 158.

Nr. 288 (früher 289) **S. 254**

Der Zeile 7 beginnende Satz streichen. Dafür folgendes einfügen:

Neben dem Verurteilten steht das Beschwerderecht der Einleitungsbehörde zu. Ist die oberste Dienstbehörde nicht Einleitungsbehörde, so ist sie nur über § 35 Abs. 1 Satz 3 BDO beschwerdeberechtigt, indem sie allgemein oder im Einzelfalle die Disziplinarsache an sich ziehen kann. Der Bundesdisziplinaranwalt ist nur anhörungs- jedoch nicht beschwerdeberechtigt (BDHE Bd. 5 S. 92 (94/94).

Berichtigungen und Ergänzungen zum Zweiten Band

Nr. 1 **S. XI**

Zeilen 12 und 13 streichen und dafür folgendes einfügen:

Der Einfluß der gegenstandsgleichen Straf- und Bußgeldverfahren auf das Disziplinarverfahren

Nr. 2 **S. XI**

Zeilen 19 bis 41 streichen und dafür folgendes einfügen:

Nr. 3 **S. XXII**

In Zeile 5 hinter Wort „Verurteilung" die Worte „oder Verurteilung im Bußgeldverfahren" einfügen.

Nr. 4 **S. XXII**

In Zeile 6 hinter das Wort „Verurteilung" die Worte „oder Verurteilung im Bußgeldverfahren" einfügen.

Nr. 5 **S. 28**

Dem Zeile 4 endenden Satz folgende Sätze anfügen:

Die Besetzung einer Kammer des Bundesdisziplinargerichts mit zwei dem Verwaltungszweig des beschuldigten Beamten angehörenden Beamtenbeisitzern ist nicht zu beanstanden[10a]. Dem steht auch nicht die Rechtsprechung des Bundesverwaltungsgerichts[10b] und des Bundesverfassungsgerichts[10c] entgegen, wonach ein Gremium dann kein Gericht im Sinne des Art. 97 GG ist, wenn seine Mitglieder als weisungsgebundene Beamte die gleiche Materie zu bearbeiten haben, über die sie als unabhängige Richter entscheiden sollen. Das Disziplinargericht hat nämlich nicht über Verwaltungsakte der Behörden zu entscheiden, sondern eine der Verwaltung entzogene und allein den Gerichten übertragene Entscheidung über die Auflösung des Beamtenverhältnisses zu treffen.

Nr. 6 **S. 28**

Folgende Fußnoten einfügen:

[10a] BDH 13. 9. 66 — I D 17/66 — BHDE Bd. 7 S. 18; vgl. auch BHDE Bd. 6 S. 47.
[10b] BVerwGE Bd. 1 S. 4 (9).
[10c] BVerfGE Bd. 4 S. 331.

Nr. 7 **S. 30**

Bei Fußnote 16 am Schluß hinzufügen:

BDH 14. 7. 67 — II DB 4/67 — DokBer. S. 3152; vgl. auch BDHE Bd. 3 S. 96 und Bd. 5 S. 109.

Nr. 8 **S. 30**

Bei Fußnote 19 am Schluß hinzufügen:

BDH 14. 7. 67 — II DB 4/67 — DokBer. S. 3152.

Nr. 9 **S. 83**

Dem Zeile 34 endenden Satz folgende Sätze beifügen:

Die auf das Ablehnungsgesuch eingeholte dienstliche Äußerung ist vor der Entscheidung über das Gesuch dem Antragsteller bekanntzugeben. Doch kann das Urteil auf der Nichtbeachtung dieser Verpflichtung regelmäßig nicht beruhen, weil das Ablehnungsgesuch erneuert werden kann[112a].

Nr. 10 **S. 83**

Folgende Fußnote einfügen:

[112a] BGH 13. 7. 66 — 2 StR 157/66 — NJW 1967 S. 2321 = JR 1967 S. 229.

Nr. 11 **S. 103**

Dem drittletzte Zeile endenden Satz folgenden Satz anfügen:

Die Bestellung eines Richters im Landesdienst zum Untersuchungsführer in einem Verfahren gegen einen Bundesbeamten ist nach § 56 Abs. 2 BDO zulässig[11a].

Nr. 12 **S. 103**

Folgende Fußnote einfügen:

[11a] BDH 24. 1. 61 — III D 38/59 — bei Döring in ZBR 1963 S. 314 (LS).

Nr. 13 **S. 120**

Dem Zeile 26 endenden Satz folgende Sätze anfügen:

Unterläßt der Untersuchungsführer die gemäß § 57 Abs. 1 BDO vorgesehene Verpflichtung des Schriftführers, der nicht Beamter ist, so liegt ein Verfahrensfehler vor, welcher der Vernehmungsniederschrift die Beweiskraft nehmen kann. Eine Wiederholung der Vernehmung ist aber nur dann erforderlich, wenn sich nach den Umständen des Falles Zweifel an der Richtigkeit der Niederschrift ergeben[6a].

Nr. 14 **S. 120**

Folgende Fußnote einfügen:

[6a] DiszSenat OVG Münster 15. 11. 62 — V 32/62 — ZBR 1963 S. 317 (LS).

Nr. 15 **S. 125**

Bei Fußnote 1 am Schluß hinzufügen:

König „Die Aufgaben und Pflichten des Disziplinarvorgesetzten im Dienststrafverfahren“ in „Die Verwaltungspraxis“ 1967 S. 37.

Nr. 16 **S. 128**

In Zeile 21 „§ 128 I C S. 1084“ streichen. Dafür einfügen: „Nr. 165 des Nachtrages zum 2. Band“.

Nr. 17 **S. 130**

In Zeile 7 hinter das Wort Berlin die Worte einfügen: sowie die Direktoren der Ingenieurschulen.

Nr. 18 **S. 136**

Berichtigen: in Zeile 1 muß es statt ”Nach § 4 Abs. 2 Satz 1 BDO, BDO i. d. F. der Novelle” heißen: Nach § 4 Abs. 2 Satz 1 BDO i. d. F. ÄndGes. 1952 war.

Nr. 19 **S. 136**

Berichtigen: in Zeile 4 ist jedes Mal statt des Wortes „ist“ das Wort „war“ zu setzen.

Nr. 20 **S. 150**

Nach Zeile 2 folgende Abschnitte einfügen:

Im Bereiche der Bundesfinanzverwaltung werden nach Abschnitt III der Anordnung zur Durchführung der BDO für die Bundesfinanzverwaltung vom 17. 11. 67 (BGBl. I S. 1161) die Disziplinarbefugnisse der obersten Dienstbehörde bei einem Ruhestandsbeamten auf die Oberfinanzdirektion übertragen, in deren Bezirk der Ruhestandsbeamte seinen Wohnsitz hat. Befindet sich der Wohnsitz des Ruhestandsbeamten außerhalb des Geltungsbereichs des Grundgesetzes, übt die Oberfinanzdirektion, in deren Bereich der Ruhestandsbeamte seinen letzten dienstlichen Wohnsitz hatte, die Disziplinarbefugnisse aus. Für besondere Fälle behält sich der Bundesminister für Finanzen die Einleitung des förmlichen Disziplinarverfahrens vor.

Im Bereiche der Deutschen Bundespost und der Bundesdruckerei werden nach Abschnitt I der Anordnung zur Durchführung der BDO für die Deutsche Bundespost und die Bundesdruckerei vom 19. 12. 67 (BGBl. I 1968 S. 57) die Disziplinarbefugnisse der obersten Dienstbehörde im Verfahren gegen einen Ruhestandsbeamten der Deutschen Bundespost und der Bundesdruckerei auf den Präsidenten der Oberpostdirektion übertragen, in deren Bezirk der Ruhestandsbeamte seinen Wohnsitz hat. Hat der Ruhestandsbeamte seinen Wohnsitz im Bezirk der Landespostdirektion Berlin, so übt der Präsident der Landespostdirektion Berlin die im vorigen Satz bezeichneten Befugnisse aus. Befindet sich der Wohnsitz des Ruhestandsbeamten außerhalb des Geltungsbereichs des Grundgesetzes, so ist der Präsident der Oberpostdirektion zuständig, in deren Bezirk der Ruhestandsbeamte seinen letzten dienstlichen Wohnsitz hatte. Hatte der Ruhestandsbeamte seinen letzten dienstlichen Wohnsitz im Bezirk der Landespostdirektion Berlin, so übt der Präsident der Landespostdirektion Berlin die in Satz 3 bezeichneten Befugnisse aus.

Im Geschäftsbereich des Bundesministers der Verteidigung werden nach Abschnitt II der Anordnung zur Durchführung der BDO im Geschäftsbereich des Bundesministers der Verteidigung vom 29. 2. 67 (BGBl. I S. 211) die Disziplinarbefugnisse der obersten Dienstbehörde im Verfahren gegen Ruhestandsbeamte den vor Beginn des Ruhestandes zuletzt zuständigen Einleitungsbehörden übertragen.

Nr. 21 **S. 232**

In Fußnote 1 am Schluß einfügen:

Schnupp „Beteiligung der Disziplinarvertretungen in Disziplinarangelegenheiten sowie bei Dienst- und Ordnungsstrafen" in ZBR 1967 S. 173.

Nr. 22 **S. 254**

Hinter den die fünftletzte Zeile endenden Satz die Fußnote 97a setzen.

Nr. 23 **S. 254**

Folgende Fußnote einfügen:

[97a] a. M. BayerObLG 15. 12. 66 — RRg. 4a St. 107/67 — NJW 1967 S. 1095.

Nr. 24 **S. 255**

Bei Fußnote 101 am Schluß folgendes einfügen:

BGH 14. 3. 67 — 5 StR 540/66 — JZ 1967 S. 418.

Nr. 25 **S. 256**

Dem Zeile 20 endenden Satz folgenden Satz anfügen:

Ein auf Vernehmung eines Angehörigen gerichteter Beweisantrag darf im Berufungsverfahren jedenfalls dann, wenn der beschuldigte Beamte in erster Instanz verurteilt worden ist, nicht deshalb abgelehnt werden, weil der Angehörige im ersten Rechtszug von seinem Zeugnisverweigerungsrecht Gebrauch gemacht hat[108a].

Nr. 26 **S. 256**

Folgende Fußnote einfügen:

[108a] BayerObLG 23. 3. 67 — 1 a St 52/57 — VRS 1967 Bd. 33 S. 125.

Nr. 27 **S. 257**

In Fußnote 116 beifügen:

Ebenso BGH 2. 4. 68 — 5 StR 153/68 — JZ 1968 S. 395.

Nr. 28 **S. 301**

Dem Abschnitt 4 am Schluß folgenden Absatz anfügen:

Bezieht sich der Beweisantrag auf eine bindende strafgerichtliche Feststellung, so kann ihm nur dann stattgegeben werden, wenn **vom Disziplinargericht** nach § 18 Abs. 1 Satz 2 Halbsatz 1 BDO die **Nachprüfung der Fragestellung beschlossen** worden ist[340a]. Hat das Bundesdisziplinargericht dem Beweisantrag stattgegeben, ohne daß das Erfordernis des § 18 Abs. 1 Satz 2 BDO beachtet worden ist, so ist dies im Falle der Einlegung der Berufung dann unschädlich, wenn diese unbeschränkt eingelegt worden ist, so daß das Bundesverwaltungsgericht den Sachverhalt in tatsächlicher und rechtlicher Hinsicht erneut nachprüfen kann. Beschließt das Berufungsgericht nicht die erneute Nachprüfung der strafgerichtlichen Feststellungen, so ist es bei der Urteilsfällung an dieselben gebunden.

Nr. 29 **S. 301**

Folgende Fußnote einfügen:

[340a] BDH 16. 12. 65 — III D 51/65 — BDHE Bd. 7 S. 19.

Nr. 30 **S. 320**

Die Überschrift bei § 80 streichen und dafür einfügen:

Der Einfluß der gegenstandsgleichen Straf- und Bußgeldverfahren auf das Disziplinarverfahren.

Nr. 31 **S. 325**

Nach Zeile 19 des Abschnitts 2 folgenden Absatz einfügen:

Mit Wirkung vom 1. 10. 68 wurden auf Grund des Art. 8 des Einführungsgesetzes zum Gesetz über Ordnungswidrigkeiten — EGOWiG — vom 24. 5. 68 (BGBl. I S. 503) die §§ 17 Abs. 5 und § 18 Abs. 1 Satz 1 BDO geändert, indem neben das strafgerichtliche Verfahren das Ordnungsstrafverfahren tritt.

Nr. 32 **S. 325**

Zeile 20 streichen und dafür folgendes einfügen:

§ 17 BDO i. d. F. der Novelle und des EGOWiG trägt folgenden Wortlaut:

Nr. 33 **S. 326**

Zeilen 5 bis 8 streichen und dafür folgendes einfügen:

(5) Wird der Beamte im gerichtlichen Verfahren wegen einer Straftat oder einer Ordnungswidrigkeit freigesprochen, so kann wegen der Tatsachen, die Gegenstand der gerichtlichen Entscheidung waren, ein Disziplinarverfahren nur dann eingeleitet oder fortgesetzt werden, wenn diese Tatsachen, ohne den Tatbestand einer Strafvorschrift oder einer Bußgeldvorschrift zu erfüllen, ein Dienstvergehen enthalten.

Nr. 34 **S. 326**

Zeilen 9 und 10 sowie den Zeile 11 beginnenden Satz streichen und dafür folgendes einfügen:

§ 18 BDO i. d. F. der Novelle und des EGOWiG hat folgenden Wortlaut:

(1) Die tatsächlichen Feststellungen eines rechtskräftigen Urteils im Strafverfahren oder im Bußgeldverfahren, auf denen die Entscheidung beruht, sind im Disziplinarverfahren, das denselben Sachverhalt zum Gegenstand hat, für den Dienstvorgesetzten, die Einleitungsbehörde, den Untersuchungsführer, den Bundesdisziplinaranwalt und das Disziplinargericht bindend.

Nr. 35 **S. 326—355**

Die Abschnitte III—IV streichen und dafür folgendes einfügen:

III. AUSSETZUNG DES DISZIPLINARVERFAHRENS NACH ERHEBUNG DER ÖFFENTLICHEN KLAGE

A. Allgemeines

Ist gegen den Beamten die öffentliche Klage im strafgerichtlichen Verfahren erhoben, kann wegen derselben Tatsachen ein **Disziplinarverfahren** eingeleitet werden (§ 17 Abs. 1 Satz 1 Halbsatz 1 BDO). Es ist aber **bis zur Beendigung des strafgerichtlichen Verfahrens auszusetzen** (§ 17 Abs. 1 Satz 1 Halbsatz 2 BDO). Ebenso ist ein bereits eingeleitetes Disziplinarverfahren auszusetzen, wenn während seines Laufes die öffentliche Klage erhoben wird (§ 17 Abs. 1 Satz 2 BDO). Die Regelung des § 17 BDO i. d. F. ÄndGes. 1967 entspricht dem § 13 Abs. 1 BDO i. d. F. ÄndGes. 1952 im vollen Umfange.

Die **Aussetzung** kann sich immer **nur auf** die **Anschuldigungspunkte beziehen, die durch** das **Disziplinarverfahren erfaßt werden.** Bezüglich der übrigen Anschuldigungspunkte kann das Disziplinarverfahren fortgeführt werden, was sich jedoch dann nicht empfehlen wird, wenn es sich bei den durch das Strafverfahren erfaßten Taten um die tragenden Pflichtverletzungen handelt, deretwegen das Disziplinarverfahren durchgeführt wird. Insbesondere hat der beschuldigte Beamte oder sein Verteidiger kein Recht, die Aussetzung des Disziplinarverfahrens dann zu verlangen, wenn insbesondere nach der Einleitung des förmlichen Disziplinarverfahrens weitere Verfehlungen aufgedeckt sind, die durch das Disziplinarverfahren noch nicht erfaßt worden sind, jedoch zur Erhebung der Klage im Strafverfahren geführt haben. Es müßte zu unerträglichen Konsequenzen führen, wenn der Beamte es in der Hand hätte, durch Hinweise auf weitere Verfehlungen, die noch nicht zu einer strafgerichtlichen Verurteilung geführt haben, ein Verfahren zum Stillstand zu bringen[2a].

B. Erhebung der öffentlichen Klage

Maßgebend für die Aussetzung des Disziplinarverfahrens nach § 17 Abs. 1 BDO ist die **Erhebung der öffentlichen Klage** im Strafverfahren. Diese geschieht durch den Staatsanwalt entweder durch einen Antrag auf gerichtliche Voruntersuchung oder durch die Einreichung einer Anklageschrift bei dem zuständigen Gericht (§ 170, Abs. 1, § 199 Abs. 2 StPO). Letzteres ist die Regel. Maßgebender Zeitpunkt ist der Eingang der Anklage der Staatsanwaltschaft beim Gericht. Die Voraussetzungen für die Voruntersuchung ergeben sich aus § 178 StPO.

Einen **Sonderfall der Klageerhebung** bildet **§ 175 StPO.** Hat der Staatsanwalt das Ermittlungsverfahren eingestellt, so kann der Verletzte Antrag auf gerichtliche Entscheidung stellen (vgl. §§ 172ff. StPO). Erachtet das Gericht den Antrag für begründet, so beschließt es die Erhebung der öffentlichen Klage (§ 175 StPO). Mit der Zustellung dieses Beschlusses an den Verletzten gilt die öffentliche Klage als erhoben.

Im **sog. beschleunigten Verfahren** wird, wenn die Anklageschrift nicht eingereicht ist, die Anklage bei Beginn der Hauptverhandlung mündlich erhoben, und ihr wesentlicher Inhalt wird in das Sitzungsprotokoll aufgenommen (§ 212a Abs. 3 StPO). Dies stellt den maßgebenden Zeitpunkt für die Anwendung des § 17 Abs. 1 BDO dar. Schließlich gilt die öffentliche Klage dann als erhoben, wenn der Staatsanwalt mündlich in der Hauptverhandlung Nachtragsanklage erhebt (vgl. § 266 StPO).

Im **Wiederaufnahmeverfahren** ist der Gerichtsbeschluß über die Anordnung der Wiederaufnahme (§ 370 Abs. 2 StPO) der Erhebung der öffentlichen Klage gleichgestellt. Eine Aussetzung scheidet vorher aus, selbst wenn der rechtskräftig bestrafte Beamte die Wiederaufnahme bereits beantragt hat[3]. Ist jedoch das Strafgericht zur Auffassung gelangt, daß der Antrag des Verurteilten voraussichtlich Erfolg haben wird, ist es zweckmäßig, das schwebende Disziplinarverfahren auszusetzen[4].

Übernimmt im **Privatklageverfahren** die Staatsanwaltschaft unter Bejahung des öffentlichen Interesses die öffentliche Klage (§ 376 StPO), so

[2a] BVerwG 23. 2. 68 — II D 37/67 — DokBer. S. 3290.
[3] Siehe für den Antrag auf Wiederaufnahme des Verfahrens RDH bei Foerster-Simons S. 271.
[4] RDH bei Schulze-Simons S. 441; RDH 22. 9. 38 — II D 15/38.

gilt diese Übernahme als Klageerhebung. Ohne diese Übernahme stellt die Privatklage keinen Grund für die Anwendung des § 17 Abs. 1 BDO dar. Das gleiche gilt auch für das Verfahren des amtsgerichtlichen Strafbefehls (§§ 407ff. StPO), die amtsrichterliche Strafverfügung (§§ 413ff. StPO), den Strafbescheid des Finanzamts (§§ 461 RAbgO) sowie das polizeiliche und staatsanwaltschaftliche Ermittlungsverfahren[5].

Die öffentliche **Klage muß wegen desselben tatsächlichen Herganges erhoben sein,** der Gegenstand des Disziplinarverfahrens ist. Setzt sich das Disziplinarverfahren aus mehreren Punkten zusammen und bezieht sich die öffentliche Klage nur auf einen Punkt, so kann an sich das Disziplinarverfahren hinsichtlich der anderen Punkte fortgesetzt werden, was jedoch nicht empfehlenswert ist, weil das Dienstvergehen nur einheitlich festgestellt werden kann. Ebenso ist es unzweckmäßig, das Disziplinarverfahren fortzusetzen, wenn das ordentliche Strafverfahren hinsichtlich einiger Anschuldigungspunkte z. B. durch Einstellung abgeschlossen ist, aber hinsichtlich anderer Anschuldigungen noch schwebt.

Der Dienstvorgesetzte wird von der Erhebung der öffentlichen Klage **durch** die **Staatsanwaltschaft unterrichtet.**

C. Wirkung der Klageerhebung

1. Im förmlichen Disziplinarverfahren

Durch die Erhebung der öffentlichen Klage wird die Einleitungsbehörde **nicht gehindert,** das **Verfahren durch** eine **Einleitungsverfügung einzuleiten** und die Einleitungsverfügung dem Beamten sowie dem Bundesdisziplinaranwalt zuzustellen. Sind die Vorermittlungen noch nicht zum Abschluß gebracht, so können dieselben trotz Aussetzung des Disziplinarverfahrens fortgesetzt werden, bis sich die Einleitungsbehörde auf Grund des summarisch festgestellten Sachverhalts schlüssig ist, ob das förmliche Disziplinarverfahren eingeleitet werden soll. Weiterhin ist trotz Aussetzung des Disziplinarverfahrens die **vorläufige Dienstenthebung** des beschuldigten Beamten nach § 91 BDO — § 78 BDO a. F. — und die teilweise **Einbehaltung der Dienstbezüge** nach § 92 BDO — § 79 BDO a. F. — **zulässig.**

Abgesehen von Vorermittlungen, Einleitung des förmlichen Disziplinarverfahrens, vorläufiger Dienstenthebung und teilweiser Gehaltseinbehaltung sind **sämtlichen sonstigen disziplinarischen Maßnahmen,** wie z. B. die Bestellung eines Untersuchungsführers, Untersuchungshandlungen des Untersuchungsführers, Fertigung der Anschuldigungsschrift, Anberaumung und Durchführung der Hauptverhandlung, **unzulässig.** Ebenso scheiden jegliche Verfahrenshandlungen im Wiederaufnahmeverfahren aus; hier ist lediglich die Stellung des Antrages auf Durchführung des Wiederaufnahmeverfahrens zulässig.

Bis zur Gerichtshängigkeit setzt die **Einleitungsbehörde, nachher** das **Disziplinargericht das Verfahren aus.** Im letzteren Falle bedarf es eines schriftlichen Beschlusses des Disziplinargerichts. Ist das förmliche Disziplinarverfahren noch nicht anhängig, so wird die Aussetzung von der Einleitungsbehörde formlos verfügt. Die Aussetzungsverfügung und der Aussetzungsbeschluß sind zu den Personalakten zu nehmen.

---

[5] OVG Bd. 84 S. 45.

Selbst wenn das **Bundesdisziplinargericht** sein **Urteil gefällt** hat und die Sachaufklärung gesichert ist, ist das **Disziplinarverfahren auszusetzen.** Dies kommt insbesondere dann in Frage, wenn die im bisherigen Verfahren getroffenen Feststellungen nicht erschöpfend getroffen sind, wenn z. B. bei einer fortgesetzten Handlung im Disziplinarverfahren nur ein Teil der Anschuldigungspunkte aufgeklärt ist, während im Strafverfahren weitere Einzelhandlungen zur Aburteilung heranstehen[6].

Der **Lauf von Rechtsmittel- und Rechtsbehelfsfristen** wird durch die Aussetzung des Disziplinarverfahrens **weder gehemmt noch unterbrochen.** Wird z. B. das Disziplinarverfahren während des Laufes der Berufungsfrist ausgesetzt, so muß trotzdem die Berufung innerhalb der Berufungsfrist eingelegt werden. Hiervon bleibt unberührt, daß auf die Berufungseinlegung wegen der Aussetzung des Verfahrens keine richterliche Handlung, die der Fortführung des Verfahrens dient, vorgenommen werden darf, es sei denn, daß bei Auslandsaufenthalt des Beamten der Vorsitzende des Disziplinargerichts der ersten Instanz die Berufungsfrist angemessen verlängert hat. In den Fällen, in denen das Verfahren bereits gerichtshängig ist oder sogar in der Berufung schwebt, wird im allgemeinen der Sachverhalt soweit geklärt sein, daß trotz Anklageerhebung eine Fortsetzung des Disziplinarverfahrens nach § 17 Abs. 3 Satz 1 Halbsatz 1 BDO in Frage kommen wird.

Sind trotz der Erhebung der öffentlichen Klage an sich **unzulässige Handlungen** im Disziplinarverfahren, wie z. B. Beweiserhebungen durch den Untersuchungsführer im Untersuchungsverfahren, **vorgenommen** worden, so sind diese dennoch **rechtswirksam,** es sei denn, daß die Verteidigung des Beamten durch diese Rechtshandlungen erheblich erschwert worden ist[7]. Einmal sieht § 17 Abs. 2 Satz 1 Halbsatz 1 BDO unter den dort genannten Voraussetzungen eine Fortsetzung des Disziplinarverfahrens trotz Erhebung der Klage im Strafverfahren vor; überdies handelt es sich bei der Vorschrift des § 17 Abs. 1 BDO nur um eine Sollvorschrift, wenn auch nach dem Wortlaut des § 17 Abs. 1 Satz 2 BDO das Disziplinarverfahren auszusetzen ist; hier handelt es sich jedoch um einen redaktionellen Fehler, weil nach § 17 Abs. 1 Satz 1 BDO das Verfahren ausgesetzt werden „kann" und die Sätze 1 und 2 in einem inneren Zusammenhange stehen[8]. Würde also der Untersuchungsführer trotz einer von der Einleitungsbehörde angeordneten Aussetzung des förmlichen Disziplinarverfahrens weitere Beweiserhebungen durchführen, so sind diese vom Disziplinargericht zu verwerten. Ergibt sich jedoch, daß der Beamte in der Wahrnehmung seiner Verteidigung behindert war, so wären die in seiner Abwesenheit durchgeführten Beweiserhebungen nochmals durchzuführen. Das wäre z. B. der Fall, wenn Beweiserhebungen vorgenommen worden waren, an denen der Beamte infolge Einsitzens in Untersuchungshaft nicht hatte teilnehmen können.

Ist das Disziplinarverfahren ausgesetzt, so hat der **Beauftragte des Bundesdisziplinaranwalts** die **Aussetzung** und später nach Abschluß des

---

[6] BayrDStH 30. 3. 57 — Nr. 11 DS I 57 — BDHE Bd. 4 S. 203 = Lindgen Teil IV Nr. 270 = VGHE n. F. 10 III 5.

[7] So Behnke Anm. 7 zu § 13 BDO; Wittland Anm. 18 zu § 13 RDStO.

[8] RDH bei Schulze-Simons S. 404 (405); RDH bei Foerster 1953 S. 106 (109); PrDStH in RuPrVBl. 1932 S. 817 = JW 1932 S. 27 (28).

Strafverfahrens die Fortsetzung des Verfahrens laufend zu **überwachen** (BA BDA IV 2f und g).

2. In den Vorermittlungen und im Disziplinarverfügungsverfahren

§ 17 Abs. 1 BDO spricht lediglich von der Aussetzung des „Disziplinarverfahrens". Weiterhin besagt diese Vorschrift, daß nach Erhebung der öffentlichen Klage das Disziplinarverfahren zwar „eingeleitet", jedoch ausgesetzt werden muß. Hieraus könnte man schließen, daß die Aussetzung nur im förmlichen Disziplinarverfahren in Betracht kommt. Dies würde jedoch dem Grundgedanken des § 17 BDO widersprechen, der dem Strafverfahren ganz allgemein den Vorrang vor dem Disziplinarverfahren einräumt, soweit es sich um die Klärung des Sachverhalts handelt. Überdies ist die Bestimmung des § 17 BDO in den Abschnitt „Allgemeine Bestimmungen" aufgenommen. Es bestehen also **keine Bedenken, den § 17 BDO auch im Vorermittlungs- und im Disziplinarverfügungsverfahren anzuwenden.** Allerdings muß der Dienstvorgesetzte trotz Anklageerhebung im Strafverfahren prüfen, ob der gegenstandsgleiche Sachverhalt zu einer Einleitung des förmlichen Disziplinarverfahrens führen muß. Insbesondere muß das förmliche Disziplinarverfahren dann eingeleitet werden, wenn voraussichtlich mit der Entfernung des beschuldigten Beamten aus dem Dienst zu rechnen ist, wobei es gleich bleibt, wie das gegenstandsgleiche Strafverfahren ausgeht. Ergibt eine summarische Überprüfung des Sachverhalts, daß der Beamte für den öffentlichen Dienst nicht mehr tragbar ist, so wird es sich für die Einleitungsbehörde als notwendig erweisen, den Beamten neben der Einleitung des förmlichen Disziplinarverfahrens vorläufig des Dienstes zu entheben und ihm einen Teil des Gehaltes einzubehalten[9]. Das Verbot der Fortführung der Dienstgeschäfte nach § 60 BBG reicht hier nicht aus, weil es nur begrenzt angeordnet werden kann und dem Beamten die vollen Dienstbezüge weiterzuzahlen sind, was insbesondere dann nicht gerechtfertigt ist, wenn der Beamte voraussichtlich aus dem Dienst entfernt werden wird. Für den Dienstvorgesetzten ergibt sich daher die Notwendigkeit, die Vorermittlungen solange fortzuführen, bis er sich schlüssig ist, ob die Einleitungsbehörde das förmliche Disziplinarverfahren einleiten kann. In allen sonstigen Fällen scheidet eine Fortführung der Vorermittlungen aus; insbesondere dürfen sie nicht mit dem Ziele fortgesetzt werden, gegen den Beamten eine Disziplinarverfügung zu verhängen; dies dürfte allerdings äußerst selten sein, weil ein Beamter, der insbesondere in dienstlicher Hinsicht gegen eine strafrechtliche Norm verstoßen hat, so daß gegen ihn die Klage im ordentlichen Strafverfahren erhoben wird, im allgemeinen mit der Verhängung einer Disziplinarmaßnahme rechnen muß, für die allein das Disziplinargericht zuständig ist.

Zur **Aussetzung** der Vorermittlungen und des Disziplinarverfügungsverfahrens **bedarf** es **keiner besonderen schriftlichen Verfügung** des Dienstvorgesetzten. Im allgemeinen reicht es aus, wenn sich der Dienstvorgesetzte jeglicher Handlungen disziplinären Einschlags enthält, indem er z. B. keine weiteren Ermittlungen mehr anstellt oder von dem Erlaß einer Disziplinar-

[9] DStH Lüneburg 9. 2. 59 — DSt. A 13/58 — in NDBZ 1959 S. 90 = Lindgen Teil IV Nr. 344.

verfügung absieht. Selbst wenn die Disziplinarverfügung bereits schriftlich abgesetzt und vom Dienstvorgesetzten unterzeichnet ist, muß nach Erhebung der öffentlichen Klage die Zustellung derselben an den Beamten unterbleiben. Ist die Disziplinarmaßnahme bereits verhängt worden, und hat der Beamte hiergegen Beschwerde eingelegt oder disziplinargerichtliche Entscheidung beantragt, so setzen der höhere Dienstvorgesetzte, die oberste Dienstbehörde bzw. das Disziplinargericht das Verfahren aus. Auch hier bleibt von der Erhebung der öffentlichen Klage die Rechtsmittelfrist unberührt, da Fristen weder gehemmt noch unterbrochen werden. Zieht sich das Strafverfahren zu sehr in die Länge, so kann es sich als notwendig erweisen, schon vor dessen rechtskräftigen Abschluß die Disziplinarverfügung nach § 32 Abs. 2 BDO — § 27 Abs. 2 BDO a. F. — innerhalb der dort genannten Frist aufzuheben, wenn nach dem jeweiligen Stand des Verfahrens der Beamte nicht belastet ist und durch die Aufhebung der Disziplinarverfügung dem ordentlichen Strafverfahren nicht vorgegriffen wird. Eine Fortführung des Disziplinarverfügungsverfahrens kommt trotz des Laufes des gegenstandsgleichen Strafverfahrens insbesondere dann in Frage, wenn die Straftat kein Dienstvergehen darstellt, wenn z. B. die Straftat unbedeutend und in der Öffentlichkeit keinen Anstoß erregt hat, so daß schon nach § 14 BDO eine Einstellung des Disziplinarverfahrens auch nach einer Verurteilung des Beamten durch ein Strafgericht in Frage kommen würde.

Wird eine **disziplinarische Maßnahme** durch den Dienstvorgesetzten **getroffen,** obgleich die Voraussetzungen des § 17 Abs. 1 BDO gegeben sind, so gilt auch hier das unter 1) Gesagte entsprechend. Grundsätzlich ist eine solche Maßnahme **rechtsunwirksam,** es sei denn, daß sie den Beamten in seiner Verteidigung beeinträchtigt hat.

3. Im Untersuchungsverfahren nach § 126 BDO

Ist gegen einen Beamten auf Probe oder einen Beamten auf Widerruf ein Untersuchungsverfahren nach § 126 BDO angeordnet, so ist nach Erhebung der öffentlichen Anklage im Strafverfahren die **Untersuchung gleichfalls auszusetzen.** Der Beamte, der mit der Untersuchung beauftragt worden ist, darf keine weiteren Untersuchungshandlungen vornehmen. Wenn auch nach Abschluß der Untersuchung kein förmliches Disziplinarverfahren in Frage kommt, so handelt es sich jedoch bei der Untersuchung im Rahmen des § 126 BDO um ein Disziplinarverfahren i. S. des § 17 BDO. Anders ist es jedoch, wenn die **Untersuchung,** die auf Grund des § 126 BDO angeordnet ist, abgeschlossen ist, bevor die öffentliche Anklage im ordentlichen Strafverfahren erhoben ist. In diesem Falle ist die Dienstbehörde **auch vor Abschluß des Strafverfahrens berechtigt, den Beamten** auf Probe und den Beamten auf Widerruf **zu entlassen,** sofern nach dem Untersuchungsergebnis ein Dienstvergehen des Beamten erwiesen ist, das ihn nicht mehr im öffentlichen Dienst tragbar erscheinen läßt oder eine sonstige Disziplinarmaßnahme angebracht ist, die bei einem Lebenszeitbeamten nur von einem Disziplinargericht verhängt werden kann. Bei der Entlassung nach § 31 Abs. 1 Nr. 1 BBG bzw. § 32 BBG handelt es sich nicht um eine Disziplinarmaßnahme, sondern um einen Verwaltungsakt, der sich nach den allgemeinen beamtenrechtlichen Vorschriften richtet, so daß hier § 17 Abs. 1 BDO sich nicht hemmend auswirken kann. Im Falle des Widerspruchs bzw. der Erhebung der Anfechtungsklage gegen die Entlassung kann jedoch das Verwaltungsgericht nach § 80 Abs. 5

VerwGO auf Antrag des entlassenen Beamten die aufschiebende Wirkung der Entlassung anordnen, falls die Entlassungsbehörde die sofortige Vollziehung angeordnet haben sollte; dies wird insbesondere dann in Frage kommen, wenn der Sachverhalt einer genügenden Klärung nur im gegenstandsgleichen Strafverfahren bedarf.

D. Fortsetzung des Disziplinarverfahrens nach Abschluß des Strafverfahrens

Das förmliche **Disziplinarverfahren** bleibt im allgemeinen **bis zum rechtskräftigen Abschluß des gegenstandsgleichen Strafverfahrens ausgesetzt.** Dieses kann entweder durch Urteil des letztinstanzlichen Gerichts oder mit Ablauf der Rechtsmittelfrist oder durch Rücknahme des Rechtsmittels oder durch Rechtsmittelverzicht beendet sein. Wird gegen das Strafurteil nur beschränkt Berufung eingelegt, wird z. B. die Berufung nur auf die Art oder Höhe der Strafe beschränkt, so ist damit das Strafverfahren noch nicht abgeschlossen, so daß auch hier eine Fortsetzung des Disziplinarverfahrens ausscheidet. Die Beendigung des Strafverfahrens tritt auch bei einer endgültigen Einstellung — wie z. B. wegen Fehlens der Prozeßvoraussetzungen, wegen Verjährung oder auf Grund einer Amnestiebestimmung — oder durch Außerverfolgungssetzung im Falle des § 204 Abs. 2 StPO ein. Wird das Strafverfahren jedoch nach § 205 StPO vorläufig eingestellt, weil der Hauptverhandlung für längere Zeit die Abwesenheit des Angeschuldigten oder ein anderes in seiner Person liegendes Hindernis entgegensteht, so kommt in einem solchen Falle die Fortsetzung des Disziplinarverfahrens nicht in Frage.

Ist das Strafverfahren abgeschlossen, so wird das **Disziplinarverfahren fortgesetzt, ohne daß es hierzu eines ausdrücklichen Beschlusses** oder einer Fortsetzungsverfügung **bedarf.** Es genügt, wenn irgendeine disziplinarische Handlung getroffen wird, wenn z. B. der Untersuchungsführer bestellt wird oder dieser seine Untersuchung fortsetzt.

Ist das ordentliche **Strafverfahren abgeschlossen,** und ist der **Beamte** daselbst bestraft worden, so ist er vor Fertigung der Anschuldigungsschrift **nochmals zu hören.** Die früheren Vernehmungen im Verlaufe der Vorermittlungen und seine Anhörung im Verlaufe des Strafverfahrens ersetzen die disziplinarrechtliche Vernehmung nicht. Der Beamte soll im Disziplinarverfahren nach Abschluß des Strafverfahrens nochmals Gelegenheit erhalten, vor Fertigung der Anschuldigungsschrift die Gesichtspunkte geltend zu machen, die für die disziplinarrechtliche Wertung seines Verhaltens und für die Beurteilung seiner Persönlichkeit beachtlich sein können[10]. Der Mangel der nochmaligen Anhörung kann aber dann als geheilt angesehen werden, wenn der Beamte später Gelegenheit erhalten hat, sich auf die Anschuldigungsschrift zu äußern. Insbesondere empfiehlt es sich, nach Fortsetzung des förmlichen Disziplinarverfahrens den beschuldigten **Beamten auf die bindende Wirkung der tatsächlichen Feststellungen,** die sich aus § 18 Abs. 1 BDO ergibt, **hinzuweisen.** Ist er im Verlaufe des weiteren Verfahrens, wie z. B. in der Untersuchung, über die bindende Wirkung der Feststellungen eines gegen ihn ergangenen strafgerichtlichen Erkenntnisses unrichtig belehrt worden, so liegt darin ein der Durchführung des Disziplinarverfahrens entgegen-

[10] DokBer. Nr. 1501.

stehender Verfahrensmangel jedoch dann nicht vor, wenn die unrichtige Belehrung den Beamten in seinen Rechten keineswegs benachteiligt hat[11].

IV. FORTSETZUNG DES DISZIPLINARVERFAHRENS TROTZ ERHEBUNG DER ÖFFENTLICHEN KLAGE

A. Bei Sicherung der Sachaufklärung

Das Disziplinarverfahren, das nach § 17 Abs. 1 BDO ausgesetzt war, kann **vor Abschluß des Strafverfahrens fortgesetzt werden, wenn die Sachaufklärung gesichert ist** (§ 17 Abs. 3 Satz 1 Halbsatz 1 BDO). Nach § 13 Abs. 1 Satz 3 Halbsatz 1 BDO i. d. F. ÄndGes. 1952 war dies nur mit Zustimmung des Bundesdisziplinaranwalts möglich; die Einholung der Zustimmung des Bundesdisziplinaranwalts kommt nach geltendem Recht nicht mehr in Frage. Die Fortsetzung des Disziplinarverfahrens kommt vor allem dann in Frage, wenn es sich um einen einfach gelagerten Sachverhalt oder um eine Pflichtverletzung im dienstlichen Bereich handelt, bei der insbesondere nach einem Geständnis des Beamten eine weitere Sachaufklärung keine umfangreiche Beweisaufnahme erfordert, oder der Sachverhalt auf Grund eingehender Ermittlungen durch Dienststellen der Dienstbehörde des Beamten hinreichend geklärt ist oder im Strafverfahren die Punkte, derentwegen sich der Beamte auch disziplinarisch zu verantworten hat, bereits abschließend behandelt worden sind. Ist z. B. im Berufungsverfahren durch das Strafgericht nur noch zu klären, ob die Tat verjährt ist, bestehen gegen die Fortsetzung des Disziplinarverfahrens schon deshalb keine Bedenken, weil diese im Disziplinarrecht bei den schweren Dienstvergehennicht zu berücksichtigen ist.

B. Bei in der Person des Beamten liegenden Gründen

Eine Fortsetzung des Disziplinarverfahrens kommt vor Beendigung des Strafverfahrens auch dann in Frage, wenn in letzterem Verfahren **aus Gründen nicht verhandelt** werden kann, **die in der Person des Beamten liegen** (§ 17 Abs. 3 Satz 1 Halbsatz 2 BDO). Diese Bestimmung entspricht im bisherigen Recht dem § 13 Abs. 1 Satz 3 Halbsatz 2 BDO i. d. F. ÄndGes. 1952. Hierzu rechnen z. B. die Verhandlungsunfähigkeit oder eine längere **Abwesenheit des Angeklagten** (§ 205 StPO). Abwesenheit ist nach § 276 Abs. 1 StPO gegeben, wenn der Aufenthalt des Beamten unbekannt ist oder wenn er sich im Ausland aufhält und seine Gestellung vor das zuständige Strafgericht nicht ausführbar oder nicht angemessen erscheint. Das Disziplinarverfahren kann in solchen Fällen auch dann fortgesetzt werden, wenn ein Beschluß des Strafgerichts, wonach das strafgerichtliche Verfahren vorläufig einzustellen ist, nicht erlassen ist. Die Fortsetzung des Disziplinarverfahrens kommt auch dann in Frage, wenn der Vorsitzende nach § 205 Satz 2 StPO Beweise sichert oder eine Beweissicherung nach §§ 285ff. StPO durchgeführt wird. Andererseits scheidet eine Fortsetzung des Disziplinarverfahrens aus, wenn das Strafverfahren gegen den abwesenden Beamten nach §§ 276ff. StPO durchgeführt wird oder wenn das Strafverfahren aus sonstigen Gründen ausgesetzt wird.

---

11 DiszSenat OVG Münster 10. 3. 61 — V 31/60 — in ZBR 1961 S. 390 (LS) = Lindgen Teil IV Nr. 645.

C. Auf Verlangen des Bundesdisziplinaranwalts

Einem **Verlangen des Bundesdisziplinaranwalts auf Fortsetzung des** förmlichen **Disziplinarverfahrens hat** die **Einleitungsbehörde zu entsprechen** (§ 17 Abs. 3 Satz 3 BDO). Eine entsprechende Bestimmung war im bisherigen Recht nicht vorgesehen. Der Bundesdisziplinaranwalt wird einen Antrag nach § 17 Abs. 3 Satz 3 BDO nur dann stellen, wenn die Voraussetzungen des § 17 Abs. 3 Satz 1 Halbsatz 1 oder Halbsatz 2 BDO vorliegen, wenn also die Sachaufklärung hinreichend gesichert ist oder wenn im strafgerichtlichen Verfahren aus Gründen nicht verhandelt werden kann, die in der Person des Beamten liegen. Der Bundesdisziplinaranwalt kann den Antrag nur bis zur Gerichtshängigkeit stellen, von diesem Zeitpunkt an ist das Verfahren in die Zuständigkeit des Disziplinargerichts übergegangen, das von sich aus allein entscheidet, ob dem Disziplinarverfahren trotz eines nebenherlaufenden gegenstandsgleichen Strafverfahrens Fortgang gegeben werden soll. Der Antrag nach § 17 Abs. 3 Satz 3 BDO kann auch im Disziplinarverfügungsverfahren gestellt werden. Die Einleitungsbehörde hat dem Antrag zu entsprechen, selbst wenn es der Ansicht sein sollte, daß die Voraussetzungen für eine Fortsetzung des Disziplinarverfahrens nicht gegeben sein sollten. Dem beschuldigten Beamten steht gegen den vom Bundesdisziplinaranwalt gestellten Antrag nach § 17 Abs. 3 BDO kein Rechtsbehelf zur Seite. Das gleiche gilt auch dann, wenn der Beamte beim Bundesdisziplinaranwalt den Antrag gestellt haben sollte, nach § 17 Abs. 3 Satz 3 BDO vorzugehen, und wenn dieser einen solchen Antrag abgelehnt haben sollte.

D. Anordnung der Fortsetzung des förmlichen Disziplinarverfahrens durch das Bundesdisziplinargericht

Der **Beamte kann** gegen eine Aussetzung durch die Einleitungsbehörde den **Antrag auf gerichtliche Entscheidung stellen** (§ 17 Abs. 4 Satz 1 Halbsatz 1 BDO). Auch diese Bestimmung ist durch das Änderungsgesetz zum Bundesdisziplinarrecht vom 20. 7. 67 in das Disziplinarrecht neu aufgenommen worden. Der Antrag ist an keine Frist gebunden. Ist ein Pfleger bestellt, so kann der Antrag nur durch diesen gestellt werden. Im übrigen kann er auch durch den Verteidiger des Beamten gestellt werden. **Über den Antrag entscheidet das Bundesdisziplinargericht durch Beschluß** (§ 17 Abs. 4 Satz 1 Halbsatz 2 BDO). Es wird dem Antrag nur dann stattgegeben, wenn die Voraussetzungen des § 17 Abs. 3 Satz 1 BDO gegeben sind.

E. Anordnung der Fortsetzung des förmlichen Disziplinarverfahrens durch das Bundesverwaltungsgericht

Hat das **Bundesdisziplinargericht** das förmliche **Disziplinarverfahren ausgesetzt,** so kann hiergegen der Bundesdisziplinaranwalt oder der beschuldigte Beamte **Beschwerde beim Bundesverwaltungsgericht** einlegen (§ 17 Abs. 4 Satz 2 BDO). Auf die Einlegung der Beschwerde finden die Vorschriften des § 79 BDO Anwendung. Auch das Bundesverwaltungsgericht wird auf die Beschwerde des Bundesdisziplinaranwalts oder des beschuldigten Beamten die Fortsetzung des förmlichen Disziplinarverfahrens nur unter den Voraussetzungen des § 17 Abs. 3 Satz 1 BDO beschließen.

Zu A—E: Folgen der abweichenden Feststellungen in einem späteren Strafurteil

Selbst wenn das Disziplinarverfahren trotz Sicherung der Sachaufklärung vor Abschluß des Strafverfahrens fortgesetzt wird, besteht die Gefahr, daß das Strafgericht zu anderen Feststellungen als das Disziplinargericht gelangt, weil es das Ergebnis der Beweisaufnahme anders würdigt oder weil erst nach rechtskräftigem Abschluß des Disziplinarverfahrens andere Beweismittel verwertet werden konnten oder der Beamte oder die Zeugen ihre bisherigen Angaben nicht mehr aufrechterhalten haben. Hier wäre es unverständlich, wenn Entscheidungen mehrerer Rechtspflegeorgane aufrechterhalten bleiben sollten, die von verschiedenen Feststellungen ausgehen. Diesem Übelstand will § 97 Abs. 3 Satz 3 BDO begegnen, der im früheren Recht dem § 13 Abs. 1 Satz 4 BDO i. d. F. ÄndGes. 1952 entspricht, aber nunmehr aus systematischen Gründen in den Abschnitt IV eingebaut worden ist, der sich mit der Wiederaufnahme des förmlichen Disziplinarverfahrens befaßt. Ergeht in den unter A—E genannten Fällen nach rechtskräftigem Abschluß des Disziplinarverfahrens in einem wegen derselben Tatsachen eingeleiteten strafgerichtlichen Verfahren ein rechtskräftiges Urteil auf Grund von tatsächlichen Feststellungen, die von denen des Urteils des Disziplinargerichts abweichen, gelten die abweichenden Feststellungen des strafgerichtlichen Urteils als neue Tatsachen im Sinne des § 97 Abs. 2 Nr. 1 BDO (§ 97 Abs. 3 Satz 3 BDO). Die Abweichung gegenüber § 97 Abs. 2 Nr. 1 und Abs. 3 Satz 2 BDO besteht darin, daß der Antragsberechtigte nicht den Nachweis zu führen braucht, daß die abweichenden Festellungen dem Disziplinargericht in dem früheren Verfahren noch nicht bekannt gewesen waren oder daß sie der Antragsteller ohne sein Verschulden nicht schon früher vorbringen konnte. Entscheidend ist allein, daß die tatsächlichen Feststellungen in dem Urteil des Disziplinargerichts von denen des Strafurteils abweichen und die Abweichungen erheblich sind, d. h. daß sie geeignet sind, allein oder in Verbindung mit den im früheren Verfahren getroffenen Feststellungen eine andere Entscheidung entsprechend dem Wiederaufnahmeziel zu rechtfertigen.

Für die Disziplinarverfügung gilt § 32 Abs. 2 Satz 3 BDO, wonach eine Verschärfung der Disziplinarmaßnahme nach Art und Höhe oder die Einleitung des förmlichen Disziplinarverfahrens u. a. zulässig ist, wenn nach Erlaß der Disziplinarverfügung ein rechtskräftiges Urteil auf Grund von tatsächlichen Feststellungen ergeht, die von den der Disziplinarverfügung zugrunde liegenden tatsächlichen Feststellungen abweichen.

V. WIRKUNG DES FREISPRUCHS IM GEGENSTANDSGLEICHEN STRAF- ODER BUSSGELDVERFAHREN[12]

Wird der **Beamte** im gerichtlichen Verfahren **wegen einer Straftat oder einer Ordnungswidrigkeit freigesprochen,** so kann wegen der Tatsachen,

[12] Reuß in Beamtenjahrbuch 1938 S. 255—265; Thieme „Wirkung strafgerichtlicher Freisprüche in Disziplinarverfahren“ in RiA 1954 S. 343; Döge „Der strafgerichtliche Freispruch als Prozeßhindernis im Disziplinarverfahren nach der BDO“ in ZBR 1958 S. 325; Meyer-Henschel „Das Berufsbild des Beamten in der Rechtsprechung des Bundesdisziplinarhofs — zugleich ein Beitrag zur Problematik des § 13 Abs. 2 in ZBR 1963 S. 277; Finger a. a. O. Loewenheim-Wilhelm „Beamtenrechtliche Folgen des strafgerichtlichen Freispruchs mangels Beweises“ in ZBR 1965 S. 97.

die Gegenstand der gerichtlichen Entscheidung waren, ein **Disziplinarverfahren nur dann eingeleitet oder fortgesetzt werden, wenn** diese **Tatsachen,** ohne den Tatbestand einer Strafvorschrift oder einer Bußgeldvorschrift zu erfüllen, **ein Dienstvergehen enthalten** (§ 17 Abs. 5 BDO i. d. F. EGOWiG vom 24. 5. 68 (BGBl. I S. 503). Die Vorschrift des § 17 Abs. 5 BDO entspricht § 13 Abs. 2 BDO i. d. F. ÄndGes. 1952, nur daß hier nicht von einem Freispruch wegen einer Ordnungswidrigkeit die Rede war.

A. Freispruch wegen einer Straftat oder einer Ordnungswidrigkeit als Voraussetzung

Eine **disziplinarische Verfolgung scheidet aus, wenn** ein ordentliches oder besonderes **Strafgericht bei einer Straftat** auf Grund einer durchgeführten Hauptverhandlung durch Urteil nach § 260 Abs. 1 StPO **oder ein Gericht bei einer Ordnungswidrigkeit** durch Urteil oder durch Beschluß nach § 72 OWiG rechtskräftig **auf Freispruch erkannt hat.** Um einen Freispruch handelt es sich auch, wenn der Beamte erst im Wiederaufnahmeverfahren freigesprochen worden ist[13]. Auch ein solcher Freispruch ist zu beachten, der deshalb ergangen ist, weil eine Alternativfeststellung eine Bestrafung nicht zuließ; so stellt es ein Prozeßhindernis dar, wenn z. B. der Beamte im gegenstandsgleichen Strafverfahren deshalb freigesprochen worden war, weil nicht festgestellt werden konnte, ob er infolge Alkoholgenusses völlig unzurechnungsfähig i. S. des § 330a StGB oder nur vermindert zurechnungsfähig i. S. des § 51 Abs. 2 StGB war. In diesem Falle kommt u. U. eine disziplinarische Ahndung wegen des disziplinären Überhanges in Frage[14]. Eine Begnadigung hingegen steht einem Freispruch nicht gleich.

Da es sich um ein **Urteil eines deutschen Gerichts** handeln muß, scheiden freisprechende Urteile der ausländischen Gerichte aus. Gleiches gilt auch für Urteile der Besatzungsmächte. Ebenso scheidet die Einstellung des Verfahrens durch die Staatsanwaltschaft aus.

Da die sog. Sperrwirkung des **§ 17 Abs. 5 BDO** einen „echten" Freispruch voraussetzt, kommt diese Bestimmung dann **nicht zur Anwendung, wenn** das Strafverfahren die rechtliche Möglichkeit offenläßt, daß statt des Freispruchs die **Einstellung des Verfahrens wegen eines Verfahrenshindernisses** gemäß § 260 Abs. 3 StPO **erfolgt**[15]. Ist z. B. ein Freispruch beim Zusammentreffen eines Verbrechens nach § 174 Nr. 1 bzw. § 176 Abs. 1 Nr. 3 StGB mit Beleidigung erfolgt, wobei die Bestrafung wegen Beleidigung lediglich mangels eines Strafantrages nicht erfolgen konnte, so übt das freisprechende Urteil insoweit keine bindende Wirkung nach § 17 Abs. 3 BDO aus, als das Verfahren nicht eingestellt war, sondern ein Freispruch wegen Fehlens einer Prozeßvoraussetzung erfolgen mußte. Gleiches gilt auch dann, wenn das Strafverfahren auf Grund des § 153 Abs. 3 StPO oder auf Grund der §§ 154 Abs. 2, 205 StPO oder wegen Verjährung eingestellt war[16] oder

---

[13] Vgl. RDH bei Schulze-Simons S. 417; BDH 7. 11. 56 — II D 87/55 — BDHE Bd. 3 S. 271 = Lindgen Teil IV Nr. 336.

[14] DokBer. Nr. 1563.

[15] BDH 18. 12. 58 — III D 9/58 — BDHE Bd. 5 S. 66 = Lindgen Teil IV Nr. 497 (LS); vgl. auch RDH bei Schulze-Simons S. 425 (430); Wittland Anm. 29 zu § 13 (RDStO; a. M. RDH 19. 9. 39 — III D 27/39 —).

[16] PrOVG Bd. 97 S. 245 (247).

wenn der Beamte nach durchgeführter Voruntersuchung außer Verfolgung gesetzt war[17] oder wenn das Strafgericht die Eröffnung der Hauptverhandlung nach § 204 Abs. 1 StPO abgelehnt hatte[18]. Die Sperrwirkung des § 17 Abs. 5 BDO tritt also ganz allgemein nicht bei einem aus formalen Gründen nicht verfolgbaren Straftatbestand ein[19].

Wird der Beamte vom Strafgericht einer strafbaren Handlung wohl für schuldig befunden, erfolgt aber auf Grund der in §§ 199 StGB (wechselseitige Beleidigung) oder § 223 StGB (wechselseitige Körperverletzung oder Erwiderung einer Beleidigung mit einer Körperverletzung) eingeräumten Kompensationsbefugnis eine **Straffreierklärung,** so handelt es sich hier **nicht** um einen **Freispruch,** so daß eine disziplinarische Verfolgung zulässig ist[20]. Gleiches gilt auch dann, wenn der Beamte nach § 139 StGB straffrei bleibt, weil er die Ausführung oder den Erfolg der Tat auf andere Weise abgewendet hat, als durch eine Anzeige nach § 138 StGB, oder wenn im Falle einer uneidlichen Aussage das Strafgericht unter den in § 157 StGB genannten Voraussetzungen ganz von einer Strafe absieht.

An einer für das Disziplinarverfahren **bindenden tatsächlichen Feststellung fehlt es** in einem freisprechenden Urteil dann, **wenn** das **Strafgericht es offenläßt, ob** sich der Beamte in der ihm zur Last gelegten Weise verhalten hat, weil auch bei Unterstellen eines solchen Verhaltens der **Tatbestand eines Strafgesetzes** nicht **gegeben ist**[21]. Dies gilt vor allem dann, wenn der Beamte im Strafverfahren oder im Bußgeldverfahren wohl freigesprochen worden ist, sich jedoch aus den Urteilsgründen ergibt, daß aus formellen Gründen die Anklage nicht erschöpfend unter allen in Betracht kommenden Gesichtspunkten behandelt worden ist[22].

Hat sich der Beamte vor dem ordentlichen Strafgericht **wegen mehrerer miteinander in Tateinheit stehender Straftaten oder Ordnungswidrigkeiten zu verantworten** und stellt das Gericht im Urteil fest, daß der Beamte wohl der einen, nicht aber auch der anderen Straftat bzw. Ordnungswidrigkeit schuldig ist, so muß es ihn wegen der festgestellten Straftat bzw. Ordnungswidrigkeit verurteilen, kann ihn aber dann nicht wegen der anderen Straftat bzw. Ordnungswidrigkeit freisprechen. Hier sind dann hinsichtlich der Straftat bzw. Ordnungswidrigkeit, deren Tatbestandsmerkmale vom Gericht nicht als erfüllt angesehen worden sind, nicht die Voraussetzungen für die Abstandnahme von einer disziplinären Verfolgung gegeben; das Disziplinarorgan ist in diesem Falle aber an die Feststellungen des Gerichts, daß die Tatbestandsmerkmale der anderen strafbaren Handlung oder Ordnungswidrigkeit nicht erfüllt sind, gebunden[23]. Der Punkt dessentwegen der Beamte im gerichtlichen

---

[17] RDH bei Schulze-Simons S. 422.

[18] RDH bei Schulze-Simons S. 265.

[19] BDH 13. 12. 65 — II D 41/63 — BDHE Bd. 7 S. 49.

[20] PrOVG 10. 12. 1887 — I 1371.

[21] DiszSenat OVG Münster 30. 9. 57 — W 12/57 — OVGE (DiszS) Bd. 1 S. 48 = Lindgen Teil IV Nr. 167.

[22] Behnke Anm. 15 zu § 13 BDO.

[23] BDH 7. 10. 59 — I D 13/58 — BDHE Bd. 5 S. 71 = Lindgen Teil IV Nr. 514 (LS); BDH 18. 11. 60 — II D 34/59 — in ZBR 1959 S. 387 = Lindgen Teil IV Nr. 587 = DokBer. Nr. 1588; RDH bei Foerster-Simons S. 266; RDH bei Foerster-Simons S. 127; RDH bei Foerster-Simons 1935 S. 217 (218); PrDiszH in PrVBl. 1924/1925 S. 391; Behnke Anm. 15 zu § 13 BDO; Wittland Anm. 24 zu § 13 RDStO.

Verfahren wegen einer Straftat oder einer Ordnungswidrigkeit freigesprochen worden ist, darf in die Anschuldigungsschrift nicht aufgenommen werden bzw. bei der Urteilsfindung nicht mehr berücksichtigt werden.

Aus welchen Gründen der Beamte im Verfahren, in dem er sich wegen einer Straftat oder einer Ordnungswidrigkeit verantworten mußte, **freigesprochen** worden ist, **ist für die Abstandnahme einer disziplinären Verfolgung ohne Bedeutung.** Es ist also gleichgültig, ob er wegen erwiesener Unschuld oder mangels Beweises oder wegen Unzurechnungsfähigkeit oder deshalb freigesprochen worden war, weil tatbestandsmäßig keine strafbare Handlung oder Ordnungswidrigkeit vorliegt. Ebenso ist es unmaßgeblich, ob das Urteil auf unzutreffenden rechtlichen Erwägungen beruht. Nur dann ist ein freisprechendes Urteil nicht zu beachten, wenn es statt der gesetzlich vorgeschriebenen Einstellung ergangen ist. Würde also der Beamte im Strafverfahren durch Urteil freigesprochen, weil die Straftat oder die Ordnungswidrigkeit verjährt ist, so wäre ein solcher Freispruch unbeachtlich, weil in diesem Falle das Strafverfahren bzw. das Bußgeldverfahren hätte eingestellt werden müssen.

B. Wirkungen eines Freispruchs im Strafverfahren und im Bußgeldverfahren

1. Bei Tatbestandsmerkmalen des Dienstvergehens, die zugleich eine strafbare Handlung oder eine Ordnungswidrigkeit darstellen

Wird ein Beamter in einem gerichtlichen Verfahren wegen einer Straftat oder einer Ordnungswidrigkeit freigesprochen, so kann das **Disziplinarverfahren** nur dann **eingeleitet oder fortgesetzt** werden, **wenn die im Urteil angeführten Tatsachen, ohne den Tatbestand einer Strafvorschrift oder einer Bußgeldvorschrift zu erfüllen, ein Dienstvergehen darstellen** (vgl. § 17 Abs. 5 BDO). Soweit sich also ein Dienstvergehen in der strafbaren Handlung oder der Ordnungswidrigkeit erschöpft, dem Beamten z. B. als Pflichtverletzung lediglich die Unterschlagung amtlicher Gelder zum Vorwurf gemacht wird und er deshalb freigesprochen worden ist, scheidet eine Disziplinarverfolgung wegen des vom Strafgericht ermittelten Sachverhalts aus. Hierbei handelt es sich um ein Prozeßhindernis im Sinne einer negativen Prozeßvoraussetzung, die in jeder Lage des Verfahrens zu berücksichtigen ist[25].

Der strafgerichtliche Freispruch ist von jedem Disziplinarorgan, also vom Dienstvorgesetzten, von der obersten Dienstbehörde, der Einleitungsbehörde, dem Bundesdisziplinaranwalt und dem Bundesdisziplinargericht, zu beachten. Er ist in jedem Stand des noch nicht rechtskräftig abgeschlossenen Disziplinarverfahrens zu berücksichtigen. Ist wegen des Sachverhalts, der zu einem Freispruch im Strafverfahren oder im Bußgeldverfahren geführt hatte, noch nicht das förmliche Disziplinarverfahren eingeleitet oder sind noch nicht

---

[24] RDH bei Schulze-Simons S. 425 (430); RDHE Bd. 1 S. 123; Wittland Anm. 25 zu § 13 RDStO.

[25] RDH bei Foerster-Simons S. 265; RDHE Bd. 1 S. 127 = RVBl. 1938 S. 968; BDH 18. 12. 58 — III D 9/58 — BDHE Bd. 5 S. 66 = Lindgen Teil IV Nr. 497 (LS); BDH 2. 10. 53 — II D 72/53 — BDHE Bd. 1 S. 119; BDH 7. 11. 56 — II D 87/55 — Lindgen Teil IV Nr. 336; DH Rh.-Pfalz 21. 2. 59 — V 10/58 — in ZBR 1959 S. 272 = Lindgen Teil IV Nr. 424; Behnke Anm. 13 zu § 13 BDO.

einmal Vorermittlungen geführt worden, so scheidet dann jede Disziplinarmaßnahme, also auch die Erhebung von Vorermittlungen bzw. die Einleitung des förmlichen Disziplinarverfahrens, aus[26]. Eingeleitete Vorermittlungen, das Disziplinarverfügungsverfahren und das förmliche Disziplinarverfahren sind einzustellen. Ist das förmliche Disziplinarverfahren bereits beim Disziplinargericht anhängig, so stellt dieses das Verfahren nach § 76 Abs. 3 BDO ein. Da die Einstellung nicht auf dem Ergebnis einer Untersuchung beruht, kommt seitens der Einleitungsbehörde die Einstellung nicht nach § 64 Abs. 2 Satz 1 BDO in Frage. Die **Einstellung ergibt sich** vielmehr **aus § 64 Abs. 1 Nr. 1 BDO.** In der Einstellungsverfügung ist auch über die Kosten zu entscheiden, die dem Bund aufzuerlegen sind (vgl. § 113 Abs. 2 BDO).

Die **Einstellung** des Disziplinarverfahrens kommt **selbst** dann in Betracht, **wenn der Beamte** im Disziplinarverfügungsverfahren bzw. im förmlichen Disziplinarverfahren ohnehin **freigesprochen werden müßte**[27]. Ist der Beamte im Disziplinarverfahren bereits verurteilt, ist jedoch die Disziplinarentscheidung infolge Einlegung von Rechtsmitteln oder infolge fehlender Zustellung der Entscheidung an den Beamten noch nicht rechtskräftig geworden, so ist das Verfahren unter Aufhebung der ergangenen Entscheidung gleichfalls einzustellen.

Das Disziplinarorgan hat den **Freispruch nur insoweit zu berücksichtigen, als der Sachverhalt durch das Urteil im Strafverfahren bzw. Bußgeldverfahren erfaßt ist.** Werden im Disziplinarverfahren auch noch Vorgänge berührt, derentwegen im Strafverfahren bzw. im Bußgeldverfahren kein Freispruch erfolgt ist, so ist eine Fortführung des Disziplinarverfahrens zulässig, wobei jedoch die Anschuldigungspunkte einer disziplinaren Betrachtung entzogen sind, die durch den Freispruch erfaßt sind. Hier scheidet allerdings eine Einstellung des Disziplinarverfahrens aus; lediglich in den Entscheidungsgründen des disziplinarischen Erkenntnisses ist zum Ausdruck zu bringen, daß eine Verurteilung wegen des Sachverhalts, der durch den Freispruch im Strafverfahren bzw. im Bußgeldverfahren erfaßt ist, nicht erfolgen kann.

Das **Disziplinarorgan** ist **nicht berechtigt, den Sachverhalt,** der durch den Freispruch im Strafverfahren bzw. im Bußgeldverfahren erfaßt ist, nach § 18 Abs. 1 Satz 2 BDO **zu bezweifeln und erneut festzustellen.** Ebenso ist es unzulässig, den vom Gericht im Strafverfahren bzw. Bußgeldverfahren ermittelten Sachverhalt anderweitig zu würdigen; hat z. B. das Strafgericht den Beamten wegen Diebstahls freigesprochen, so kann das Disziplinarorgan den gleichgelagerten Sachverhalt nicht daraufhin überprüfen, ob die Tatbestandsmerkmale der Unterschlagung gegeben sind[28].

Handelt es sich um eine **fortgesetzte Handlung,** so ist ein Freispruch im Strafverfahren bzw. Bußgeldverfahren nur insoweit zu beachten, als **durch den Eröffnungsbeschluß Einzelhandlungen in den Zusammenhang einbezogen und Gegenstand der Urteilsfindung** waren; soweit Einzelfälle

[26] RDHE Bd. 1 S. 127 (128) = RVBl. 1938 S. 968; RDH bei Schulze-Simons S. 396 (398); RDH bei Foerster-Simons S. 265; BDH 7. 11. 56 II D 87/55 — BDHE Bd. 3 S. 271 (273) = Lindgen Teil IV Nr. 336; DH Rh.-Pfalz 21. 2. 59 — V 10/50 — BDHE Bd. 4 S. 224 = Lindgen Teil IV Nr. 424.

[27] RDHE Bd. 1 S. 127 = Deutsche Verwaltung 1938 S. 759; Wittland Anm. 30 zu § 13 RDStO.

[28] RDHE Bd. 2 S. 83 (85) und S. 91 (93); RDStH 28. 6. 39 — IV D 7/39; vgl. auch PrDH in PrVBl. 1924 S. 471.

nicht durch das freisprechende Urteil erfaßt sind, kommt eine disziplinarische Verfolgung in Frage[29]. Die Wirkung des Freispruchs erstreckt sich nämlich nur auf die Einzelhandlungen, die in der Anklage und in der Hauptverhandlung erörtert worden sind. Weitere Einzelfälle, die nicht Gegenstand des Freispruchs im Strafverfahren bzw. Bußgeldverfahren waren, können bei der disziplinarischen Würdigung herangezogen werden. Ist der Beamte z. B. wegen fortgesetzten Betruges, der sich gegen bestimmte Personen richtete, freigesprochen worden, so kann er disziplinarisch wegen solcher Betrugsfälle belangt werden, die sich gegen Personen gerichtet hatten, die in der Anklage nicht aufgeführt waren[30].

Wird das Urteil im Strafverfahren bzw. im Bußgeldverfahren, auf Grund dessen der Beamte freigesprochen worden war, später **im Wiederaufnahmeverfahren aufgehoben** und der Beamte bestraft, so erfolgt nicht eine Aufhebung der Einstellung des Disziplinarverfahrens; vielmehr ist ein **neues Disziplinarverfahren einzuleiten.** Diese Frage ist deshalb von Bedeutung, weil eine im früheren Verfahren angeordnete vorläufige Dienstenthebung (§ 91 BDO) und eine Einbehaltung eines Teils der Dienstbezüge (§ 92 BDO) erneut angeordnet werden muß, also die bereits früher verhängten Maßnahmen nicht durch eine Fortführung des Disziplinarverfahrens wieder aufleben können. Nach Wittland[31] ist die Fortsetzung eines früheren Disziplinarverfahrens dann zulässig, wann dasselbe durch die Einleitungsbehörde eingestellt worden war, weil die Einstellung keine Rechtskraftwirkung besitzt.

2. Bei disziplinarem Überhang

Trotz Freispruchs im Strafverfahren oder im Bußgeldverfahren ist eine **disziplinare Verfolgung** bzw. Verurteilung des Beamten dennoch **möglich, wenn die Tatsachen, die Gegenstand der Ermittlungen im Strafverfahren oder im Bußgeldverfahren waren, ein Dienstvergehen enthalten, ohne daß sie den Tatbestand einer Strafvorschrift oder einer Bußgeldvorschrift erfüllen** (vgl. § 17 Abs. 5 BDO)[32]. Hier darf der im Strafverfahren oder im Bußgeldverfahren festgestellte Tatbestand, der zum Freispruch geführt hatte, nur insoweit zum Anlaß eines Strafverfahrens genommen werden, als er einen **sog. disziplinaren Überhang** enthält, das Verhalten also auch dann ein Dienstvergehen darstellt, wenn es nicht die Tatbestandsmerkmale einer strafrechtlichen Norm oder einer Bußgeldvorschrift erfüllt[33]. Ist z. B. ein Postbeamter wegen Diebstahls freigesprochen worden, weil sein Handeln nur eine Vorbereitungshandlung darstellte, also noch nicht einmal die Tatbestandsmerkmale des Versuchs erfüllte, so kann trotzdem eine disziplinarische Ahndung stattfinden, wenn der Beamte bereits durch die Vorbereitungshandlung gegen eine Dienstvorschrift verstoßen hatte, die jede Möglichkeit ausschließen will, daß

---

[29] PrDH in PrVBl. 1924 S. 471.

[30] Vgl. PrDH in PrVBl. 1924 S. 471; RGSt. Bd. 47 S. 400 und Bd. 57 S. 533.

[31] Wittland Anm. 34 zu § 13 RDStO.

[32] BDH 2. 10. 53 — II D 72/53 — BDHE Bd. 1 S. 119; DiszSenat OVG Münster 11. 7. 57 — V 33/35 —; DH Rh.-Pfalz 21. 2. 59 in AS Bd. 7 S. 170 = ZBR 1959 S. 272 = Lindgen Teil IV Nr. 424; RDH 19. 2. 39 in RDHE Bd. 2 S. 83; Behnke Anm. 14 und 15 zu § 13 BDO; Schütz Anm. 4 zu § 16 DO NW; Wittland Anm. 21ff. zu § 13 RDStO; Döge a. a. O. S. 325.

[33] DH Rh.-Pfalz 21. 2. 59 — V 10/58 — in AS Bd. 7 S. 170 = ZBR 1959 S. 272 (LS) Lindgen Teil IV Nr. 424.

der Beamte bereits in den Verdacht einer Unredlichkeit kommt. Ist der Beamte wegen Beschädigung einer dienstlichen Einrichtung freigesprochen worden, weil das Strafgericht zur Überzeugung gelangt war, daß dem Täter nur Fahrlässigkeit zum Vorwurf gemacht werden konnte, während eine Bestrafung nach § 303 StGB Vorsatz verlangt, kann das Disziplinarorgan den Beamten dennoch verfolgen, wenn es zur Auffassung gelangt, daß bereits die fahrlässige Beschädigung von dienstlichen Einrichtungen eine Pflichtverletzung darstellt[34]. Hat ein Beamter versucht, sich nur wenige Kartoffeln anzueignen, und ist er vom Strafgericht deshalb freigesprochen worden, weil die als Mundraub zu wertende Tat im Versuchsstadium steckengeblieben war und eine Bestrafung nach § 370 Nr. 5 StGB nicht erfolgen konnte, weil nämlich der Versuch bei einer Übertretung nicht strafbar ist, so kann der Beamte dennoch disziplinarisch belangt werden, weil er bereits durch ein derartiges Verhalten gegen die Redlichkeitspflicht verstoßen hatte, die sich nicht in den in §§ 242ff. StGB genannten Fällen erschöpft[35]. Hat der Beamte eine Amtsunterschlagung begangen, und mußte er vom Strafgericht freigesprochen werden, weil er die Tat in sinnloser Trunkenheit begangen hatte, so daß die Voraussetzungen des § 51 Abs. 1 StGB vorlagen, so kann der Beamte deshalb disziplinarisch zur Rechenschaft gezogen werden, weil er seinen Dienst im trunkenen Zustande verrichtet und er somit gegen die Gewissenhaftigkeitspflicht verstoßen hatte[36]. Gleiches würde dann gelten, wenn der Beamte im Bußgeldverfahren von dem Vorwurf des Vollrausches nach § 31 OWiG freigesprochen worden ist. Ist der Beamte wegen der Annahme eines Darlehns nach § 331 StGB angeklagt, aber freigesprochen worden, weil ihm eine Bestechung nicht nachzuweisen war, so kann er dennoch disziplinarisch zur Verantwortung gezogen werden, weil es zu seinen Amtspflichten gehört, gegenüber Personen, mit denen er dienstlich Befassung hat, so aufzutreten, daß er noch nicht einmal in den Verdacht der Bestechlichkeit kommt[37]. Kann ein Beamter nicht wegen Unterschlagung bestraft werden, weil die Tatbestandsmerkmale der §§ 246, 350 StGB nicht vorliegen, so kann er dennoch disziplinarisch zur Rechenschaft gezogen werden, wenn er infolge einer unordentlichen Führung von Kassenbüchern Anlaß zu einer strafgerichtlichen Verfolgung gegeben hatte[38]. Ist ein Beamter, der an einem Streik teilgenommen hatte, wegen Hausfriedensbruchs und versuchter Nötigung, die mit dem Streik in einem engen Zusammenhange standen, strafgerichtlich freigesprochen worden, so kann er dennoch disziplinarisch verfolgt werden, weil es mit seinen dienstlichen Pflichten nicht zu vereinbaren ist, daß er zur Verbesserung seiner wirtschaftlichen Lage Arbeitskampfmittel angewandt hatte[39]. Wird der Beamte wegen Notzucht freigesprochen, weil die Frau ihm keinen ernstlichen Widerstand geleistet hat, so kann er dennoch wegen eines beamtenunwürdigen Verhaltens, das er hierbei offenbart hatte, disziplinarisch verfolgt werden[40]. Gleiches würde auch dann gelten, wenn ein verheirateter Mann, der sich mit einem Mädchen

[34] Vgl. RDH bei Schulze-Simons S. 406 (408).
[35] Vgl. RDH bei Foerster-Simons S. 261 (262).
[36] RDH bei Schulze-Simons S. 399.
[37] RDH bei Foerster-Simons S. 78.
[38] RDH bei Foerster 1935 S. 129 (131); PrOVG in RVBl. 1936 S. 925.
[39] RDH bei Foerster-Simons S. 404.
[40] RDH 29. 8. 39 — III D 12/39.

in ehewidrige Beziehungen eingelassen hatte, strafrechtlich wegen Ehebruchs freigesprochen wird, er aber durch den Umgang mit dem Mädchen in der Öffentlichkeit Mißfallen erregt hatte. Ist ein Beamter wegen Betruges freigesprochen worden, so kann er dennoch disziplinarisch belangt werden, wenn ihm hierbei nachgewiesen wird, daß er gegenüber seiner Dienstbehörde falsche Angaben gemacht und hierdurch gegen die Wahrheitspflicht verstoßen hatte[41]. Bei Freispruch von der Anklage wegen vorsätzlicher falscher uneidlicher Aussage vor Gericht (§ 153 StGB) ist nur die Feststellung bindend, daß der Beamte nicht vorsätzlich gehandelt hat, nicht aber die Feststellung, daß er fahrlässig falsch ausgesagt hat; das Disziplinargericht ist demnach nicht gehindert, von sich aus eine fahrlässige Falschaussage festzustellen und diese als Dienstvergehen zu bewerten[42].

Ist der **Beamte** freigesprochen worden und soll er trotzdem disziplinarisch zur Verantwortung gezogen werden, so ist er **rechtzeitig auf die Änderung der disziplinarischen Anschuldigung hinzuweisen.** Dies gilt zumindest dann, wenn der Sachverhalt bisher nur unter strafrechtlichen Gesichtspunkten gewürdigt worden war. Geht z. B. aus der Anschuldigungsschrift hervor, daß der Sachverhalt nur als Amtsunterschlagung, jedoch nicht unter dem Gesichtspunkt der ordnungswidrigen Buch- und Kassenführung gewürdigt worden war, so ist der Beamte auf die Änderung der rechtlichen Wertung des Sachverhalts hinzuweisen. Dem Beamten muß klar erkennbar sein, wie nunmehr sein Verhalten in disziplinarrechtlicher Hinsicht gewertet wird, damit er seine Verteidigung darauf einstellen kann. Eine Anschuldigungsschrift, die sich nach wörtlicher Wiedergabe des gesamten Tatbestandes eines freisprechenden Urteils im Strafverfahren oder im Bußgeldverfahren auf den allgemeinen Vorwurf beschränkt, daß der Beamte „durch sein Verhalten" dennoch ein Dienstvergehen begangen hätte, ist unzureichend und müßte zur Beseitigung der Mängel auch dann an den Bundesdisziplinaranwalt zurückgegeben werden, wenn infolge des Verbots der reformatio in peius eine schwerere Disziplinarmaßnahme als eine Geldbuße nicht mehr verhängt werden könnte[43].

3. Einfluß des Freispruchs mangels Beweises auf das sonstige Beamtenverhältnis

Abgesehen davon, daß bei einem Freispruch im Strafverfahren oder im Bußgeldverfahren mangels Beweises, also einem Freispruch zweiter Klasse, die Dienstbehörde schon aus der allgemeinen Fürsorgepflicht heraus umgehend prüfen muß, ob ein disziplinärer Überhang vorliegt, sie also nicht die Waffe einer ständigen Drohung einer disziplinären Verfolgung gegen den Beamten ausspielen kann[44], kann sie einen **nicht durch das Strafgericht festgestellten Sachverhalt dem Beamten** in seinem weiteren Verlaufe seiner Laufbahn **nicht mehr anlasten.** Hierbei ist zu berücksichtigen, daß der Bundestag bei dem Gesetze über Ordnungswidrigkeiten vom 24. 5. 68 (BGBl. I S. 481) die Gelegenheit genutzt hat, die Unterscheidung zwischen dem Freispruch wegen

[41] PrOVG in RVBl. 1936 S. 925.

[42] DH Rh.-Pfalz 21. 2. 58 in AS Bd. 7 S. 159 = Lindgen Teil IV Nr. 424 = ZBR 1959 S. 272.

[43] BDH 24. 5. 57 — I D 1956 — BDHE Bd. 3 S. 110; BDH 28. 4. 59 — III D 50/56 BDHE Bd. 5 S. 113 = Lindgen Teil IV Nr. 509; BDH 7. 11. 56 — II D 87/55; vgl. auch Döge a. a. O. S. 325.

[44] Loewenheim-Wilhelm a. a. O. S. 100.

erwiesener Unschuld und einem solchen mangels Beweises zu beseitigen. Die Unzulässigkeit von Schuldvermutungen folgt aus dem allgemeinen Rechtsdenken, indem **aus der Beweisnot keine nachteiligen Schlüsse mehr gezogen** werden können. Wird ein Urteil, auf Grund dessen ein Beamter durch das Gericht im Strafverfahren oder Bußgeldverfahren freigesprochen worden ist, zu den Personalakten genommen, und lassen die Urteilsgründe ungünstige Rückschlüsse auf das Verhalten des Beamten zu, ohne daß ein disziplinärer Überhang vorliegt, so ist dem Beamten mit Rücksicht auf die daselbst aufgestellten ungünstigen Behauptungen tatsächlicher Art die Möglichkeit zu einer Anhörung nach § 90 Satz 2 BBG und die gleichlautenden landesrechtlichen Bestimmungen einzuräumen[45]. Über das Disziplinarverfahren hinaus äußern die tatsächlichen Feststellungen des Urteils im Strafverfahren und im Bußgeldverfahren keinerlei bindende Wirkung. Zudem wäre es widersinnig, einen nicht mehr erschöpfbaren Tatbestand in die Bindungswirkung des § 18 BDO einzubeziehen. So könnte selbst eine Versetzung, die sich allein darauf stützt, daß der Beamte lediglich mangels Beweises freigesprochen worden ist, als ermessensfehlerhaft angefochten werden.

VI. BINDUNG AN DIE TATSÄCHLICHEN FESTSTELLUNGEN EINES URTEILS IM STRAFVERFAHREN ODER IM BUSSGELDVERFAHREN

A. Allgemeines

Die **tatsächlichen Feststellungen eines** rechtskräftigen **Urteils im Strafverfahren oder im Bußgeldverfahren,** auf denen die Entscheidung beruht, sind **im Disziplinarverfahren,** das denselben Sachverhalt zum Gegenstand hat, für den Dienstvorgesetzten, die Einleitungsbehörde, den Untersuchungsführer, den Bundesdisziplinaranwalt und das Disziplinargericht **bindend** (§ 18 Abs. 1 Satz 1 BDO). Das **Disziplinargericht** hat jedoch die **nochmalige Prüfung solcher Feststellungen** zu **beschließen, deren Richtigkeit seine Mitglieder mit Stimmenmehrheit bezweifeln** (§ 18 Abs. 1 Satz 2 Halbsatz 1 BDO). Dies ist in den Urteilsgründen (§ 78 BDO) zum Ausdruck zu bringen (§ 18 Abs. 1 Satz 2 Halbsatz 2 BDO). § 18 Abs. 1 BDO weicht vom § 13 Abs. 3 BDO i. d. F. ÄndGes. 1952 nur insofern ab, als nunmehr auch die Feststellungen einbezogen sind, die im Bußgeldverfahren getroffen werden und die Richtigkeit der strafgerichtlichen Feststellungen bisher übereinstimmend bezweifelt werden mußte. Bei § 18 Abs. 1 BDO handelt es sich um keinen nationalsozialistischen Rechtsgedanken und keinen Verstoß gegen das Grundgesetz, zumal der Bindungsgrundsatz zumindest in der Rechtsprechung vor 1933 Eingang gefunden hatte und das sonstige Verfahrensrecht, wie z. B. § 118 Abs. 3 BRAO und § 903 RVO, Bindungswirkungen hinsichtlich solcher Entscheidungen kennen, die in einem anderen Verfahren erlassen worden sind[46].

§ 18 Abs. 1 BDO ist im Interesse der Rechtssicherheit erlassen worden, weil Entscheidungen vermieden werden sollen, die sich hinsichtlich der Feststellung des Sachverhalts, der einer Straf-Bußgeld- und Disziplinarentscheidung zugrunde gelegt werden soll, einander widersprechen. Hierbei wird

[45] Loewenheim-Wilhelm a. a. O. S. 101.

[46] BDH 13. 10. 64 — II D 21/64 — BDHE Bd. 7 S. 53 = DokBer. Nr. 1942.

dem Strafverfahren und dem Bußgeldverfahren der Vorzug eingeräumt, weil sie im allgemeinen bereits vor der Disziplinarentscheidung erlassen werden und die beiden ersten Verfahrensarten mehr Rechtssicherheit bieten[47]. Trotzdem sind Entscheidungen im Strafverfahren und im Bußgeldverfahren denkbar, in denen den Gerichten Irrtümer unterlaufen können und bei denen die Aufklärung des Sachverhalts für die disziplinarrechtliche Beurteilung ungenau sein kann, zumal sich der Begriff des Dienstvergehens nicht mit dem der Straftat oder der Ordnungswidrigkeit deckt und die disziplinarrechtliche Beurteilung von der im Strafverfahren oder im Bußgeldverfahren getroffenen Beurteilung erheblich abweichen kann. Aus diesem Grunde muß dem Disziplinargericht die Möglichkeit eingeräumt werden, den vom Gericht im Strafverfahren oder im Bußgeldverfahren festgestellten Sachverhalt einer erneuten Nachprüfung zu unterziehen; damit von dieser Möglichkeit nur in begründeten Ausnahmefällen Gebrauch gemacht werden sollte, hatte § 13 Abs. 3 Satz 2 BDO die Nachprüfungsmöglichkeit insofern erschwert, als sie nur dann ausgeübt werden konnte, wenn die Mitglieder des Disziplinargerichts übereinstimmend die Richtigkeit der strafgerichtlichen Feststellungen bezweifelten. Nach § 18 Abs. 1 Satz 2 Halbsatz 1 BDO ist nur noch Stimmenmehrheit hierzu erforderlich.

Die **Bindung** ergibt sich nicht nur **für** das **Disziplinargericht,** sondern auch für den **Bundesdisziplinaranwalt,** den **Dienstvorgesetzten,** die **Einleitungsbehörde** und den **Untersuchungsführer**[48]. § 18 Abs. 1 Satz 1 BDO sanktioniert hier die bisherige Rechtsprechung.

B. Tatsächliche Feststellungen in einem Urteil im Strafverfahren oder im Bußgeldverfahren als Voraussetzung für die disziplinarrechtliche Bindung

§ 18 Abs. 1 bezieht sich auf sämtliche Urteile deutscher Gerichte, die im Strafverfahren und im Bußgeldverfahren, wobei es gleichbleibt, ob es sich hier um eine **Verurteilung oder** um einen **Freispruch** handelt[49]. Die bindende Wirkung eines freisprechenden Urteils im Strafverfahren oder im Bußgeldverfahren erstreckt sich nicht nur auf das, was nicht festgestellt werden konnte, sondern auch auf das, was tatsächlich festgestellt ist[50].

Das **Urteil** im Strafverfahren oder im Bußgeldverfahren **muß rechtskräftig sein**[51]. Die bindende Wirkung entfällt jedoch im Wiederaufnahmeverfahren, wenn das Gericht nach § 370 Abs. 2 StPO die Wiederaufnahme des Verfahrens und die erneute Ansetzung der Hauptverhandlung anordnet, weil hiermit auch im Strafverfahren und im Bußgeldverfahren das frühere Urteil mit der Bindung für das nach § 373 StPO neu erkennende Gericht beseitigt wird[52]. Wird im Wiederaufnahmeverfahren das Strafurteil bzw. das Bußgeldurteil aufgehoben, so entfällt selbstverständlich dessen bindende

---

[47] Vgl. Finger a. a. O. S. 291.

[48] BDH 28. 2. 56 — I DV 2/56 — BDHE Bd. 3 S. 256 (258) = Lindgen Teil IV Nr. 334; DokBer. Nr. 1688.

[49] RDH bei Schulze-Simons S. 393 (395); Foerster-Simons S. 265; PrDH in PrVBl. 1924 S. 471; RDHE Bd. 1 S. 110 (112).

[50] BDH 13. 12. 63 — II D 41/63 — BDHE Bd. 7 S. 49.

[51] RDH bei Schulze-Simons S. 417 (418); DokBer. Nr. 530.

[52] DStSenat beim RG in ZBR 1942 S. 150; vgl. RGSt. Bd. 35 S. 351.

Wirkung[53]. Bindende Wirkung hat dann die Entscheidung, die im Wiederaufnahmeverfahren des Strafverfahrens bzw. Bußgeldverfahrens ergeht; dies gilt selbst für solche freisprechende Entscheidungen, die an Stelle eines Urteils in Form eines Beschlusses ergehen[54]. Wird nach Rechtskraft eines Urteils im Strafverfahren oder im Bußgeldverfahren lediglich durch eine Amnestie die Strafvollstreckung beseitigt, so verbleibt es dagegen bei der bindenden Wirkung dieses Urteils[55].

Ein **Urteil, das** im Strafverfahren oder im Bußgeldverfahren **auf Einstellung** des Verfahrens **auf Grund eines Straffreiheitsgesetzes lautet,** hat **grundsätzlich keine bindende Wirkung** für das Disziplinarorgan, weil es in der Regel keine Feststellungen zur Schuldfrage und zur Tatfrage trifft. Ist jedoch das Strafverfahren gegen den Beamten auf Grund eines Straffreiheitsgesetzes durch Urteil eingestellt worden, das zugleich den durch die Bestechung erlangten Vorteil für verfallen erklärt, so sind die tatsächlichen Feststellungen des strafgerichtlichen Urteils nach § 18 Abs. 1 Satz 1 BDO für die Entscheidung im Disziplinarverfahren bindend[56]. Die Verfallerklärung ist gemäß § 335 StGB nicht nur eine polizeiliche Sicherungsmaßnahme, sondern eine Nebenstrafe[57]. Sie ist daher noch zulässig, wenn der Täter das Empfangene zurückgegeben hat oder es sonst nicht mehr vorhanden ist[58]. Eine Nebenstrafe kann aber nur dann verhängt werden, wenn der Täter den Tatbestand in seinen objektiven und subjektiven Elementen erfüllt hat. Aus diesem Grunde trifft ein Urteil, das über die Verfallerklärung entscheidet, konkrete Feststellungen zur Schuld- und Tatfrage. Ebenso sind die dem Urteil zugrunde liegenden tatsächlichen Feststellungen für die Entscheidung des Dienstvorgesetzten bzw. des Disziplinargerichts bindend, wenn ein nach einem Straffreiheitsgesetz zur Klärung der Frage der Unschuld fortgesetztes Strafverfahren mit einem Einstellungsurteil unter Ablehnung des Freispruchs beendet wird, weil materiellrechtlich auch hier eine echte, mit allen prozessual zulässigen Mitteln getroffene Schuldfeststellung und somit ein echtes Sachurteil vorliegt[59].

Bindende Wirkung haben nur die **Feststellungen der jeweiligen letzten Tatsacheninstanz.** Hat also das Berufungsgericht im Strafverfahren eigene Feststellungen getroffen und weichen diese von denen in der Vorinstanz ab, so sind allein die Feststellungen des Berufungsgerichts für die Organe der Disziplinarrechtspflege bindend. Ist eine nur auf das Strafmaß beschränkte Berufung eingelegt, so erhalten die Feststellungen der ersten Instanz bindende Wirkung, weil das Berufungsgericht dann gehindert ist, sich mit dem Sachverhalt selbst zu befassen. Dies gilt auch dann, wenn der Strafausspruch in der späteren Instanz aufgehoben und das Verfahren eingestellt ist, sofern davon die tatsächlichen Feststellungen zur Schuldfrage unberührt bleiben[60]. Ist das

---

[53] ZBR 1942 S. 150.

[54] BDH 17. 3. 60 — II D 35/59 — BDHE Bd. 5 S. 77 = Lindgen Teil IV Nr. 539 (LS).

[55] RDH bei Foerster 1934 S. 126.

[56] BDH 10. 2. 60 — I D 20/57 — in ZBR 1961 S. 255 (LS) = Lindgen Teil IV Nr. 479 und 534 (LS); BDH 30. 7. 53 — I D 93/53 — BDHE Bd. 1 S. 127 = Lindgen Teil IV Nr. 7; vgl. auch Schäfer in DJ 1938 S. 820; Reuß in Beamtenjahrbuch 1938 S. 255 (265—270).

[57] Schönke-Schröder Anm. I und II 3 zu § 335 StGB; RGSt. Bd. 57 S. 232, Bd. 68 S. 404; BGH in NJW 1960 S. 159.

[58] NJW 1960 S. 159.

[59] BDH 25. 5. 54 — II D 135/53 — BDHE Bd. 1 S. 132; BDH 30. 7. 53 — I D 9/53 = Lindgen Teil IV Nr. 7 und BDH 20. 10. 53 — I D 49/53.

[60] RDH bei Foerster 1936 S. 129.

sachgleiche Strafverfahren in der Rechtsmittelinstanz auf Grund eines Straffreiheitsgesetzes eingestellt worden, so sind die tatsächlichen Feststellungen des vorausgegangenen Urteils für die Entscheidung im Disziplinarverfahren nur dann bindend, wenn das Rechtsmittel auf das Strafmaß beschränkt und es sich demgemäß zu einer Teilrechtskraft des strafgerichtlichen Urteils hinsichtlich der Tat- und Schuldfrage gekommen ist[61]. Im übrigen behalten die Feststellungen des Urteils des Gerichts erster Instanz nur dann noch bindende Wirkung, wenn das Berufungsgericht in seinem Urteil in Übereinstimmung mit dem Gericht der Vorinstanz zu denselben Feststellungen gelangt ist und deshalb auf diese verwiesen hat, ohne im Urteil eigene Feststellungen zu treffen[62].

Hat ein Beamter **gegen ein Strafurteil Revision eingelegt oder im Bußgeldverfahren Rechtsbeschwerde erhoben** und ist das mit der Revision bzw. mit der Rechtsbeschwerde angegriffene Urteil nicht rechtskräftig geworden, weil das Urteil im Strafverfahren bzw. im Bußgeldverfahren noch vor einer Entscheidung des Revisionsgerichts oder des Gerichts, das über die Rechtsbeschwerde zu entscheiden hat, rechtskräftig geworden ist, so fehlt es hier an den Voraussetzungen für die bindende Wirkung des Urteils im Strafverfahren bzw. Bußgeldverfahren, weil diese Verfahren nicht durch ein rechtskräftiges Urteil beendet worden sind[63].

Die bindende Wirkung an tatsächliche Feststellungen nach § 18 Abs. 1 BDO setzt bei **Urteilen mit abgekürzter Fassung nach § 267 Abs. 4 StPO** voraus, daß in den Gründen ausreichende tatsächliche Feststellungen enthalten sind, die als Grundlage für die Entscheidung im Disziplinarverfahren dienen können[64]. Bei solchen Urteilen ist es nicht zulässig, daß das Organ der Disziplinarrechtspflege auf Grund des Inhalts der Akten im Strafverfahren bzw. Bußgeldverfahren tatsächliche Feststellungen unterstellt, die unter Umständen die Urteilsgründe ergänzen könnten[65]. Können die tatsächlichen Feststellungen nicht zugrunde gelegt werden, muß das Organ der Disziplinarrechtspflege diese selbst treffen, wobei es eines Anzweiflungsbeschlusses nach § 18 Abs. 1 Satz 2 BDO nicht bedarf, da es sich hier nicht um eine Ergänzung, sondern um eigene neue Feststellungen des Sachverhalts handelt, wobei von einer Abweichung vom Sachverhalt des Urteils im Strafverfahren bzw. Bußgeldverfahren gar keine Rede sein kann[66]. In den Fällen, in denen die tatsächlichen Feststellungen des Urteils im Strafverfahren bzw. im Bußgeldverfahren nicht der Disziplinarentscheidung zugrunde gelegt werden können, dürfen jedoch die Niederschriften über die Vernehmung des Beamten, der Zeugen und Sachverständigen ohne nochmalige Vernehmung nach § 26 Abs. 2 BDO von den Organen der Disziplinarrechtspflege verwendet werden[67].

An einer für das Disziplinarverfahren bindenden tatsächlichen Feststellung fehlt es in einem freisprechenden Urteil dann, wenn es das Gericht im Straf-

---

[61] BDH 4. 7. 61 — I D 89/60 — bei Döring in ZBR 1963 S. 313; RDH bei Foerster 1936 S. 129.

[62] DokBer. Nr. 1356.

[63] BDH 12. 11. 53 — II D 54/53 — in ZBR 1954 S. 88.

[64] BDH 25. 2. 55 — I D 43/54 — BDHE Bd. 2 S. 8 = Lindgen Teil IV Nr. 181; BDH 29. 4. 58 — II D 63/57 — BDHE Bd. 4 S. 28 = Lindgen Teil IV Nr. 488; DokBer. Nr. 604 und Nr. 2005.

[65] RDH 4. 11. 36 bei Foerster 1937 S. 110.

[66] DiszSenat OVG Münster 30. 9. 57 — W 12/57 — Lindgen Teil IV Nr. 167.

[67] RDHE Bd. 3 S. 62 (66).

verfahren oder im Bußgeldverfahren offenläßt, ob sich der Beamte in der ihm zur Last gelegten Weise verhalten hat, weil auch bei der Unterstellung eines solchen Verhaltens der **Tatbestand eines Strafgesetzes oder einer Ordnungswidrigkeit nicht gegeben** ist. Hier bleibt es den Organen der Disziplinarrechtspflege überlassen, zu untersuchen, ob sich der Beamte der ihm vorgeworfenen Pflichtverletzung schuldig gemacht hat[68].

Da die bindende Wirkung nach § 18 Abs. 1 BDO nur bei Urteilen deutscher Gerichte eintritt, **entfällt** sie **bei amtsrichterlichen Strafbefehlen** (§ 407 StPO)[69], **bei amtsrichterlichen Strafverfügungen**[70], **bei Strafverfügungen der Finanzgerichte** im Steuerstrafverfahren (§ 455 RAO)[71], bei Urteilen nichtdeutscher Gerichte[72] und bei **Bußgeldbescheiden** der Verwaltungsbehörden.

Stellt das Gericht im Strafverfahren oder im Bußgeldverfahren das **Verfahren durch Urteil ein,** so **sind** die dort getroffenen **Feststellungen nicht bindend,** weil hier keine Entscheidung ergeht, die zur Tat- und Schuldfrage Stellung nimmt[73]. So entfällt also die bindende Wirkung bei Einstellung des Strafverfahrens oder des Bußgeldverfahrens[74], weil der Strafantrag fehlt oder die Straftat oder die Ordnungswidrigkeit verjährt[75] oder amnestiert[76] ist. Dies gilt selbst dann, wenn sich in einem solchen auf Einstellung lautenden Urteil das Gericht zur Sache äußert, was insbesondere bei solchen Entscheidungen der Fall ist, in denen der Beamte amnestiert wird; soweit hier tatsächliche Feststellungen getroffen worden sind, sind dieselben überflüssig[77].

Das **Urteil im Strafverfahren** und im Bußgeldverfahren muß sich **gegen den Beamten richten.** Deshalb tritt z. B. die Wirkung des § 18 Abs. 1 BDO dann nicht ein, wenn die tatsächlichen Feststellungen auf einem Urteil beruhen, das auf eine vom Beamten gegen einen anderen erhobene Privatklage ergangen ist; die tatsächlichen Feststellungen können hier jedoch gemäß § 18 Abs. 2 BDO der Entscheidung im Disziplinarverfahren zugrunde gelegt werden[78].

C. Disziplinarorgane, die an die tatsächlichen Feststellungen des Urteils im Strafverfahren oder im Bußgeldverfahren gebunden sind

An die tatsächlichen Feststellungen des Urteils im Strafverfahren und im Bußgeldverfahren sind sämtliche Disziplinarorgane gebunden, die mit einem

[68] DiszSenat OVG Münster 16. 9. 60 — V 24/59 — Lindgen Teil IV Nr. 472.

[69] DokBer. Nr. 622; RDH bei Schulze-Simons S. 385; RHD bei Foerster-Simons S. 257.

[70] Vgl. RDH bei Schulze-Simons S. 392.

[71] RDHE Bd. 1 S. 102 (103).

[72] RDHE Bd. 3 S. 132 (143); RDH bei Schulze-Simons S. 391.

[73] Behnke Anm. 26 und 27 zu § 13 BDO; RDHE Bd. 1 S. 122; Bd. 3 S. 62.

[74] RDH bei Schulze-Simons S. 431; BDH 11. 11. 55 — I D 22/55 — BDHE Bd. 2 S. 111 = Lindgen Teil IV Nr. 219. DokBer. Nr. 561.

[75] RDH Bd. 1 S. 123.

[76] RDHE Bd. 1 S. 110 (112); RDH in RVBl. Bd. 59 S. 318; RDStH 24. 5. 39 — IV D 10/39.

[77] Vgl. RDH 12. 11. 35 — F 164/35 — bei Foerster 1935 S. 129; Foerster 1936, S. 116; Foerster 1937, S. 70; RDHE Bd. 1 S. 121; RDHE Bd. 1 S. 110; RDHE Bd. 1 S. 123; RDH in ZBR Bd. 9 S. 193 u. ZBR Bd. 11 S. 150; RDHE Bd. 3 S. 62; Reuß in Beamtenjahrbuch 1938 S. 133 und 255ff.; Busse in Beamtenjahrbuch 1938 S. 272; Wittmaak in ZBR Jahrgang 1936/37 S. 224ff. insbes. S. 227—230; Behnke Anm. 27 zu § 13 RDStO; Wittland Anm. 37 zu § 13 RDStO; Brand 3. Aufl. Anm. III Ziff. 3 zu § 13 Abs. 3 RDStO; BDH 30. 7. 53 — I D 9/53 — BDHE 1 S. 127; BDH 11. 11. 55 — I D 22/55 — BDHE 3 S. 113.

[78] BDH 4. 2. 59 — II DV 5/58 — BDHE Bd. 5 S. 70 = Lindgen Teil IV Nr. 503 (LS).

Disziplinarvorgang Befassung haben. Dies gilt für die Vorermittlungen, das Disziplinarverfügungsverfahren und für das förmliche Disziplinarverfahren. Selbst in dem Verfahren nach § 110 BDO — § 96 BDO a. F. — sind die Disziplinarorgane an die tatsächlichen Feststellungen des Urteils im Strafverfahren und im Bußgeldverfahren gebunden[79]. Die Bindung besteht nach ausdrücklicher Vorschrift für den **Dienstvorgesetzten,** die **Einleitungsbehörde,** den **Untersuchungsführer,** den **Bundesdisziplinaranwalt** und das **Disziplinargericht.** § 18 Abs. 1 Satz 1 BDO hält sich hier an die bisherige Rechtshandhabung und bringt insoweit keine Neuerung. Die Disziplinargerichte sind auch im gerichtlichen Antragsverfahren nach § 31 Abs. 3 und 4 BDO — § 26 Abs. 4 und 5 BDO a. F. — an die tatsächlichen Feststellungen gebunden, wobei sie allerdings im Gegensatz zum Dienstvorgesetzten und der obersten Dienstbehörde von den tatsächlichen Feststellungen des Urteils im Strafverfahren und Bußgeldverfahren nach § 18 Abs. 1 Satz 2 BDO abweichen können[80].

D. Umfang der Bindung an die tatsächlichen Feststellungen des Urteils im Strafverfahren oder Bußgeldverfahren

Die bindende Wirkung erstreckt sich auf die Feststellungen des Urteils im Strafverfahren und im Bußgeldverfahren. Hierzu gehören die **Tatumstände, aus denen sich die strafbare Handlung und die Ordnungswidrigkeit** nach ihren gesetzlichen Merkmalen **unter Berücksichtigung der Tat- und Schuldfrage zusammensetzt.** Sie setzt allerdings voraus, daß die Urteilsgründe ausreichende tatsächliche Feststellungen enthalten, die als Grundlage für die Entscheidung im Disziplinarverfahren dienen können; fehlt es hieran, so hat das Organ der Disziplinarrechtspflege den Sachverhalt neu festzustellen oder zu ergänzen, ohne daß es eines Nachprüfungsbeschlusses nach § 18 Abs. 1 Satz 2 BDO bedarf[81]. Beruhen die Feststellungen des Urteils im Strafverfahren und im Bußgeldverfahren auf Schlußfolgerungen aus tatsächlichen Vorgängen, so verlieren sie damit nicht den Charakter von Tatsachenfeststellungen im Gegensatz zu den daraus gezogenen rechtlichen Folgerungen, daß die Tat z. B. als Amtsunterschlagung, Verletzung des Postgeheimnisses, gewinnsüchtiger Verwahrungsbruch usw. zu werten ist; hier ist das Disziplinargericht nur an die tatsächlichen Schlußfolgerungen gebunden, daß der Beamte der Täter ist[82]. Tatsachen, die sich nicht auf die strafbare Handlung und auf die Ordnungswidrigkeit beziehen, sind nicht bindend; dies gibt z. B. für die Frage der Beamteneigenschaft. Ebenso sind die Feststellungen zu sonstigen Neben- und Begleitumständen nicht bindend[83].

Der Umfang der **Bindung ergibt sich aus den Tatbestandsmerkmalen der jeweiligen Straftat oder Ordnungswidrigkeit.** So sind z. B. bei einer Bestrafung wegen Kuppelei nach § 180 Abs. 1 und Abs. 3 StGB die tatsächlichen Feststellungen zu den Tatbestandsmerkmalen des „Unzuchts-

[79] BDH 22. 9. 59 — II D 26/59 — in ZBR 1960 S. 166 = Lindgen Teil IV Nr. 396; vgl. auch RDHE Bd. 2 S. 147 (148); Behnke Anm. 19 zu § 96 BDO; Wittland Anm. 11 zu § 96 RDStO; Schütz Anm. 8 zu § 103 DO NW.

[80] DokBer. Nr. 1688; BDH 28. 2. 56 — I DV 2/56 — BDHE Bd. 3 S. 256 (258).

[81] BDH 18. 11. 60 — II D 27/60 — BDHE Bd. 5 S. 14 = Lindgen Teil IV Nr. 586 = ZBR 1961 S. 400.

[82] DokBer. Nr. 1500.

[83] RDHE Bd. 2 S. 88 (90).

vorschubsleistens“ oder des „Ausbeutens“ einer Person für das Disziplinarorgan bindend[84]. Ist bei einer Unterschlagung die Höhe des Geldbetrages, den sich der Beamte angeeignet hat, im Strafurteil angegeben, so sind die Feststellungen über die Höhe nach den gesetzlichen Merkmalen des § 246 StGB bindend, da ein bestimmter Gegenstand bzw. ein bestimmter Geldbetrag unterschlagen sein muß[85]. Anders ist es bei der Höhe der Bestechungssumme, die der Beamte erhalten hat, da zum gesetzlichen Tatbestand des § 331 StGB nicht die Höhe des zugewendeten Betrages, sondern nur die Zuwendung ganz allgemein gehört[86].

Sind dem Beamten im sachgleichen Strafverfahren in der Anklageschrift zwei **in Tateinheit stehende strafbare Handlungen zur Last gelegt** worden und hat das Strafgericht ihn nur wegen einer Straftat verurteilt sowie festgestellt, daß die Tatbestandsmerkmale der anderen strafbaren Handlung nicht erfüllt sind, so ist das Disziplinarorgan an die Feststellungen zu dieser Straftat gebunden; ein Freispruch im Sinne des § 17 Abs. 5 BDO liegt, wie bereits unter IV gezeigt worden ist, nicht vor[87].

Bei einer **fortgesetzten Handlung** ist die vom Strafgericht festgestellte Zahl der Einzelhandlungen nicht nur ein für das Strafmaß bedeutender Gesichtspunkt, sondern gehört zu den Feststellungen des Tatbestandes. Hiervon kann das Disziplinarorgan ohne einen Nachprüfungsbeschluß nach § 18 Abs. 1 Satz 2 BDO auch nicht in der Weise abweichen, daß es die Einlassung des Beamten, daß er einen Teil der ihm zum Vorwurf gemachten strafbaren Handlungen nicht begangen hätte, zu seinen Gunsten als wahr unterstellt[88].

Für die Entscheidung im Disziplinarverfahren sind die tatsächlichen **Feststellungen** des Urteils im Strafverfahren und im Bußgeldverfahren **nur insoweit bindend, als sie durch die Anschuldigungsschrift zum Gegenstand des Disziplinarverfahrens gemacht worden sind**[89]. Ist z. B. im strafgerichtlichen Urteil als Beginn der Unterschlagungshandlungen der 10. 11. 65 angenommen und ist in der Anschuldigungsschrift als Beginn derselben der 4. 4. 66 genannt, so können nur die vom 4. 4. 66 an begonnenen Pflichtverletzungen zum Gegenstand des disziplinären Erkenntnisses gemacht werden, wobei die tatsächlichen Feststellungen des Strafurteils auch nur hinsichtlich der Unterschlagungshandlungen bindend sind, die vom 4. 4. 66 an begangen worden sind.

Die bindende Wirkung des Urteils im Strafverfahren und im Bußgeldverfahren erstreckt sich auch auf die **Feststellungen zum inneren Tatbestand einer strafbaren Handlung**[90]. Die Feststellungen des Gerichts zur Frage des Verschuldens, ob z. B. auf Grund des tatsächlichen Geschehens-

---

[84] BDH 8. 7. 58 — III D 105/56 — BDHE Bd. 5 S. 80 = Lindgen Teil IV Nr. 489.

[85] BDH 11. 11. 55 — I D 22/55 — BDHE Bd. 2 S. 111 (114) = Lindgen Teil IV Nr. 219.

[86] BDH 18. 11. 60 — II D 27/60 — ZBR 1961 S. 387 = Lindgen Teil IV Nr. 586.

[87] BDH 18. 11. 60 — II D 34/59 — in ZBR 1961 S. 387 = Lindgen Teil IV Nr. 587; BDH 7. 10. 59 — I D 13/58 — BDHE Bd. 5 S. 71 = Lindgen Teil IV Nr. 514.

[88] BDH 16. 10. 56 — I D 17/55 — BDHE Bd. 3 S. 165 = Lindgen Teil IV Nr. 345.

[89] BDH 22. 2. 56 — III D 138/54 — BDHE Bd. 3 S. 56.

[90] BDH 3. 1. 62 — I D 68/61 — in ZBR 1962 S. 194 = Lindgen Teil IV Nr. 609; BDH 11. 11. 55 — I D 22/55 — BDHE Bd. 2 S. 111 = Lindgen Teil IV Nr. 219; RDH bei Schulze-Simons S. 370; RDH bei Foerster-Simons S. 255 (256); RDH 13. 10. 38 — II D 47/38 —, 15. 2. 39 — IV D 78/38 —; RDH 26. 5. 39 — V D 10/39.

ablaufs vorsätzliches oder fahrlässiges Handeln in Frage kommt, ist also für das Disziplinarorgan bindend. Da nur diejenigen tatsächlichen Feststellungen des Urteils im Strafverfahren und im Bußgeldverfahren bindend sind, auf denen dasselbe beruht, ist bei einem Freispruch von der Anklage der vorsätzlichen falschen Aussage vor Gericht (§ 153 StGB) daher nur die Feststellung bindend, daß der Beamte nicht vorsätzlich gehandelt hat, nicht aber die Feststellung, daß er fahrlässig falsch ausgesagt hat; das Disziplinargericht ist daher nicht gehindert, von sich aus eine fahrlässige Falschaussage festzustellen und diese als Dienstvergehen zu werten[91]. Bei einer Rauschtat nach § 330a StGB bezieht sich das Verschulden lediglich auf das Sichversetzen in den Rauschzustand, nicht aber auf die im Rausch begangene Tat oder darauf, daß der Täter seine Neigung, im Rausch Straftaten zu begehen, kannte oder kennen mußte. Die Feststellungen des Strafgerichts, der Täter habe auf Grund einer früheren Rauschtat gewußt, daß er im betrunkenen Zustand erheblich enthemmt sei, gehört demnach nicht zu den gesetzlichen Merkmalen der Straftat und ist daher für das Disziplinarorgan nicht bindend i. S. des § 18 Abs. 1 Satz 1 und 2 BDO[92].

Die Umstände, aus denen das Gericht im Strafverfahren oder im Bußgeldverfahren die **Unzurechnungsfähigkeit** des Beamten folgert, sind für das Disziplinarorgan gleichfalls bindend[93]. Soweit sich jedoch die tatsächlichen Feststellungen des Gerichts mit der Frage der **verminderten Zurechnungsfähigkeit** befassen, sind sie für die Organe der Disziplinarrechtspflege nicht bindend, weil sie nicht die Tat- und Schuldfrage berühren, sondern für die Frage der Zumessung der Disziplinarmaßnahme von Bedeutung sind[94]. Das Disziplinargericht ist also nicht gehindert, trotz der sich aus § 18 Abs. 1 Satz 1 BDO ergebenden Bindung an die tatsächlichen Feststellungen eines Strafurteils im Hinblick auf die Bemessung der Disziplinarmaßnahme eine im Urteil des Strafverfahrens oder Bußgeldverfahrens nicht enthaltene Feststellung dahin zu treffen, daß der Beamte bei Begehung des Dienstvergehens vermindert zurechnungsfähig im Sinne des § 51 Abs. 2 StGB war[95].

Die Bindung des § 18 Abs. 1 Satz 1 BDO erstreckt sich auch auf die Feststellungen des Urteils im Strafverfahren und im Bußgeldverfahren zur Frage der **Widerrechtlichkeit**, da hiervon die Schuldfähigkeit berührt wird[96].

Die **Qualifizierung der Tat als Straftat oder Ordnungswidrigkeit** durch das Gericht im Strafverfahren oder im Bußgeldverfahren ist für das Disziplinarorgan unerheblich[97]. So ist es z. B. gleich, ob das Strafgericht die

---

[91] DH Rh.-Pfalz 6. 12. 58 — V 8/58 — Lindgen Teil IV Nr. 423 = RiA 1959 S. 206 = ZBR 1959 S. 237 = AS Bd. 7 S. 159.

[92] BDH 20. 12. 61 — III D 63/61 — bei Döring in ZBR 1963 S. 313 (LS).

[93] RDH bei Foerster-Simons S. 255; RDH bei Foerster 1935 S. 126; RDH bei Foerster 1936 S. 127 (128); PrOVG in PrVBl. 1924 S. 215; RDH bei Schulze-Simons S. 370; DStSenat beim RG in ZBR 1942 S. 151; BDH 20. 10. 53 — 1 D 49/53; RDH 13. 10. 38 — II D 47/38 —; RDH 15. 2. 39 — IV D 78/38.

[94] BDH 8. 5. 57 — I D 49/56 — BDHE Bd. 3 S. 122 (125); BDH 25. 4. 56 — I D 63/55 — BDHE Bd. 3 S. 172 = NJW 1956 S. 1895 = ZBR 1956 S. 298 = Lindgen Teil IV Nr. 143; Behnke Anm. 30 zu § 13 BDO; DiszSenat OVG Münster 19. 6. 59 — V 9/59 — Lindgen Teil IV Nr. 444; PrOVG in RuPrVBl. 1929 S. 181; RDH bei Schulze-Simons S. 372 (375); RDH bei Foerster 1936 S. 127 (128); a. M. RDH in ZBR Bd. 7 S. 173 und Wittland Anm. 42 zu § 13 RDStO.

[95] DiszSenat OVG Münster 19. 6. 59 — V 9/59 — Lindgen Teil IV Nr. 444.

[96] RDHE Bd. 3 S. 83 (84).

Pflichtwidrigkeit als Unterschlagung oder als Betrug gewertet hat. Ebenso sind die **Gründe für die Strafzumessung,** die für das Gericht im Strafverfahren bzw. im Bußgeldverfahren maßgebend waren, für das Disziplinarorgan unerheblich[98]. So kann ein Beamter, der mit Rücksicht auf sein Fehlverhalten für den öffentlichen Dienst nicht mehr tragbar erscheint, nicht geltend machen, daß das Strafgericht die Tat nur milde beurteilt oder die Strafe zur Bewährung ausgesetzt hat; die im Strafurteil angeführten Milderungsgründe können selbstverständlich auch bei der disziplinären Beurteilung von Bedeutung sein; dies braucht aber nicht der Fall zu sein, da die Zielsetzung beider Verfahren auseinandergeht. Gleiches gilt auch für die tatsächlichen Feststellungen, die durch das Gericht im Strafverfahren und im Bußgeldverfahren zur Persönlichkeit des Beamten getroffen worden sind[99].

Sind die **Feststellungen** des Gerichts im Strafverfahren oder im Bußgeldverfahren zur Tat- und Schuldfrage nur **lückenhaft** getroffen worden, so müssen Feststellungen aus dem Urteilsspruch ergänzt werden, wozu es keines Beschlusses nach § 18 Abs. 1 Satz 2 BDO bedarf. Hier muß man annehmen, daß das Gericht im Strafverfahren bzw. Bußgeldverfahren die Tatbestandsmerkmale als erfüllt angesehen hat, selbst wenn es in den Urteilsgründen keine näheren Feststellungen getroffen hat[100].

Bei einer **Alternativfeststellung** in einem bindenden Urteil des Strafverfahrens oder des Bußgeldverfahrens muß bei der Zumessung der Disziplinarmaßnahme die minderschwere Verhaltensweise zugrunde gelegt werden. Bleibt es z. B. dahingestellt, ob Diebstahl oder Hehlerei gegeben ist, so ist hierbei zu berücksichtigen, daß die Hehlerei als Verwertungsdelikt nicht die gleiche Energie voraussetzt wie ein Diebstahl, was für die Beurteilung der Schwere des Dienstvergehens von wesentlicher Bedeutung ist[101].

Soweit die Voraussetzungen des § 18 Abs. 1 Satz 1 BDO gegeben sind, haben im Laufe der Vorermittlungen der Dienstvorgesetzte oder der von ihm beauftragte Ermittlungsführer und in der Untersuchung der Untersuchungsführer den **Beamten hierauf hinzuweisen,** damit dieser seine Verteidigung entsprechend einrichten kann. Ist der Beamte im Vorermittlungsverfahren oder in der Untersuchung über die bindende Kraft eines gegen ihn ergangenen Urteils im Strafverfahren bzw. im Bußgeldverfahren nicht oder unrichtig belehrt worden, so liegt darin ein der Durchführung des Disziplinarverfahrens entgegenstehender Verfahrensmangel dann nicht vor, wenn die unterbliebenen oder unrichtigen Rechtsbelehrungen ihn in keiner Weise benachteiligt haben[102].

Weicht das **Disziplinargericht von den tatsächlichen Feststellungen** des Urteils im Strafverfahren bzw. Bußgeldverfahren **ab,** ohne daß eine nochmalige Prüfung nach § 18 Abs. 1 Satz 2 BDO getroffen worden ist, so **stellt dies einen schweren Verfahrensmangel dar,** der zur Aufhebung des Urteils

[97] RDH 25. 1. 39 — IV E R 70/38 —; RDHE Bd. 3 S. 96 (99).

[98] RDH bei Foerster-Simons S. 254; RDH bei Foerster 1936 S. 127 (128); RDH bei Schulze-Simons S. 361; BDH 19. 11. 53 — I D 21/53 — Lindgen Teil IV Nr. 22; DokBer. Nr. 1547; abweichend RDH bei Foerster 1937 S. 111 (112).

[99] RDHE Bd. 1 S. 88 und Bd. 3 S. 62 (66).

[100] RDH bei Foerster 1937 S. 110.

[101] BDH 9. 1. 63 — II D 61/62 — BDHE Bd. 6 S. 33; BDH 15. 1. 59 — II D 7/58 — BDHE Bd. 5 S. 115.

[102] DiszSenat OVG Münster 10. 3. 61 — V 31/60 — Lindgen Teil IV Nr. 645.

der Vorinstanz und zur Zurückverweisung führt. Ist jedoch die Berufung lediglich auf Art und Höhe der Disziplinarmaßnahme beschränkt, so hat das Berufungsgericht von den — wenn auch fehlerhaft — getroffenen Feststellungen auszugehen[103]; Ausgangspunkt der in der zweiten Instanz noch zugänglichen Beurteilung der Art und Höhe der Disziplinarmaßnahme sind lediglich die Feststellungen zur Schuld- und Tatfrage im Urteil der Vorinstanz, wobei sich die daselbst aufgetretenen Mängel nicht mehr besetigen lassen. Die Zurückverweisung in die Vorinstanz scheidet insbesondere dann aus, wenn das angefochtene Urteil in sich nicht widerspruchsvoll oder nicht unvollständig ist[104]. Überprüft der Untersuchungsführer im Laufer der Untersuchung nach § 18 Abs. 1 Satz 1 BDO bindenden Feststellungen des Gerichts im Strafverfahren oder im Bußgeldverfahren, so stellt dies keinen Verfahrensmangel dar, wenn sich seine Ermittlungen als überflüssig erwiesen haben oder wenn er sich von der Absicht hat leiten lassen, entlastende Gesichtspunkte für den Beamten aufzudecken[105]. Ebenso ist es kein Verfahrensfehler, wenn sich das Disziplinargericht der ersten Instanz an die tatsächlichen Feststellungen eines Urteils im Strafverfahren oder im Bußgeldverfahren gebunden gefühlt hatte, obgleich eine solche Bindung überhaupt nicht bestand[106]. Dies muß auch im Disziplinarverfügungsverfahren des Dienstvorgesetzten gelten.

E. Beseitigung der bindenden Feststellungen des Urteils im Strafverfahren oder im Bußgeldverfahren durch Beschluß des Disziplinargerichts

Das Disziplinargericht hat die nochmalige Prüfung solcher Tatsachen zu beschließen, deren **Richtigkeit** seine Mitglieder **mit Stimmenmehrheit bezweifeln** (§ 18 Abs. 1 Satz 2 Halbsatz 1 BDO). Dies ist in den Urteilsgründen (§ 78 BDO) zum Ausdruck zu bringen (§ 18 Abs. 1 Satz 2 Halbsatz 2 BDO). § 13 Abs. 3 Satz 2 Halbsatz 1 BDO i. d. F. ÄndGes. 1952 weicht vom geltenden Recht insofern ab, als daselbst die Richtigkeit übereinstimmend bezweifelt werden mußte.

Die **Nachprüfungsmöglichkeit steht lediglich den Disziplinargerichten,** jedoch **nicht** dem Dienstvorgesetzten, der obersten Dienstbehörde, der Einleitungsbehörde und dem Bundesdisziplinaranwalt **zu**[107].

Das Disziplinargericht kann nicht nur im förmlichen Disziplinarverfahren, sondern **auch im Antragsverfahren nach § 31 Abs. 4 und 5 BDO** sowie in den **Verfahren** anläßlich Neubewilligung, Erhöhung oder Entziehung oder Herabsetzung des Unterhaltsbeitrages **nach § 110 BDO** — § 96 BDO a. F. — von den Feststellungen der Gerichte im Strafverfahren oder im Bußgeldverfahren unter den in § 18 Abs. 1 Satz 2 Halbsatz 1 BDO genannten Voraussetzungen abweichen[108].

Hat der Beamte oder sein Verteidiger oder der Bundesdisziplinaranwalt einen Beweisantrag gestellt, durch den die nach § 18 Abs. 1 Satz 1 BDO

[103] BDH 23. 2. 54 — I D 67/53 — BDHE Bd. 1 S. 125; BDH 6. 12. 55 — I D 159/54— BDH E Bd. 2 S. 108.

[104] BDH 8. 7. 58 — III D 105/56 — BDHE Bd. 5 S. 80 = Lindgen Teil IV Nr. 489.

[105] DiszSenat OVG Münster 15. 9. 61 — V 14/61 — OVGE (DiszS) Bd. 2 S. 46.

[106] BDH 12. 11. 53 — II D 54/53 — BDHE Bd. 1 S. 112 = ZBR 1953 S. 88 = Lindgen Teil IV Nr. 79.

[107] DokBer. Nr. 1684.

[108] BDH 28. 2. 56 — I DV 2/56 — BDHE Bd. 3 S. 256 = Lindgen Teil IV.

bindenden tatsächlichen Feststellungen des Urteils im Strafverfahren oder im Bußgeldverfahren angegriffen werden sollen, so kann das Disziplinargericht einem solchen **Beweisantrag erst dann stattgeben, nachdem es deren Richtigkeit mit Stimmenmehrheit bezweifelt** hat[109].

Während das Disziplinargericht sowohl an verurteilende als auch an freisprechende Urteile im Strafverfahren bzw. im Bußgeldverfahren gebunden ist, ist eine erneute **Nachprüfung** der tatsächlichen Feststellungen **nur bei** solchen **Urteilen** möglich, **die auf Verurteilung lauten.** Tatsächliche Feststellungen in solchen Urteilen, die im Strafverfahren oder im Bußgeldverfahren auf Freispruch lauten, können also nicht erneut nachgeprüft werden[110]. Dies gilt insbesondere dann, wenn durch die erneute Feststellung der Nachweis einer vom Gericht im Strafverfahren oder im Bußgeldverfahren verneinten Straftat oder Ordnungswidrigkeit geführt werden soll[111]. Soweit es sich um einen disziplinären Überhang handelt, darf die bindende Wirkung des Freispruchs im Strafverfahren oder im Bußgeldverfahren auch nicht durch einen Beschluß nach § 18 Abs. 1 Satz 2 BDO beseitigt werden; die nochmalige Nachprüfung der tatsächlichen Feststellungen darf sich hier nur auf den disziplinären Überhang beziehen[112].

Der **Sachverhalt** soll **nur in begründeten Ausnahmefällen nochmals nachgeprüft** werden; es muß sich dann im Urteil des Strafverfahrens oder Bußgeldverfahrens um ganz besonders wesentliche Mängel bei der Feststellung des Sachverhalts handeln[113]. Hierbei ist zu berücksichtigen, daß es dem Ansehen des Staates erheblich Abbruch tut, wenn schon der Sachverhalt von zwei verschiedenen Gerichten, die nicht im Instanzenzuge vor- bzw. nachgeordnet sind, voneinander abweichend festgestellt wird. Im übrigen kommt es nicht auf das Gewicht an, das die Feststellungen des Gerichts im Strafverfahren oder im Bußgeldverfahren für das Disziplinarverfahren haben, sondern entscheidend allein ist, ob begründete Zweifel gegen die Richtigkeit dieser Feststellungen bestehen, die von der Mehrzahl der Mitglieder des Disziplinargerichts geteilt werden[114].

Die Feststellungen müssen sich auf dieselben gesetzlichen Tatbestandsmerkmale beziehen. Beziehen sich die Zweifel auf **Feststellungen, die** für das Disziplinargericht **nicht bindend sind,** so **bedarf es keines Beschlusses** nach § 18 Abs. 1 Satz 2 Halbsatz 1 BDO. Gleiches gilt auch dann, wenn die Urteilsfeststellungen des Gerichts im Strafverfahren oder im Bußgeldverfahren keine ausreichenden tatsächlichen Feststellungen enthalten, die nicht geeignet sind, als Grundlage für die Entscheidung im Disziplinarverfahren zu dienen[115].

Die nochmalige Prüfung der Feststellungen im Urteil des Strafverfahrens oder des Bußgeldverfahrens ist nur dann möglich, wenn die Richtigkeit derselben von den Mitgliedern **mit Stimmenmehrheit bezweifelt** worden ist (vgl. § 18 Abs. 1 Satz 2 Halbsatz 1 BDO). Stimmenmehrheit liegt dann nicht

---

109 BDH 16. 12. 65 — III D 51/63 — BDHE Bd. 7 S. 19.

110 RDHE Bd. 1 S. 121 (123).

111 RDHE Bd. 2 S. 91 (93).

112 DH Rh.-Pfalz 21. 2. 59 — V 10/58 — in ZBR 1959 S. 272 (LS) = Lindgen Teil IV Nr. 424 = AS Bd. 7 S. 170.

113 PrDH in JW 1933 S. 27.

114 DokBer. Nr. 1899.

115 BDH 18. 11. 60 — II D 27/60 — in ZBR 1961 S. 387 = Lindgen Teil IV Nr. 386.

vor, wenn die Mehrheit der Mitglieder des Disziplinargerichts die tatsächlichen Feststellungen bezweifeln, die Zweifel der einzelnen Mitglieder des Gerichts sich aber jeweils auf verschiedene Tatbestandsmerkmale beziehen, wenn also z. B. beim Bundesverwaltungsgericht zwei Mitglieder bezweifeln, daß nach den Tatbestandsvoraussetzungen das Fehlverhalten des Beamten sich als Unterschlagung darstellt, weil es sich nicht um eine fremde Sache gehandelt hatte, während zwei weitere Mitglieder in Frage stellen, ob der Täter überhaupt zurechnungsfähig war[116].

Die **Nachprüfung** der tatsächlichen Feststellungen im Urteil im Strafverfahren oder im Bußgeldverfahren kann **auch** vor Beginn und **außerhalb der Hauptverhandlung geschehen.** Vorher ist tunlichst der Bundesdisziplinaranwalt zu hören. Die Nachprüfung ist bis zur Verkündung des Disziplinarurteils möglich. Der Beschluß muß von dem Bundesdisziplinargericht in der Besetzung gefällt werden, die nachher das Urteil erläßt. Im Berufungsverfahren kommt die Nachprüfung nur dann in Frage, wenn die Berufung nicht auf Art und Höhe der Disziplinarmaßnahme beschränkt ist. Da der Beschluß der Urteilsfällung vorausgeht, kann er nicht mit der Beschwerde angefochten werden.

Hat das Disziplinargericht einen Nachprüfungsbeschluß gefaßt, so muß es **in den Urteilsgründen angeben, daß der Beschluß mit Stimmenmehrheit gefaßt worden ist** und auf welche Punkte der tatsächlichen Feststellungen des Urteils im Strafverfahren bzw. im Bußgeldverfahren sich die Zweifel beziehen (§ 18 Abs. 1 Satz 2 Halbsatz 2 BDO); ist dies unterlassen, so ist das Urteil des Disziplinargerichts der ersten Instanz wegen eines wesentlichen Verfahrensmangels aufzuheben, sofern die Berufung uneingeschränkt eingelegt ist[117]. Eine Begründung für die Zweifel braucht in den Urteilsgründen nicht angegeben zu werden[118].

Hat das Disziplinargericht **von einem Beschluß abgesehen,** die tatsächlichen Feststellungen des Urteils im strafgerichtlichen Verfahren oder im Bußgeldverfahren nochmals zu überprüfen, so **bedarf** es **hierzu keiner Begründung**[119].

Hat das Disziplinargericht die Nachprüfung der Feststellungen des Strafgerichts oder des Gerichts im Bußgeldverfahren beschlossen, so kann es die **erneuten Feststellungen u. U. im Wege einer erneuten Beweisaufnahme treffen.** Hat es die Hauptverhandlung ausgesetzt, so muß es die Nachprüfung innerhalb der Frist des § 229 StPO — also spätestens am elften Tage nach der Unterbrechung der Hauptverhandlung — durchführen[120]. Kann die Hauptverhandlung nicht innerhalb dieser Frist durchgeführt werden, muß das erkennende Gericht eine erneute Hauptverhandlung anberaumen, wobei es über die Nachprüfung nach § 18 Abs. 1 Satz 2 Halbsatz 1 BDO erneut beschließen muß; hieran ändert sich auch dann nichts, wenn die Besetzung des Gerichts nach der Aussetzung der Hauptverhandlung sich nicht geändert hat. Auch ist es möglich, von vornherein in einer erneut angesetzten Hauptverhandlung die

---

[116] Wittland Anm. 47 zu § 13 RDStO; Behnke Anm. 33 Abs. 2 zu § 13 BDO.

[117] BDH 18. 10. 54 — II D 30/54 — in JZ 1955 S. 378 = Lindgen Teil IV Nr. 39 = BDHE Bd. 2 S. 116.

[118] BDH 4. 1. 56 — I D 47/54 — BDHE Bd. 3 S. 107 (109); DokBer. Nr. 1899.

[119] DokBer. Nr. 1765.

[120] BDH 27. 9. 57 — III D 97/56 — BDHE Bd. 4 S. 33 = Lindgen Teil IV Nr. 486.

noch erforderlichen Beweise zu erheben. Will das Disziplinargericht den durch das Strafgericht oder das Gericht im Bußgeldverfahren festgestellten Sachverhalt lediglich anders würdigen oder glaubt es, aus anderen Unterlagen, wie z. B. dem Bericht des Untersuchungsführers, zu einer anderen Feststellung gelangen zu können, so braucht es keine erneuten Beweise zu erheben. Ebenso kann es eine nur teilweise Nachprüfung des Sachverhalts vornehmen[121].

§ 18 Abs. 1 Satz 2 BDO hat **für jede Instanz selbständige Bedeutung.** Der hiernach ergehende Beschluß hat befreiende Wirkung nur für die Instanz, die ihn erlassen hat[122]. Hat das Disziplinargericht der ersten Instanz die Nachprüfung beschlossen, so kann das Berufungsgericht wiederum die tatsächlichen Feststellungen des Urteils im Strafverfahren bzw. im Bußgeldverfahren nach § 18 Abs. 1 Satz 1 BDO als bindend ansehen. Hat umgekehrt das Bundesverwaltungsgericht als Gericht zweiter Instanz die Nachprüfung beschlossen, so kann es die Sache zur erneuten Hauptverhandlung an das Bundesdisziplinargericht nach § 85 Abs. 1 Nr. 3 BDO — § 73 Abs. 1 Nr. 3 BDO a. F. — zurückverweisen[123].

Hat das Disziplinargericht bei der erneuten Hauptverhandlung festgestellt, daß seine **Zweifel unbegründet** waren, so muß es **wiederum von den tatsächlichen Feststellungen** des Urteils im Strafverfahren bzw. im Bußgeldverfahren **ausgehen.** Gelangt es zu abweichenden Feststellungen auf Grund eines Beschlusses nach § 18 Abs. 1 Satz 2 BDO, so sind diese der disziplinargerichtlichen Entscheidung zugrunde zu legen.

Nr. 36 S. 376

Bei Fußnote 20 den letzten Punkt durch ein Gleichheitszeichen ersetzen und folgendes anfügen:

BDH 22. 4. 64 — II DV 7/63 — BDHE Bd. 7 S. 14.

Nr. 37 S. 394

Nach Zeile 14 folgendes einfügen:

(Vgl. § 45 Abs. 1 StPO). Zur Wahrung der Frist genügt es, wenn das Gesuch rechtzeitig bei dem Gericht oder der sonstigen Stelle angebracht wird, das über das Gesuch entscheidet (vgl. § 45 Abs. 1 Satz 2 StPO).

Nr. 38 S. 402

Im Abschnitt II in Zeile 3 Komma streichen; dafür einfügen:

; die Zustellung einer Disziplinarverfügung an den zur Entgegennahme von Zustellungen bevollmächtigten Verteidiger ist wirksam[1a],

Nr. 39 S. 402

Folgende Fußnote einfügen:

[1a] DiszSenat OVG Münster 24. 6. 60 — Y 4/60 — ZBR 1961 S. 28.

---

[121] PrOVG Bd. 93 S. 230 = RVBl. 1934 S. 795.

[122] BDH 19. 11. 53 — I D 75/53 — BDHE Bd. 1 S. 122 = Lindgen Teil IV Nr. 38; BDH 8. 11. 53 — I D 75/53 —; RDStH 27. 7. 38 — I D 52/38.

[123] RDHE Bd. 2 S. 91 (92); Behnke Anm. 37 zu § 13 BDO.

Nr. 40 **S. 410**

Dem Abschnitt VI am Schluß folgenden Satz anfügen:

Der Beamte muß Zustellungen nach § 23 Abs. 3 BDO allerdings nur dann gegen sich gelten lassen, wenn ihm an dem früheren Wohnort, den er seinem Dienstherrn angezeigt hat, wirklich zugestellt ist; es genügt nach dieser Vorschrift nicht, daß eine Zustellung lediglich versucht worden ist[16a].

Nr. 41 **S. 410**

Als Fußnote einfügen:

[16a] BDH 17. 4. 64 — I D 7/64 — BDHE Bd. 7 S. 13.

Nr. 42 **S. 418**

In Zeile 6 hinter „Vorermittlungen" die Fußnote „1a" einfügen.

Nr. 43 **S. 418**

Folgende Fußnote einfügen:

[1a] Waldhelm „Vorermittlungen gemäß § 21 im Disziplinarverfahren des Dienstvorgesetzten" RiA 1967 S. 9.

Nr. 44 **S. 440**

Dem die drittletzte Zeile endenden Satz folgende Sätze anfügen:

Den Erfordernissen für die Anhörung des beschuldigten Beamten ist dann nicht Genüge getan, wenn der anhörende Beamte mangels ausreichender Kenntnis des Sachverhalts nicht in der Lage ist, dem beschuldigten Beamten einen konkreten Vorwurf zu eröffnen[55a]. Die Fürsorgepflicht des Vorgesetzten erfordert eine gerechte und vollständige Ermittlung des dem beschuldigten Beamten zur Last gelegten Sachverhalts[55b].

Nr. 45 **S. 440**

Folgende Fußnoten einfügen:

[55a] BDH 3. 10. 66 — I DV 2/66 — BDHE Bd. 7 S. 62.
[55b] BDH NZWehrr. 1959 S. 31.

Nr. 46 **S. 441**

In Zeile 14 hinter das Wort „festhalten" die Fußnote 57a einfügen.

Nr. 47 **S. 441**

Folgende Fußnote einfügen:

[57a] Finger „Zur Belehrungspflicht im Disziplinarverfahren" in ZBR 1967 S. 49.

Nr. 48 **S. 441**

Dem Zeile 14 endenden Satz folgende Sätze anfügen:

Ist der beschuldigte Beamte nach § 26 Abs. 2 Satz 3 BDO nicht belehrt worden, so besteht ein Beweisverwertungsverbot nicht, wenn die Belehrung nach § 26 Abs. 2 Satz 3 BDO unabsichtlich — z. B. aus Versehen oder aus Rechtsunkenntnis — unterblieben ist. Dagegen besteht ein Verwertungsverbot, wenn der beschuldigte Beamte über die ihm nach § 26 Abs. 2 Satz 3 BDO zustehenden Rechte bewußt getäuscht worden ist[57a].

Nr. 49 **S. 441**

Folgende Fußnote einfügen:

[57a] Vgl. OLG Oldenburg 29. 11. 66 — 1 Ss. 261/66 — NJW 1967 S. 1096; nach OLG Bremen 30. 8. 67 — Ss. 71/67 — NJW 1967 S. 2022 ist die Verwertung von Angaben des beschuldigten Beamten in der Hauptverhandlung schlechthin unzulässig, wenn die Belehrung nach §§ 163a Abs. 4, 136 Abs. 1 Satz 2 StPO unterblieben ist.

Nr. 50 **S. 445**

Dem Zeile 29 endenden Satz folgende Sätze anfügen:

Der Anspruch auf rechtliches Gehör hat nämlich grundrechtgleichen Charakter[78a]. Eine bloße Unterredung zwischen dem Beamten und seinem Dienstvorgesetzten scheidet als Anhörung insbesondere dann aus, wenn dem Beamten der Inhalt der gegen ihn vorgebrachten Vorwürfe nicht bekannt ist. Die Gewährung des rechtlichen Gehörs setzt mindestens voraus, daß der anhörende Beamte den Sachverhalt, aus dem Vorwürfe hergeleitet werden sollen, ausreichend kennt; denn nur dann kann er dem anzuhörenden Beamten die gegen ihn zu erhebenden Vorwürfe mitteilen und ihm Gelegenheit geben, sich hierzu zu äußern.

Nr. 51 **S. 445**

Folgende Fußnote einfügen:

[78a] BDH 3. 10. 66 — I DV 2/66 — DVBl. 1966 S. 934 = Deutsche Rechtsprechung 1967 S. 658.

Nr. 52 **S. 453**

In Zeile 6 nach „§ 14" streichen „Abs. 1".

Nr. 53 **S. 468**

In Fußnote 1 am Schluß folgendes einfügen:

Mahr „Nochmals: Die Entscheidung des Dienstvorgesetzten im Disziplinarverfahren" in RiA 1967 S. 125; Waldhelm „Die Handhabung des Opportunitätsprinzips durch den Dienstvorgesetzten beim Erlaß der Disziplinarentscheidung" in NDBZ 1967 S. 51.

Nr. 54 **S. 477**

In Zeile 6 „Im einzelnen siehe Nachtrag zu Bd. 1 unter Nr. 29" streichen. Dafür einfügen:

Nach Abschnitt II a. a. O. können Geldbußen verhängen

a) nach § 29 Abs. 3 Nr. 1 BDO der Bundesminister der Finanzen,
b) nach § 29 Abs. 3 Nr. 2 BDO die in Abschnitt I Nr. 2 bis 7 a. a. O. genannten Vorgesetzten (siehe S. 128), soweit ihnen nicht weitergehende Befugnisse nach § 29 Abs. 3 Satz 2 BDO zustehen,

c) nach § 29 Abs. 3 Nr. 2 BDO die in Abschnitt I Nr. 8 bis 14 a. a. O. (Siehe S. 128 und 129) genannten Dienstvorgesetzten, die Leiter der Bundesvermögensstellen jedoch nur, soweit sie Beamte des Bes. Gr. A 13 oder einer höheren Besoldungsgruppe sind.

Nr. 55 **S. 477**

Zeilen 7 bis 32 streichen.

Nr. 56 **S. 477**

Nach Zeile 6 folgenden Absatz einfügen:

Für den **Geschäftsbereich des Bundesministers der Verteidigung** gilt Abschnitt I der Anordnung der BDO für den Geschäftsbereich des Bundesministers der Verteidigung vom 29. 2. 68 (BGBl. I S. 211). Hiernach können die dem Bundesminister der Verteidigung unmittelbar nachgeordneten Dienstvorgesetzten Geldbußen bis zur Höhe eines Achtels der monatlichen Dienstbezüge verhängen.

Nr. 57 **S. 477**

Zeilen 7 bis 44 streichen.

Nr. 58 **S. 478**

Zeilen 1 bis 3 streichen.

Nr. 59 **S. 481**

Nach Zeile 32 folgenden Absatz einfügen:

Im Disziplinarrecht **können** ebenso wie im Strafrecht **Alternativfeststellungen getroffen werden**[24a]. Bei Wahlfeststellungen ist Voraussetzung, daß die beiden zur Wahl gestellten Handlungsweisen rechtsethisch und psychologisch vergleichbar, d. h. im gleichen Maße pflichtwidrig und schuldhaft sind und bei ihnen die gleiche Disziplinarmaßnahme angebracht ist[24b].

Nr. 60 **S. 481**

Folgende Fußnoten einfügen:

[24a] Behnke Anm. 4 zu § 25 BDO; BDH 21. 7. 67 — II DV 8/66 — DokBer. S. 3147.
[24b] BDH 22. 6. 56 — II D 111/55 —; 15. 1. 59 — II D 7/58 — BDHE Bd. 5 S. 115; 8. 3. 60 — I D 25/59 —; 30. 3. 61 — II DV 7/60 —; 9. 1. 63 — II D 61/62 — BDHE Bd. 6 S. 33; 21. 7. 67 — II DV 8/66 — DokBer. S. 3147; Schönke-Schröder 12. Aufl. Rdzf. 5—9 zu § 2b StGB; KMR Müller-Sax 6. Aufl. Anm. 6 A d I zu § 260 StPO; Schwarz, 2. Aufl. Anm. 3 A und B zu § 2b StGB.

Nr. 61 **S. 497**

Nach der zehntletzten Zeile folgenden Absatz einfügen:

Im Bereich der Bundesfinanzverwaltung entscheiden über Beschwerden gegen Disziplinarverfügungen aller ihnen nachgeordneten Dienstvorgesetzten nach Abschn. II der Anordnung zur Durchführung der Bundesfinanzverwaltung vom 17. 11. 67 (BGBl. I S. 1161) die **Oberfinanzpräsidenten.**

Nr. 62 **S. 498**

Dem Wort „nehmen" in Zeile 11 des 1. Absatzes des Abschnitts VI die Fußnote 15a beifügen und folgenden Satz anfügen:

In einem solchen Falle erstreckt sich das Recht der Akteneinsicht des beschuldigten Beamten auch auf die Stellungnahme des Dienstvorgesetzten[15b].

Nr. 63 **S. 498**

Folgende Fußnoten einfügen:

[15a] BDH 11. 11. 65 — II DV 8/64 — BDHE Bd. 7 S. 41.
[15b] Wie Fußnote 15a.

Nr. 64 **S. 503**

Nach Zeile 19 folgenden Absatz einfügen:

Ist der **Beschwerdeführer** inzwischen **in den Ruhestand getreten,** so kann der nächsthöhere Dienstvorgesetzte bzw. die Oberste Dienstbehörde auch nach Eintritt des beschuldigten Beamten in den Ruhestand **über** dessen **Beschwerde** gegen die Disziplinarverfügung **entscheiden;** in **Ausübung eigener Disziplinargewalt** kann jedoch in einem solchen Falle nicht eine nur gegen einen aktiven Beamten zulässige Disziplinarmaßnahme verhängt werden. Aus diesem Grunde wäre es unzulässig, wenn der nächsthöhere Dienstvorgesetzte bzw. die oberste Dienstbehörde es bei der Disziplinarmaßnahme beläßt, aber von mehreren Schuldvorwürfen einen nicht als gegeben ansieht[33a].

Nr. 65 **S. 503**

Folgende Fußnote einfügen:

[33a] BDH 21. 9. 67 — I DV 3/67 — DokBer. S. 3161.

Nr. 66 **S. 517**

Dem Zeile 16 endenden Satz folgenden Satz anfügen:

Gleiches gilt, wenn in der Beschwerdeentscheidung oder der Entscheidung der obersten Dienstbehörde erhebliches neues Vorbringen des beschuldigten Beamten nicht berücksichtigt und der Sachverhalt nicht hinreichend aufgeklärt ist[28a].

Nr. 67 **S. 517**

Folgende Fußnote einfügen:

[28a] DiszSenat OVG Münster 6. 7. 62 — Y 11/60 — ZBR 1963 S. 317 (LS).

Nr. 68 **S. 520**

Dem Zeile 9 endenden Satz folgende Sätze anfügen:

Eine Milderung der Disziplinarmaßnahme durch das Disziplinargericht kommt insbesondere dann in Frage, wenn ein Teil der gegen den beschuldigten Beamten erhobenen Vorwürfe entfallen sind und die restlich verbliebenen eine mildere Maßnahme rechtfertigen würden. Nach bisherigem Recht mußte das Disziplinargericht die Disziplinarverfügung aufheben, damit der Dienstvorgesetzte dann eine erneute Disziplinarmaßnahme aussprechen konnte[37a]. Nunmehr kann das Disziplinargericht selbst eine mildere Disziplinarmaßnahme verhängen.

Nr. 69 **S. 520**

Folgende Fußnote einfügen:

[37a] BDH 2. 5. 67 — I DV 9/66 — DokBer. S. 3086.

Nr. 70 **S. 534**

Nach Zeile 8 folgenden Absatz anfügen:

Gegen die eine Disziplinarverfügung **aufhebende Verfügung** nach § 31 Abs. 2 BDO n. F. ist kein Rechtsbehelf, sondern nur die **Dienstaufsichtsbeschwerde gegeben**[20a]. Durch eine solche Verfügung wird der Beamte auch nicht im Sinne des Art. 19 Abs. 4 GG in seinen Rechten verletzt[20b]. Er wird durch die Aufhebung unmittelbar in seinen Rechten deshalb nicht verletzt, weil die Aufhebung der Disziplinarverfügung ja gerade eine bisher gegen ihn verhängte Disziplinarmaßnahme beseitigt. Die Einleitung des förmlichen Disziplinarverfahrens stellt gleichfalls keine Verletzung seiner Rechte dar, weil dieses Verfahren ihm für die weitere Behandlung der gegen ihn erhobenen disziplinaren Vorwürfe wesentlich weitergehende Rechtsgarantien als das Disziplinarverfügungsverfahren bietet.

Nr. 71 **S. 534**

Folgende Fußnoten einfügen:

[20a] BDH 20. 12. 65 — I DB 6/65 — BDHE Bd. 7 S. 43.
[20b] Wie Fußnote 20a.

Nr. 72 **S. 539**

Bei Fußnote 43 am Schluß einfügen:

Ebenso BDH 2. 5. 66 — III DV 4/66 — DokBer. S. 2895.

Nr. 73 **S. 544**

Bei Fußnote 26 am Schluß folgendes einfügen:

BDH 15. 10. 63 — II D 36/63 — BDHE Bd. 7 S. 35.

Nr. 74 **S. 556**

Berichtigen: in viertletzter Zeile muß es statt „§ 28 Satz 3 BDO i. d. F. der" heißen: „§ 33 Satz 3 BDO i. d. F. der".

Nr. 75 **S. 570**

Dem 2. Absatz in Abschnitt IV folgende Sätze anfügen:

Da die in § 32 Abs. 2 BDO n. F. getroffene Zuständigkeit für die Aufhebung der Disziplinarverfügung auch dann gilt, wenn auf den bindenden Antrag des Bundesdisziplinaranwalts nach § 39 BDO n. F. ein förmliches

Disziplinarverfahren eingeleitet wird, ist die Aufhebung einer von der Einleitungsbehörde selbst erlassenen Disziplinarverfügung, sofern sie nicht oberste Dienstbehörde ist, fehlerhaft; sie ist aber nicht nichtig[2]. Der Umstand, daß in einem solchen Falle die Einleitungsbehörde eine Maßnahme trifft, die einer höheren Instanz vorbehalten ist, verliert hier deshalb an Bedeutung, weil das Ermessen der die Disziplinarverfügung aufhebenden Behörde zufolge der bindenden Wirkung des Antrages des Bundesdisziplinaranwalts ausgeschlossen ist, so daß der gesetzgeberische Grund für die Verlagerung der Zuständigkeit auf eine höhere Instanz, nämlich die Ausnutzung der besonderen Erfahrungen einer Behörde höheren Ranges, keine Rolle spielen kann.

Nr. 76 **S. 570**

Folgende Fußnote einfügen:

[2] BDH 19. 11. 64 — I D 33/64 — BDHE Bd. 7 S. 39.

Nr. 77 **S. 572**

Bei Fußnote 3 am Schluß folgendes einfügen:

Für das Landesdisziplinarrecht wird die Zulässigkeit des Rechts auch eines Ruhestandsbeamten auf Einleitung eines Disziplinarverfahrens von Breithaupt-Zoch Anm. 4 zu § 29 NDO und Wenzel Anm. III 1c zu Art. 29 DStO Bayr. bejaht. Für § 34 BDO bejahen dieses Recht Claussen-Janzen Anm. 2 zu § 34 BDO, während Wodtke, Gesetz zur Neuordnung des Bundesdisziplinarrechts, und Lochbrunner, BDO, in ihrer Kommentierung zu § 34 BDO auf diese Frage überhaupt nicht eingehen. Für § 28 Abs. 2 BDO i. d. F. ÄndGes. verneinte das Antragsrecht für den Ruhestandsbeamten der BDH in seinem Beschluß vom 13. 8. 64 — III DB 3/64 — in BDHE Bd. 7 S. 27.

Nr. 78 **S. 573**

Dem Zeile 3 endenden Satz folgende Sätze anfügen:

Da **nach Inkrafttreten der Novelle zum Bundesdisziplinarrecht** vom 20. 7. 67 das Wort „Beamter" sowohl den aktiven Beamten im Gegensatz zum Ruhestandsbeamten als auch den früheren „Beschuldigten" umfassen kann, kann es zweifelhaft sein, ob das Antragsrecht nach § 34 BDO n. F. nicht nur dem aktiven Beamten, sondern auch den Ruhestandsbeamten gewährleistet sein soll. Da die Novelle zum Bundesdisziplinarrecht den Rechtsschutz im Disziplinarrecht erweitern will, ist das Wort „Beamter" in § 34 BDO n. F. im Sinne des „beschuldigten Beamten" auszulegen, so daß **auch der Ruhestandsbeamte den Antrag nach § 34 BDO n. F. stellen** kann. Da auch der Ruhestandsbeamte nach seinem Eintritt in den Ruhestand disziplinarrechtlich verfolgt werden kann, so muß er ebenso wie der aktive Beamte ein Interesse daran haben, sich erforderlichenfalls vor einem Disziplinargericht rechtfertigen zu können. Ist der Ruhestandsbeamte vor Vollendung des 62. Lebensjahres in den Ruhestand getreten, so kann er schon im Hinblick auf eine Reaktivierung nach § 45 BBG ein Interesse an der Aufklärung von ihn betreffenden Anschuldigungspunkten haben.

Nr. 79 **S. 587**

Bei Fußnote 8 hinter dem ersten Semikolon einfügen: BDH 28. 9. 66 — II DB 5/66 — DokBer. S. 2934.

Nr. 80 **S. 610**

Nach Zeile 18 folgenden Absatz einfügen:

Dienstbezüge im Sinne des § 92 Abs. 1 BDO sind nach § 1 der VO zu § 131 Abs. 2 BDO vom 20. 11. 67 (BGBl. I S. 1158) Grundgehalt, Ortszuzuschlag, örtlicher Sonderzuschlag, Amtszulagen, Stellenzulagen und Ausgleichszulagen nach dem Bundesbesoldungsgesetz sowie Unterhaltszuschüsse ohne Kinderzuschläge nach der Unterhaltszuschußverordnung.

Nr. 81 **S. 621**

Dem letzte Zeile endenden Satz folgende Sätze anfügen:

Über die Aufrechterhaltung einer Anordnung, mit der die Einleitungsbehörde nach § 92 BDO die Einbehaltung von Dienstbezügen verfügt hat, entscheidet ausschließlich das Disziplinargericht. Der beschuldigte Beamte kann daher nicht beim Verwaltungsgericht eine einstweilige Anordnung begehren, um die Auszahlung der einbehaltenen Dienstbezüge für die Zeit bis zur Entscheidung über die Hauptsache zu erwirken[47a].

Nr. 82 **S. 621**

Folgende Fußnote einfügen:

[47a] VGH Bad.-Württemb. 2. 9. 66 — IV 259/66 — VBl. von Bad.-Württemb. 1967 S. 155 = ESVGH Bd. 17 S. 50.

Nr. 83 **S. 641**

Dem 1. Absatz folgenden Absatz anfügen:

Eine **Anrechnung nach § 96 Abs. 3 BDO n. F. entfällt** dann, **wenn die Einkünfte vor** dem **Inkrafttreten des Neuordnungsgesetzes vom 20. 7. 67,** also vor dem 1. 10. 67, **erzielt worden sind**[99a]. Hierbei kommt es nicht darauf an, ob die Einbehaltungsanordnung des § 92 BDO n. F. vor oder nach dem 1. 10. 67 nicht mehr zur Anwendung kommt. Wäre z. B. die Anordnung nach § 92 BDO n. F. vom 1. 10. 66 an wirksam geworden und wären nach Beendigung des förmlichen Disziplinarverfahrens, das nur zu einer Gehaltskürzung geführt hat, die bis zum 30. 11. 67 einbehaltenen Dienstbezüge nachzuzahlen, so käme in dem Falle, daß der Beamte in der gesamten Zeit, in der die Gehaltseinbehaltung wirksam war, eine anrechnungsfähige Nebentätigkeit aufgenommen hat, eine Anrechnung nur bei den Einkünften in Frage, die der Beamte in der Zeit vom 1. 10. bis zum 30. 11. 67 erzielt hat. Daß eine Anrechnung bei den vor dem 1. 10. 67 erzielten Einkünften entfällt, ergibt sich einmal daraus, daß der Gesetzgeber bei Erlaß der Novelle zum Bundesdisziplinarrecht vom 20. 7. 67 deren Inkrafttreten am 1. 10. 67 in Art. VII ausdrücklich verfügt und nur für einzelne Bestimmungen dieses Gesetzes ein rückwirkendes Inkrafttreten angeordnet hat, zu denen jedenfalls nicht § 96 Abs. 3 BDO n. F. gehört. Selbst bei einer ausdrücklichen Anordnung einer Rückwirkung des § 96 Abs. 3 BDO n. F. durch den Gesetzgeber würden außerdem verfassungsrechtliche Bedenken entgegenstehen. Wenn auch § 96 Abs. 3 BDO n. F. nicht unmittelbar zu den Strafvorschriften, denen grundsätzlich keine rückwirkende Kraft beigelegt ist, zählt, ist diese Vorschrift wegen ihres engen Zusammenhangs und ihrer systematischen Eingliederung in den Maßnahmekatalog des Bundesdisziplinarrechts und in ihren Auswirkungen den in Art. 103 Abs. 2 GG genannten Strafvorschriften sehr ähnlich, so daß die im Grundgesetz zum Ausdruck gebrachten Grenzen der Rückwirkung auch auf sie angewendet werden müssen; die Gehaltseinbehaltung und der Verfall der Dienstbezüge haben nämlich einen strafähnlichen Charakter im Sinne des Art. 103 Abs. 2 GG.

Nr. 84 **S. 641**

Folgende Fußnote einfügen:

[99a] BDiszK 20. 6. 68 — IX BK 13/68 — (nicht abgedruckt).

Nr. 85 **S. 656**

Dem 1. Absatz in Abschnitt IV folgende Sätze anfügen:

Die Anordnung einer Untersuchung ist nicht anfechtbar[10a]. Sie ist nämlich ihrer Natur nach ohnehin schon rechtsstaatliche Nachprüfung der tatsächlichen und auch rechtlichen Voraussetzungen ihrer Anordnung. Sie schafft keine endgültigen Maßnahmen, die vielmehr nach Übersendung der Anschuldigungsschrift das Disziplinargericht trifft, sofern die Untersuchung zu einem für den beschuldigten Beamten nachteiligen Ergebnis geführt hat.

Nr. 86 **S. 656**

Folgende Fußnote einfügen:

[10a] BDH 22. 2. 66 — III DB 1/66 — BDHE Bd. 7 S. 21.

Nr. 87 **S. 660**

Zwischen der dritt- und vorletzten Zeile folgenden Absatz einfügen:

Der **beschuldigte Beamte** ist vor Beginn der Vernehmung darüber **zu belehren, daß es ihm freistehe, sich zu den gegen ihn vorgebrachten Vorwürfen zu äußern oder nicht zur Sache auszusagen und** jederzeit, auch schon vor seiner Vernehmung, einen von ihm zu wählenden **Verteidiger zu befragen** (vgl. § 136 S. 2 StPO). Falsch ist es, wenn der Untersuchungsführer den beschuldigten Beamten dahin belehrt, daß er die volle Wahrheit zu sagen habe, „soweit er nicht die Aussage verweigern könne“. Der beschuldigte Beamte braucht nämlich im Gegensatz zum Zeugen nicht nur in bestimmten Punkten, sondern überhaupt nicht auszusagen[25a].

Nr. 88 **S. 660**

Folgende Fußnote einfügen:

[25a] BDH 21. 9. 66 — II D 21/66 — DokBer. S. 2947.

Nr. 89 **S. 666**

Dem Zeile 6 endenden Satz folgenden Satz einfügen:

Der Untersuchungsführer hat auch bei Bindung an einen Beweisantrag nach § 61 BDO vor Maßnahmen, die, wie die Anordnung der Untersuchung durch einen psychiatrischen Sachverständigen, erheblich in die persönliche Sphäre des beschuldigten Beamten eingreifen, diesem das rechtliche Gehör zu gewähren[49a]. Ist dieses unterblieben, so ist im Falle der Einlegung der Beschwerde durch den Beamten der Beweisbeschluß aufzuheben.

Nr. 90 **S. 666**

Folgende Fußnote einfügen:

[48a] BDH 17. 7. 64 — I DB 8/64 — BDHE Bd. 7 S. 34.

Nr. 91 **S. 714**

Bei Fußnote 48 am Schluß folgendes einfügen:

BDH (Wehrdienstsenat) 10. 9. 65 — II WD 16/65 — BDHE Bd. 7 S. 149.

Nr. 92 **S. 737**

Bei Fußnote 17 am Schluß einfügen:

BDH (Wehrdienstsenat) 18. 11. 63 — WD 135/63 — BDHE Bd. 7 S. 123.

Nr. 93 **S. 744**

Dem in Abs. 1 des Abschnitts III Zeile 18 endenden Satz folgende Sätze anfügen:

Wenn auch im Disziplinarverfahren der das Strafrecht beherrschende Grundsatz der Unmittelbarkeit der Beweisaufnahme nicht gilt, so ist trotzdem das Disziplinargericht nicht gehindert, Zeugen selbst zu vernehmen, wenn es dies im Interesse der Erforschung der materiellen Wahrheit für erforderlich hält. Die Vernehmung von Zeugen in der Hauptverhandlung bildet jedoch die Ausnahme[1a].

Nr. 94 **S. 744**

Folgende Fußnote einfügen:

[1a] BDH 26. 1. 61 — III D 18/59 — ZBR 1963 S. 314 (LS).

Nr. 95 **S. 754**

Dem 1. Absatz in Abschnitt Nr. 3 folgenden Absatz anfügen:

Der **Sachverständige muß** in der Hauptverhandlung **gehört werden.** Es ist unzulässig, sein Gutachten zu verlesen. Eine derartige Sachbehandlung genügt nicht dem Gesetz[50a]. Es muß die Möglichkeit für den Verteidiger und den beschuldigten Beamten bestehen, an Sachverständige Fragen zu richten[50b].

Nr. 96 **S. 754**

Folgende Fußnoten einzufügen:

[50a] BDH 30. 3. 65 — II D 45/64 — BDHE Bd. 7 S. 20; vgl. auch DokBer. Nr. 1984; BDH 24. 4. 67 — III D 8/67 — DokBer. S. 3015.

[50b] BDH 24. 4. 67 — III D 8/67 — DokBer. S. 3015.

Nr. 97 **S. 756**

Bei Fußnote 53 a am Schluß folgendes einfügen:

= BDHE Bd. 7 S. 130.

Nr. 98 **S. 757**

Dem die elftletzte Zeile endenden Satz folgenden Satz anfügen:

Wird die unterbrochene Hauptverhandlung nicht spätestens am 11. Tage wiederaufgenommen, so liegt ein schwerer zur Zurückweisung zwingender Verfahrensmangel vor, wenn an der neuen Hauptverhandlung die alten Beisitzer teilnehmen[60a].

Nr. 99 **S. 757**

Folgende Fußnote einfügen:

[60a] BDH (Wehrdienstsenat) 22. 12. 66 — I WD 47/66 — BDHE Bd. 7 S. 134.

Nr. 100 **S. 761**

Berichtigen: in Zeile 28 muß es statt „VGG" heißen: „GVG".

Nr. 101 **S. 763**

Berichtigen: In Zeile 18 muß es statt „BDO" heißen: „StPO".

Nr. 102 **S. 775**

Dem Zeile 27 endenden Satz folgenden Satz anfügen:

Der Verteidiger hat in jedem Falle das Recht zur Erwiderung auf den Schlußvortrag des Bundesdisziplinaranwalts, auch wenn der Bundesdisziplinaranwalt von seinem Erwiderungsrecht Gebrauch gemacht hat[139a].

Nr. 103 **S. 775**

Folgende Fußnote einfügen:

[139a] Vgl. OLG Bremen 29. 3. 67 — Ss. 25/67 — MDR 1967 S. 608.

Nr. 104 **S. 789**

Dem in der vorletzten Zeile im Text endenden Satz folgenden Satz anfügen:

Ein Geständnis, das der beschuldigte Beamte vor der Polizei, der Staatsanwaltschaft oder dem Ermittlungsführer im Disziplinarverfahren abgelegt hat, darf auch dann bei der Urteilsfindung verwertet werden, wenn er in einer früheren Vernehmung vor der Polizei, der Staatsanwaltschaft oder dem Ermittlungsführer inhaltsgleiche Angaben ohne Belehrung gemacht hatte[59a].

Nr. 105 **S. 789**

Bei Fußnote 58 am Schluß folgendes einfügen:

BGH 28. 7. 67 — 4 StR 243/67 — NJW 1967 S. 2020.

Nr. 106 **S. 789**

Folgende Fußnote einfügen:

[59a] BGH 30. 4. 68 — 1 StR 625/67 — NJW 1968 S. 1388.

Nr. 107 **S. 812**

Bei Fußnote 8 am Schluß folgendes einfügen:

StK beim LG Bremerhaven 11. 10. 67 — 4 Qs. 145/67 — JZ 1967 S. 765.

Nr. 108 **S. 815**

In der Überschrift zu Abschnitt A die Fußnote „25a" beifügen.

Nr. 109 **S. 815**

Folgende Fußnote einfügen:

[25a] Finger „Zur Belehrungspflicht im Disziplinarverfahren" ZBR 1967 S. 49.

Nr. 110 **S. 820**

Berichtigen: in 4. letzte Zeile muß es statt „§ 19a Abs. 2" heißen: „§ 24 Abs. 2 BDO".

Nr. 111 **S. 826**

Bei Fußnote 75 am Schluß folgendes einfügen:

BDH (Wehrdienstsenat) 26. 2. 64 — WDB 6/64 — BDHE Bd. 7 S. 128.

Nr. 112 **S. 829**

Dem Zeile 17 endenden Satz folgenden Satz anfügen:

Eine unmittelbar nach der Urteilsverkündung abgegebene Rechtsmittelverzichtserklärung ist unwirksam, wenn sie auf sofortiges Befragen des Vorsitzenden erfolgt, ohne daß der beschuldigte Beamte ausreichend Gelegenheit zur Beratung mit einem Verteidiger hatte[96a].

Nr. 113 **S. 829**

Folgende Fußnote einfügen:

[96a] Vgl. OLG Karlsruhe 11. 11. 66 — 1 Ws 269/66 — Justiz 1967 S. 56 im Anschluß an BGHSt. Bd. 18 S. 257 und Bd. 19 S. 101.

Nr. 114 **S. 831**

Dem Zeile 7 endenden Satz folgenden Satz anfügen:

Eine ausdrückliche Ermächtigung zur Zurücknahme des Rechtsmittels durch einen Vertreter kann auch mündlich oder durch schlüssiges Verhalten erteilt werden; sie bedarf nicht der Schriftform[109a].

Nr. 115 **S. 831**

Nach Fußnote 109 einfügen.

[109a] OLG München 12. 2. 68 — Ws. 127/68 — NJW 1968 S. 1000.

Nr. 116 **S. 831**

Bei Fußnote 111 am Schluß folgendes einfügen:

BGH 21. 6. 67 — 2 StR 291/67 — GoltdArch. 1968 S. 86.

Nr. 117 **S. 831**

Bei Fußnote 115 am Schluß folgendes einfügen:

OLG München 12. 2. 68 — Ws. 127/68 — NJW 1968 S. 1000.

Nr. 118 **S. 863**

Nach Zeile 2 folgenden Absatz einfügen:

Ist der **Umfang** der eingelegten Berufung **zweifelhaft,** so ist die **Berufungsschrift zugunsten des beschuldigten Beamten auszulegen**[84a].

Nr. 119 **S. 863**

Folgende Fußnote einfügen:

[84a] BDH 18. 4. 67 — I D 2/67 — DokBer. S. 3082.

Nr. 120 **S. 864**

Nach Zeile 7 folgenden Absatz einfügen:

Bei Rügen von **Verfahrensmängeln** genügt für die Berufungsbegründung der **Antrag auf Aufhebung des Urteils und Zurückverweisung der Sache an die Vorinstanz;** eines Sachantrages bedarf es in diesem Falle nicht[89a].

Nr. 121 **S. 864**

Folgende Fußnote einfügen:

[89a] BDH (Wehrdienstsenat) 9. 4. 64 — I WD 190/63 — BDHE Bd. 7 S. 130.

Nr. 122 **S. 877**

Berichtigen: Den Zeile 15 beginnenden Satz streichen und dafür folgendes einfügen: „Dies gilt nicht nur nach § 88 BDO n. F., sondern stellt einen allgemeinen verfahrensrechtlichen Grundsatz dar[165]".

Nr. 123 **S. 885**

Nach Zeile 19 folgenden Absatz einfügen:

Unschlüssige und lückenhafte Feststellungen des Bundesdisziplinargerichts sind **auch bei** einer **Berufung, die sich auf die Disziplinarmaßnahme beschränkt, Verfahrensmängel, die zur Aufhebung des Urteils** und zur Zurückverweisung der Sache an die Vorinstanz **nötigen**[192a]. Voraussetzung für eine Entscheidung auch bei einer Berufung, die sich auf die Disziplinarmaßnahme beschränkt, ist, daß die durch die Beschränkung der Berufung unangreifbar gewordenen tatsächlichen Feststellungen disziplinarrechtlich schlüssig sind, also geeignet sind, die disziplinarrechtliche Würdigung zu tragen. Lückenhafte Feststellungen können keine ausreichende Grundlage für die festzusetzende Disziplinarmaßnahme abgeben. Dies gilt auch für die Frage nach dem Umfange der Schuld, die im allgemeinen von dem Kern der eigentlichen Schuldfeststellung nicht getrennt und als ein ausschließlich das Ausmaß der Disziplinarmaßnahme betreffender Umstand gewertet werden kann.

Nr. 124 S. 885

Folgende Fußnote einfügen:

[192a] BDH 24. 2. 66 — III D 53/65 — BDHE Bd. 7 S. 37.

Nr. 125 S. 899

Bei Fußnote 5 am Schluß folgendes einfügen:

BDH 15. 10. 63 — II D 36/63 — BDHE Bd. 7 S. 35 (hiernach kann der beschuldigte Beamte, gegen den ein rechtskräftiges Disziplinarurteil vorliegt, in einem neuen Verfahren wegen anderer in dem früheren Verfahren nicht angeschuldigter Verfehlungen verfolgt werden, auch wenn diese vor den bereits abgeurteilten Taten begangen wurden).

Nr. 126 S. 899

Dem Zeile 18 endenden Satz folgende Sätze anfügen:

Nach allgemeiner Auffassung hängt das Merkmal „derselben Tat" aufs engste mit der Wirkung der materiellen Rechtskraft zusammen[5a]. Demnach gilt der Grundsatz „ne bis in idem" nur für solche Taten, über die bereits rechtskräftig entschieden ist. Dabei erstreckt sich die Rechtskraft nicht nur auf den Tathergang, wie er schließlich in der rechtskräftigen Entscheidung festgestellt worden ist, sondern sie umfaßt den geschichtlichen Vorgang in einer gewissen Variationsbreite. Der Umfang dieser Variationsbreite einer rechtskräftig abgeurteilten Tat ist verschieden je nach der Art der rechtskräftigen Entscheidung und abhängig von dem Spielraum, den das Gesetz im Verhältnis zu einem bestimmten ursprünglichen Vorwurf zuläßt. Im förmlichen Disziplinarverfahren sind als Folge des im Disziplinarrecht geltenden Opportunitätsprinzips gemäß § 75 Abs. 2 BDO n. F. Gegenstand der Urteilsfindung nur die in der Anschuldigungsschrift und ihren Nachträgen dem beschuldigten Beamten als Dienstvergehen zur Last gelegten Anschuldigungspunkte. Dabei sind die aus der Darstellung in einer disziplinaren Anschuldigungsschrift abgeleiteten Variationen wesentlich beschränkter als die in einer strafprozessualen Anklageschrift. Entsprechend klein ist die Variationsbreite bei einer durch Disziplinarurteil abgeurteilten Tat; sie umfaßt insbesondere nicht geschichtliche Vorgänge, die möglicherweise noch in den Vorermittlungen, in der Einleitungsverfügung oder im Untersuchungsverfahren eine Rolle gespielt haben, aber nicht mehr in die Anschuldigungsschrift als Dienstvergehen übernommen worden sind[5b]. Die Disziplinarverfügung hat überhaupt kein Vorfeld, dessen Variationen von der Rechtskraft erfaßt werden können. Andernfalls würde der Disziplinarverfügung eine breitere Rechtskraft zugebilligt werden als einem Disziplinarurteil.

Nr. 127 S. 899

Folgende Fußnoten einfügen:

[5a] Löwe-Rosenberg, 21. Aufl. Bd. 1 Kap. 10B 3c; Kleinknecht-Müller, StPO, 4. Aufl. Einl. 14 B I und Anm. 4 zu § 264; Schwarz-Kleinknecht, StPO, 23. Aufl. Einl. 8 B.

[5b] BDH 5. 4. 65 — II D 7/65 — BDHE Bd. 7 S. 45.

Nr. 128 S. 905

Nach Zeile 19 folgenden Absatz einfügen:

Die Rechtskraft wird durch die fristgerecht eingelegte Berufung gehemmt. Die Tatsache, daß das Rechtsmittel nicht begründet worden ist, steht der Hemmung der Rechtskraft nicht entgegen[19a]. Hier wird das Urteil frühestens mit dem Erlaß des die Berufung als unzulässig verwerfenden Beschlusses rechtskräftig[19b].

Nr. 129 **S. 905**

Als Fußnoten einfügen:

[19a] BVerwG 14. 3. 68 — III DB 1. 68 — DokBer. S. 3232; BDHE Bd. 5 S. 148; Behnke Anm. 6 zu § 68 BDO a. F. und Anm. 7 zu § 70 BDO a. F.; vgl. auch RGStE Bd. 55 2a 3.

[19b] BVerwG 14. 3. 68 — III DB 1. 68 — DokBer. S. 3232; BDHE Bd. 5 S. 148; Behnke Anm. 10 zu § 76 BDO a. F.

Nr. 130 **S. 910**

Nach Zeile 11 folgenden Absatz anfügen:

Durch Art. 8 Nr. 3 und 4 des Einführungsgesetzes zum **Gesetz über Ordnungswidrigkeiten** (EGOWiG) vom 24. 5. 68 (BGBl. I S. 503) sind § 97 Abs. 3 Satz 3 BDO n. F. und § 99 BDO n. F. insofern geändert worden, als in § 97 Abs. 3 Satz 3 BDO n. F. und § 99 Nr. 1 BDO n. F. neben den Urteilen im Strafverfahren hier auch die Urteile im Bußgeldverfahren einbezogen worden sind.

Nr. 131 **S. 914**

Berichtigen: in Zeile 2 statt des Wortes „eingestellt" einfügen: „wiederaufgenommen".

Nr. 132 **S. 916**

Berichtigen: in Zeile 10 am Schluß statt „Abs. 1" einfügen: „Abs. 2".

Nr. 133 **S. 918**

Berichtigen: in Zeile 4 statt „Abs. 1" einfügen: „Abs. 2".

Nr. 134 **S. 924**

In Zeilen 19/20 des 1. Absatzes in Abschnitt E statt „§ 83 Abs. 2 Nr. 3 BDO i. d. F. der Novelle" einfügen: „§ 97 Abs. 2 Nr. 3 BDO i. d. F. der Novelle".

Nr. 135 **S. 927**

In vorletzter Zeile hinter das Wort „Frage" Fußnote 82a einfügen.

Nr. 136 **S. 927**

Folgende Fußnote einfügen:

[82a] DiszSenat OVG Münster 4. 10. 66 — X 2/66 — ZBR 1967 S. 94.

Nr. 137 **S. 929**

In der Überschrift von Abschnitt VII und Abschnitt A hinter das Wort „Verurteilung" einfügen: „oder Verurteilung im Bußgeldverfahren".

Nr. 138 **S. 929**

In Zeilen 2, 7 und 16 des 1. Absatzes des Abschnitts A hinter das Wort „Urteil" einfügen: „oder ein Urteil im Bußgeldverfahren".

Nr. 139 **S. 929**

In Zeile 10 des 1. Absatzes des Abschnitts A hinter das Wort „Verfahren" einfügen: „und das Bußgeldverfahren".

Nr. 140 **S. 929**

In Zeile 14 des 1. Absatzes des Abschnitts A hinter das Wort „Strafverfahren" einfügen: „oder das Bußgeldverfahren".

Nr. 141 **S. 929**

In Zeile 1 des 2. Absatzes des Abschnitts A hinter das Wort „Strafurteil" einfügen: „der im Urteil im Bußgeldverfahren".

Nr. 142 **S. 929**

In Zeile 8 des 2. Absatzes des Abschnitts A die Worte „i. d. F. der Novelle" streichen und dafür einfügen: „i. d. F. des Art. 8 Nr. 2 EGOWiG".

Nr. 143 **S. 930**

In Zeile 4 hinter das Wort „Strafurteil" einfügen: „sowie dem Urteil im Bußgeldverfahren".

Nr. 144 **S. 930**

In Zeilen 9 und 24 hinter das Wort „Urteils" einfügen „oder des Urteils im Bußgeldverfahren".

Nr. 145 **S. 930**

In Zeile 12 hinter das Wort „Verfahren" einfügen: „oder im Bußgeldverfahren".

Nr. 146 **S. 930**

In Zeilen 20 und 23 das Wort „Wiederaufnahmeverfahren" streichen und dafür einfügen: „Verfahren oder das Bußgeldverfahren".

Nr. 147 **S. 936**

In Zeile 22 streichen: § 100 Abs. 2".

Nr. 148 **S. 942**

Dem in Zeile 6 von unten endenden Satz folgendes anfügen: Hat das Disziplinargericht die Wiederaufnahme beschlossen, gelten in den Fällen des § 97 Abs. 4 BDO n. F. die §§ 91 bis 96 BDO n. F. (§ 103 Abs. 3 BDO n.F.).

Nr. 149 **S. 943**

Berichtigen: In Zeile 13 von unten statt „90“ muß es heißen: „100“.

Nr. 150 **S. 945**

In Zeile 18 von unten hinter „104“ einfügen: „Abs. 1“.

Nr. 151 **S. 998**

Nach Zeile 27 folgenden Absatz einfügen:

Werden einem Dritten, wie z. B. dem unentschuldigt ferngebliebenen Zeugen, Kosten auferlegt, so **kommt eine Subsidiärhaftung des beschuldigten Beamten** für die dem Dritten auferlegten Verfahrenskosten **nicht in Betracht**[24a].

Nr. 152 **S. 998**

Folgende Fußnote einfügen:

[24a] Vgl. LG Göttingen 30. 5. 67 — 12 Qs 137/67 — NJW 1967 S. 2171.

Nr. 153 **S. 1021**

Zeile 19 „(§ 102)“ streichen.

Nr. 154 **S. 1034**

Berichtigen: in Zeilen 13 und 15 statt „§ 117“ einfügen: „§ 116“.

Nr. 155 **S. 1046**

Nach Zeile 12 folgenden Absatz einfügen:

Wird ein **Bescheid** nach § 122 Abs. 1 BDO ohne zureichenden Grund **innerhalb von drei Monaten,** nachdem er beantragt worden ist, **nicht erteilt,** ist der **Antrag** auf gerichtliche Entscheidung **auch ohne Bescheid zulässig** (§ 112 Abs. 2 BDO).

Nr. 156 **S. 1039**

Der letzten Zeile folgende Sätze anfügen:

§ 122 BDO ist nicht eng auszulegen. Diese Bestimmung ist dahin zu verstehen, daß sie eine **verfahrensrechtliche Generalklausel für die in der BDO nicht ausdrücklich geregelten Streitigkeiten** enthält, für die der Weg zu den Disziplinargerichten offen gehalten werden soll[2a]. Die Voraussetzungen für eine Entscheidung durch die Disziplinargerichte gemäß § 122 BDO sind auch dort regelmäßig gegeben, wo es nicht um die Folgen oder Tragweite einer Disziplinarentscheidung geht, sondern die Rechtmäßigkeit der Disziplinarentscheidung selbst im Streit ist[2b].

Nr. 157 **S. 1039**

Folgende Fußnoten einfügen:

[2a] BDH 13. 8. 64 — III DB 364 —; 16. 8. 56 — I DB 20/56 —; ferner BDHE Bd. 3 S. 273, Bd. 5 S. 179; Behnke Anm. 4 zu § 119 BDO a. F.; BDH 20. 12. 65 — I DB 6/65 — BHDE Bd. 7 S. 43.

[2b] BDH 20. 12. 65 — I DB 6/65 — BDHE Bd. 7 S. 43.

Nr. 158 **S. 1046**

Dem Zeile 26 endenden Satz folgenden Satz anfügen:

Bei einem Zuständigkeitsstreit zwischen zwei Kammern im Verfahren nach § 122 BDO sind die Bestimmungen der §§ 43, 44 BDO mit der Maßgabe anzuwenden, daß an die Stelle der Einleitung des förmlichen Disziplinarverfahrens der behördliche Akt tritt, der das Verfahren in Gang setzt; für einen früheren Beamten ist die für einen Ruhestandsbeamten geltende Zuständigkeitsregelung des § 43 BDO maßgebend[17a].

Nr. 159 **S. 1046**

Folgende Fußnote einfügen:

[17a] BDH 23. 8. 66 — II DB 4/66 — BDHE Bd. 7 S. 23.

Nr. 160 **S. 1078**

Dem die zehnteletzte Zeile endenden Satz folgenden Satz einfügen:
Die Anordnung der Untersuchung nach § 126 BDO ist nicht anfechtbar[13a].

Nr. 161 **S. 1078**

Folgende Fußnote einfügen:

[13a] BDH 22. 2. 66 — III DB 1/66 — BDHE Bd. 7 S. 21.

Nr. 162 **S. 1079**

Dem Zeile 31 endenden Satz folgende Sätze anfügen:

§ 56 BDO n. F. gilt für den mit der Untersuchung gemäß § 126 BDO n. F. beauftragten Beamten. Deshalb sind für die Ablehnung dieses Beamten die in der BDO aufgeführten Stellen zuständig. Ein Antrag auf sofortige Einstellung der Tätigkeit des Untersuchungsführers kann nicht vor den Verwaltungsgerichten oder den Gerichten der ordentlichen Gerichtsbarkeit gestellt werden[15a].

Nr. 163 **S. 1079**

Folgende Fußnote einfügen:

[15a] HessVGH 14. 9. 66 — B I 17/66 — RiA 1967 S. 99.

Nr. 164 **S. 1083**

Bei Fußnote 23 am Schluß folgendes einfügen:

Vgl. auch Heimann „Zur Frage, wann Maßnahmen gemäß §§ 78, 79 BDO a. F. bei einem Verfahren gemäß § 107 BDO a. F. gegen einen Beamten auf Probe enden" in RiA 1967 S. 124 mit Erwiderung Lindgen in RiA 1967 S. 225.

Nr. 165 **S. 1091—3**

Auf Seite 1091 die beiden letzten Zeilen, Seite 1092 ganz und auf S. 1093 Zeilen 1—11 streichen. Dafür ist folgendes einzufügen:

Auf Grund des § 127 BDO i. d. F. der Bekanntmachung vom 20. 7. 67 (BGBl. I S. 750) hat der Bundesminister des Innern die **Verordnung** zu

§ 127 BDO **vom 18. 3. 68** (BGBl. I S. 233) erlassen. Hiernach gilt für den Bundesgrenzschutz folgendes:

A. **Dienstvorgesetzte** der ihnen nachgeordneten Polizeivollzugsbeamten im Bundesgrenzschutz im Sinne des § 29 Abs. 2 BDO sind nach § 1 Abs. 1 a. a. O.

1. **in der Grenzschutztruppe**
   a) Der Bundesminister des Innern,
   b) der Kommandeur eines Grenzschutzkommandos, der Kommandeur der Grenzschutzschulen,
   c) der Kommandeur einer Grenzschutzgruppe und Offiziere in entsprechender Dienststellung,
   d) der Kommandeur einer Grenzschutzabteilung und Offiziere in entsprechender Dienststellung,
   e) der Führer einer Grenzschutzhundertschaft und Offiziere in entsprechender Dienststellung,
2. **im Grenzschutzeinzeldienst**
   a) der Bundesminister des Innern,
   b) der Leiter der Grenzschutzdirektion,
   c) der Vorsteher eines Grenzschutzamtes.

B. **Dienstvorgesetzte der** ihnen **nachgeordneten Polizeivollzugsbeamten** im Bundesgrenzschutz im Sinne des § 29 Abs. 3 Satz 1 Nr. 3 und Abs. 4 BDO sind nach § 1 Abs. 2 a. a. O.

1. **in der Grenzschutztruppe**
   die in Abs. A Nr. 1 Buchst. c bis e bezeichneten Offiziere,
2. **im Grenzschutzeinzeldienst**
   der in Abs. A Nr. 2 Buchst. c bezeichnete Beamte.

Dienstvorgesetzter der Polizeivollzugsbeamten im Bundesministerium des Innern im Sinne des § 29 Abs. 2 BDO ist nach § 2 a. a. O. der Bundesminister des Innern.

Dienstvorgesetzter der Polizeivollzugsbeamten im Bundeskriminalamt im Sinne des § 29 Abs. 2 BDO sind der Bundesminister des Innern und der Präsident des Bundeskriminalamtes (§ 3 a. a. O.).

Die VO vom 18. 3. 1958 gilt nach § 14 des Dritten Überleitungsgesetzes vom 4. 1. 52 (BGBl. I S. 1) i. V. m. Art. VI des Gesetzes zur Neuordnung des Bundesdisziplinarrechts vom 20. 7. 67 (BGBl. I S. 725) auch im Lande Berlin (§ 4 a. a. O.).

Nr. 166 **S. 1117**

Bei Fußnote 2 am Schluß folgendes anfügen:

BDH 20. 5. 65 — II D 10/65 — BDHE Bd. 7 S. 8 (10).

Nr. 167 **S. 1132**

Dem Zeile 4 endenden Satz folgenden Satz anfügen:

Die zu § 1 Abs. 1 Nr. 1b des G 131 entwickelte Rechtsprechung, daß eine erzwungene Dienstaufgabe bei denjenigen Beamten nicht vorliegt, die nach dem 8. Mai 1945 bei ihrem bisherigen Dienstherrn in zumutbarer Weise — wenn auch nicht im Beamtenverhältnis — weiterbeschäftigt worden sind, findet auf den unter § 62 Abs. 3 G 131 fallenden Personenkreis keine Anwendung[54a].

Nr. 168 **S. 1132**

Folgende Fußnote einfügen:

[54a] BDH 1. 4. 65 — I D 55/63 — BDHE Bd. 7 S. 3.

Nr. 169 **S. 1136**

Nach Zeile 35 folgenden Absatz einfügen:

Den erst durch die 3. Novelle zum G 131 Berechtigten ist der Rechtsstand nach dem G 131 rückwirkend auf den 9. Mai 1945 verliehen und hiermit die Verfolgbarkeit der nach dem 8. Mai 1945 begangenen Pflichtverletzungen gemäß § 9 G 131 begründet worden. Nach der ständigen Rechtsprechung des Bundesdisziplinarhofs gehört der beamtenrechtliche Rechtsstand nicht zu den Tatbestandsmerkmalen eines Dienstvergehens, sondern ist lediglich eine Prozeßvoraussetzung, auf die sich das Bewußtsein des beschuldigten Beamten nicht zu erstrecken braucht. Für sie sind beamtenrechtliche Pflichten nicht rückwirkend eingeführt worden; sie sind vielmehr — wie alle amtlosen gewordenen Personen nach dem G 131 — **nur wegen Verletzung außerdienstlicher** und keineswegs „erhöhter" **Pflichten** im Sinne des § 54 Satz 3 BBG und § 10 G 131 **verfolgt, wie sie jedem Staatsbürger obliegen.** Ihre Verletzung war im Zeitpunkt der Tat in genügend eindringlicher Weise durch die geltenden Strafgesetze unter Strafe gestellt, so daß damit den Erfordernissen des Art. 103 Abs. 2 GG Genüge getan ist. Außerdem ist die rückwirkende Verleihung des Rechtsstandes nur mit den sich aus § 9 G 131 ergebenden Vorbehalten geschehen[60a].

Nr. 170 **S. 1136**

Folgende Fußnote einfügen:

[60a] BDH 20. 6. 65 — II D 10/65 — BDHE Bd. 7 S. 8; vgl. auch BDHE Bd. 1 S. 55 (58), Bd. 2 S. 59 (63), Bd. 3 S. 32 (37ff.), Bd. 6 S. 7 (12), BDH 13. 11. 63 — II D 42/63 —, 17. 2. 65 — II D 37/64.

Nr. 171 **S. 1138**

Dem letzten Satz im 1. Absatz des Abschnitts D folgenden Satz anfügen:

Ein früherer Berufsoffizier, der Übergangsgehalt bezieht, aber an der Unterbringung nicht teilnimmt, hat als Angestellter im öffentlichen Dienst weder echte noch analoge innerdienstliche Beamtenpflichten, sondern nur die allgemeine Pflicht zu staatsbürgerlichem Wohlverhalten[70a].

Nr. 172 **S. 1138**

Folgende Fußnote einfügen:

[70a] BDH 6. 5. 64 — I D 27/63 — BDHE Bd. 7 S. 1.

Nr. 173 **S. 1141**

Nach der fünftletzten Zeile folgenden Absatz einfügen:

Die gegen einen Ruhestandsbeamten allein zulässige niedrigere Disziplinarmaßnahme der **Kürzung des Ruhegehalts** (§ 12 Abs. 1 BDO) kann allerdings im Verfahren nach § 9 G 131 **nur wegen** solcher **Verfehlungen** verhängt werden, **die nach dem Inkrafttreten des BBG,** d. h. nach dem 1. 9. 1953, **begangen worden sind.** Das folgt aus der erst durch Art. I Nr. 6 der 1. Novelle zum G 131 vom 19. 8. 53 (BGBl. I S. 980) geänderten Fassung des § 9 G 131. Für die bis zu diesem Zeitpunkt begangenen Verfehlungen war nach der ursprünglichen Fassung des § 9 G 131 bei Ruhestandsbeamten lediglich die Aberkennung des Ruhegehalts als zulässige Disziplinarmaßnahme vorgesehen. Gegen einen Ruhestandsbeamten nach dem G 131 ist eine Ruhegehaltskürzung für eine vor dem Inkrafttreten des BBG begangene Verfehlung auch dann nicht zulässig, wenn er nach diesem Zeitpunkt weitere Verfehlungen begangen hat[84a]. Der im Disziplinarverfahren geltende Grundsatz der Einheit des Dienstvergehens muß hinter dem der Rechtssicherheit dienenden allgemeinen Grundsatz zurücktreten, daß nur eine solche Disziplinarmaßnahme verhängt werden darf, die im Zeitpunkt der Begehung der Verfehlung auch angedroht war.

Nr. 174 **S. 1141**

Folgende Fußnote einfügen:

[84a] BDH 8. 10. 65 — I D 5/65 — BDHE Bd. 7 S. 11; BDH 2. 4. 65 — I D 48/64.

Gesetzesverzeichnis

I = 1. Band II = 2. Band N = Nachtrag

I. Bundesdisziplinarordnung i. d. F. des Art. IV des Gesetzes zur Neuordnung des Bundesdisziplinarrechts vom 20. 7. 67 (BGBl. I S. 725)

Gesetzesverzeichnis

II. Gerichtsverfassungsgesetz

III. Strafprozeßordnung

Stichwortverzeichnis

Die Zahlen geben die Seite des Nachtragsbandes an.

C

D

Z

Kolibri 360 GmbH
Ferdinand-Jühlke-Straße 7
99095 Erfurt, Deutschland
produktsicherheit@kolibri360.de